绩镛论丛

魏 勇 著

重庆市社会保障深度脱贫效果评价与优化策略

西南师范大学出版社
国家一级出版社 全国百佳图书出版单位

图书在版编目(CIP)数据

重庆市社会保障深度脱贫效果评价与优化策略 / 魏勇著. — 重庆 : 西南师范大学出版社, 2021.6
(绩镛论丛)
ISBN 978-7-5697-0753-3

Ⅰ. ①重… Ⅱ. ①魏… Ⅲ. ①社会保障制度 - 关系 - 扶贫 - 研究 - 重庆 Ⅳ. ①D632.1②F127.22

中国版本图书馆CIP数据核字(2021)第069695号

重庆市社会保障深度脱贫效果评价与优化策略
CHONGQINGSHI SHEHUI BAOZHANG SHENDU TUOPIN XIAOGUO PINGJIA YU YOUHUA CELÜE

魏 勇 著

责任编辑: 何雨婷
责任校对: 王玉竹
装帧设计: 观止堂_未氓
排 版: 张 祥
出版发行: 西南师范大学出版社
网址:http://www.xdcbs.com
地址:重庆市北碚区天生路2号
市场营销部:023-68868624
邮编:400715
印 刷: 重庆荟文印务有限公司
幅面尺寸: 160mm×235mm
印 张: 15.5
字 数: 250千字
版 次: 2021年6月 第1版
印 次: 2021年6月 第1次
书 号: ISBN 978-7-5697-0753-3

定 价: 88.00元

前言

党的十九届五中全会高度评价我国“十三五”时期脱贫攻坚的瞩目成果，5575万农村贫困人口实现脱贫。全会强调全党全国各族人民要再接再厉、一鼓作气，确保如期打赢脱贫攻坚战，确保如期全面建成小康社会。2020年11月，国家发展与改革委员会表示“十四五”期间扶贫聚焦的三个群体是：聚焦脱贫攻坚成果任务比较重的地区、聚焦农村的低收入人口、聚焦下一步乡村振兴重点的扶持县。其实早在2017年6月23日，习近平总书记在山西省太原市主持召开深度贫困地区脱贫攻坚座谈会时就着力强调了我国当前脱贫攻坚的主要难点是深度贫困。回顾我国反贫困所走过的历程，不难发现，针对深度贫困人口的扶贫战略和政策体系一直占有重要的地位。可以预见，在未来的反贫困道路和乡村振兴进程中针对深度贫困人口的贫困治理仍将扮演极为重要的角色。

在2015年11月27日至28日中央扶贫开发工作会议上，习近平总书记强调要解决好“怎么扶”的问题，按照贫困地区和贫困人口的具体情况，实施“五个一批”工程。其中“社会保障兜底一批”是指对贫困人口中完全或部分丧失劳动能力的人，由社会保障来兜底，统筹协调农村扶贫标准和农村低保标准，加大其他形式的社会救助力度。其中尤其要加强医疗保险和医疗救助，新型农村合作医疗和大病保险政策要对贫困人口倾斜，要高度重视革命老区脱贫攻坚工作。

社会保障是在政府主导下，通过国民收入再分配，对暂时或永久丧失劳动能力的，或是由于各种原因造成生活困难的社会成员，给予物质和精神帮助，以保障他们基本生活需要的制度安排。由于社会保障制度的普惠性、互济性、强制性、福利性等特点，它天然具有减少和预防贫困发生的功能。党的十八大以来，重庆市农村深度贫困乡镇社会保障事业取得了长足发展。在重庆市精准脱贫攻坚战中，社会救助兜底保护、社会保险减压降负、社会福利促进发展，应该说农村社会保障制度对在优化贫困地区发展环境、提高贫困人口脱贫能力等方面发挥了积极作用。

2017年6月23日，中共中央总书记、国家主席、中央军委主席习近平在山西太原市主持召开深度贫困地区脱贫攻坚座谈会并发表重要讲话时指出："脱贫攻坚本来就是一场硬仗，而深度贫困地区脱贫攻坚是这场硬仗中的硬仗。我们务必深刻认识深度贫困地区如期完成脱贫攻坚任务的艰巨性、重要性、紧迫性，采取更加集中的支持、更加有效的举措、更加有力的工作，扎实推进深度贫困地区脱贫攻坚。"深度脱贫工作开展以来，重庆市精准识别出贫困人口165.9万人，贫困村1919个，贫困发生率为7.1%。在深度脱贫攻坚战役中，重庆市18个深度贫困乡镇在基础设施条件、产业发展基础、乡村人居环境、生态保护治理等方面取得了长足进步，地区脱贫能力和脱贫环境建设稳步推进，也为当地贫困居民的就业、教育、医疗、养老、住房条件改善奠定了坚实的经济基础，提供了物质条件。深度贫困地区社会保障事业发展在为贫困居民提供兜底保障、养老医疗压力和风险分担、教育、文化、卫生、体育等社会福利发展方面做出了巨大贡献，切实减小了深度贫困地区居民家庭支出性贫困概率，也增强了深度贫困人口的脱贫能力。2019年，重庆市国家级贫困县数量减少到4个，贫困人口减少到13.9万人，贫困村减少到33个。但是重庆的脱贫攻坚任务依然不轻，剩下的城口、巫溪、酉阳、彭水，是我市贫困程度最深的重度贫困县，自身经济实力相对较弱，造血功能不足，统筹区域均衡发展难度大；33个贫困村也都是分布在这4个县里，全都是山高坡陡、地质条件差、青壮年劳动力严重不足、基础设施"欠账"严重的贫困村；13.9万贫困人口中，绝大部分都是长期患病者、残疾人、孤寡老人等脱贫基础薄弱的人，都是贫中之贫，困中之困。

本书是2017年重庆市社会科学规划重点应用项目“基于社会保障的重庆农村深度脱贫路径与策略研究”（项目批准号：2017ZDYY27）研究成果。课题立足社会保障制度与深度脱贫战略二者的内在联系，通过对深度贫困的概念界定和特征总结、社会保障制度的反贫困机理和条件分析等理论廓清奠定学理分析框架，并利用对重庆市深度贫困乡镇的实地调研数据实证刻画重庆市基本养老保险、合作医疗保险、最低生活保障等制度深度脱贫的成效、经验和问题，在此基础上针对性提出优化社会保障深度脱贫效果的策略建议和2020年后重庆市深度脱贫的战略思路。

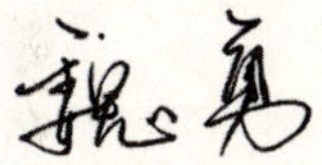

目录

导论

一、研究背景

(一)现实背景

改革开放以来,我国不仅创造了经济发展的奇迹,更在脱贫领域创造了世界奇迹,同时也为各个国家和地区的减贫提供了中国经验,做出了独特贡献。受我国国情和历史条件影响,扶贫开发规模广、难度大、程度深。但我国政府成功地让农村贫困发生率从30.7%下降到0.6%,而贫困人口则从1978年的7.7亿人下降到2019年的551万人。数据显示,党的十八大以来累计减贫9348万人,减少了90%的绝对贫困人口。

2017年,习近平总书记在深度贫困地区脱贫攻坚座谈会上讲道:"脱贫攻坚本来就是一场硬仗,而深度贫困地区脱贫攻坚是这场硬仗中的硬仗。我们务必深刻认识深度贫困地区如期完成脱贫攻坚任务的艰巨性、重要性、紧迫性,采取更加集中的支持、更加有效的举措、更加有力的工作,扎实推进深度贫困地区脱贫攻坚。"深度贫困地区空间分布多集中在革命老区、边疆地区、民族地区、连片特困地区。该类地区经济长期滞后,社会文明程度低,人力资源水平低,生态环境脆弱。深度贫困地区的致贫原因复杂,包括区位条件恶劣、基础设施薄弱、公共服务欠缺、村干部能力弱、村民意识淡漠等。2014年,重庆市根据扶贫开发以来全市的经济社会发展水平、区域发展格局和贫困人口分布特点,在全市范围内识别出了18个深度贫困乡镇,并深入贯彻习近平总书记重要指示精神,及时调整工作重心,集中资源打响了深度脱贫的攻坚战。

脱贫攻坚战已胜利在望,站在即将迈入"十四五"时期新的历史起点,如何让刚刚摆脱绝对贫困境地的人们继续过上更好的日子?《中共中央关于制定国民经济和社会发展第十四个五年规划和二〇三五年远景目标的建议》指出,要实现脱贫攻坚成果同乡村振兴战略有效衔接,为脱贫攻坚政策的总体稳定、多措并举和巩固脱贫成果指明了方向。社会保障是在政府主导下,通过国民收入再分配,对暂时或永久丧失劳动能力的,或是由于各种原因造成生活困难的社会成员,给予物质和精神帮助,以保障他们基本生活需要的制度安排。由于社会保障制度的普惠性、互济性、强制性、福利性等特点,它天然具有减少和预防贫困发生的功能。党的十八大以来,重庆市农村深度贫困乡镇社会保障事业取得了长足发展。在重庆市精准脱贫攻坚战中,社会救助兜底保护,社会保险减压降负,社会福利促进发展,应该说农村社会保障制度在优化贫困地区的发展环境、提高贫困人口的脱贫能力等方面发挥了积极作用。

(二)理论背景

1.农村反贫困理论与宏观政策的演进

贫困是一个人或社区缺乏最低生活标准的财政资源和必需品的一种状态或条件。贫困意味着就业带来的收入水平太低,人类的基本需求无法得到满足。贫困的人和家庭可能没有适当的住房、清洁的水、健康的食物和医疗照顾。每个国家可能都有自己的贫困线,它决定着有多少人生活在贫困中。贫困最初是从经济层面尤其是收入来定义的,但随着社会经济不断发展和理论研究不断完善,学界逐渐拓宽对贫困的内涵及致贫因素的认识,并就多维贫困问题展开了激烈讨论(Alkire[①],2011;Terzi[②],2013;Dhongde[③],2013)。从能力剥夺视角出发,Sen[④](2006)的开创性研究更加关注贫困人口的发展能力、发展机会和主观感受,认为丧失发展机会、缺乏社会保障以及遭受社会歧视是导致贫困人口长期处于贫困状态的重要社会因素。基于对多维贫困(multidimensional poverty index)概念的理解和应用,学者们认为农村贫困不仅体现为收入贫困和消费贫困,还体现在知识技能匮乏、社会保障制度供给不足、市场经济意识不足等方面

① Alkire S., Foster J., "Counting and multidimensional poverty measurement," *Journal of Public Economics* 95(2011): 476–487.

② Terzi S., "How to integrate macro and micro perspectives: An example on human development and multidimensional poverty," *Social Indicators Research* 3(2013): 935–945.

③ Dhongde S., Minoiu C., "Global poverty estimates: A sensitivity analysis," *World Development* 44(2013): 1–13.

④ Sen A., "Conceptualizing and measuring poverty," *Poverty and Inequality* (2006): 30–46.

(Dercon[1],2009; Taylor[2],2011)。从扶贫政策实践上看,西方发达国家在扶贫工作上大多采用“社会保障方案”模式,主要内容包括贫困家庭援助、抚养未成年子女补助、养老及困难补贴等。而发展中国家的反贫困工作则从经济增长、就业稳定、医疗救助和最低生活保障等多方面推进(Ravallion[3],2007;Kanbur & Sumner[4],2012)。

新中国成立以来,我国政府对农村贫困治理的宏观政策演进大致经历了民政救济、大规模开发扶贫、参与式扶贫开发等阶段。成就瞩目的同时却存在行政推动不足、缺乏激励、瞄准偏差、方式粗放、效率不高等问题(林毅夫[5],2005;张兆安[6],2017)。在反贫困战略进入啃硬骨头、攻坚拔寨的冲刺期,习近平主席在2015年的减贫与发展高层论坛上首次提出“五个一批”的脱贫措施,并在中央扶贫开发工作会议上进一步强调通过“发展生产脱贫一批、易地搬迁脱贫一批、生态补偿脱贫一批、发展教育脱贫一批、社会保障兜底一批”。随后“五个一批”的脱贫措施被写入《中共中央 国务院关于打赢脱贫攻坚战的决定》。在贯彻中央精神过程中,各部委和各地纷纷开展了积极探索和政策实践。为贯彻落实《中共中央 国务院关于打赢脱贫攻坚战三年行动的指导意见》,进一步发挥人力资源社会保障部门职能作用,国家人社部于2018年8月31日印发了《打赢人力资源社会保障扶贫攻坚战三年行动方案》的通知,其中要求全面落实社会保险扶贫政策,包括:推进贫困人口社会保险应保尽保,逐步提高城乡居民基本养老保险待遇水平,防范因工伤、失业致贫返贫。该行动方案还特别强调加大深度贫困地区支持力度,通过聚焦重点、摸清底数、精准施策等思路和方法提高深度脱贫成效。

---

① Dercon S., “Rural poverty: Old challenges in new contexts,” *The World Bank Research Observer* 1 (2009): 1-28.

② Taylor M., “‘Freedom from poverty is not for free’: Rural development and the microfinance crisis in Andhra Pradesh, India,” *Journal of Agrarian Change* 4(2011): 484-504.

③ Ravallion M., “Evaluating anti-poverty programs,” *Handbook of Development Economics* 4(2007): 3787-3846.

④ Kanbur R., Sumner A., “Poor countries or poor people? Development assistance and the new geography of global poverty,” *Journal of International Development* 6(2012): 686-695.

⑤ 林毅夫:《关于我国扶贫政策的几点建议》,《发展》2005年第7期。

⑥ 张兆安:《加快推进精准扶贫——我的几点建议》,《中国人大》2017年第4期。

2.农村社会保障的反贫困机理与实践成效

经济增长并不必然带来贫困的消失，即使一些地区经济发展较快，仍有大量人口处于持续贫困之中（Jalan[①]，1998；Beck[②]，2005；汪晨、万广华、吴万宗[③]，2020）。作为经济助推器和社会安全网，社会保障的反贫困机理主要体现在社会救助兜底、社会保险预防和社会福利巩固三个方面，但在实践中由于社会保障设计不合理、制度二元性以及逆向性等原因，反而加剧了收入分配不公平（荣燕[④]，2007）。农村养老保险方面，与原养老保险制度（1997年—2005年）相比，新养老制度（2005年之后）明显减弱了代内再分配效应，并可能引起严重的代际不公平（彭浩然、申曙光[⑤]，2007）。农村医疗保险方面，新型农村合作医疗在缓解居民因病致贫方面取得较好成效，但也有研究发现购买医疗保险后，参与者更倾向于到高端医疗机构就医，医疗保险反而增加了卫生费用支出，经济水平较低的人群医疗负担更重，面临的经济风险升高（Wagstaff[⑥]，2002；丁少群、苏瑞珍[⑦]，2019）。农村低保方面，对贫困群体进行最低生活保障是为实现减缓贫困、缩小农村贫困群体与其他群体之间收入差距的政策目标，但当前农村低保制度存在瞄准偏差和瞄准遗漏现象，深度贫困地区的低保标准和实际保障水平过低，无法满足受助对象基本需求，甚至引发负向激励（张昊[⑧]，2017；韩华

---

① Jalan J., Ravallion M., "Transient poverty in postreform rural China," *Journal of Comparative Economic* 2(1998): 338-357.

② Beck T.,Demirguc-Kunt A., Levine R, "SMEs, growth, and poverty: Cross-country evidence," *Journal of Economic Growth* 3(2005): 199-229.

③ 汪晨、万广华、吴万宗：《中国减贫战略转型及其面临的挑战》，《中国工业经济》2020年第1期。

④ 荣燕：《社会保障与收入公平分配的相关性分析》，《学术论坛》2007年2期。

⑤ 彭浩然、申曙光：《改革前后我国养老保险制度的收入再分配效应比较研究》，《统计研究》2007年第2期。

⑥ Wagstaff A., "Poverty and health sector inequalities," *Bulletin of the World Health Organization* 80, no.2(2002): 97-105.

⑦ 丁少群、苏瑞珍：《我国农村医疗保险体系减贫效应的实现路径及政策效果研究——基于收入再分配实现机制视角》，《保险研究》2019年第10期。

⑧ 张昊：《农村低保评审乱象的成因及治理——基于定性定量混合研究方法的分析》，《中国农村观察》2017年第1期。

为[1],2019)。社会保险和社会救助在解决贫困问题上有一致的目标,但机制存在区别,所发挥的作用也不一样,而且不同的社会保障模式的反贫困效果各不相同。从全球范围来看,以市场为主、国家为辅的“盎格鲁-撒克逊”社会保障模式有助于解决绝对贫困问题,但是老年相对贫困问题较为严重;强调发展社会养老保险的“欧洲大陆模式”采用群体差异化保障措施容易导致制度的碎片化,造成待遇差距和相对贫困;“斯堪的纳维亚模式”强调地位和公民权利的平等,实行普惠原则较好地解决了老年相对贫困和绝对贫困的问题,却又给政府财政造成较大压力;东南亚国家的社会保险将大量非正规就业人员和农村居民排除在外,反贫困作用不理想;拉美国家注重养老保险制度的市场化和私有化改革,但缺乏公平互助性,忽视了社会平等,不利于低收入者和贫困人口的基本生活保障(郑秉文、于环[2],2018)。

3.深度脱贫目标下农村社会保障制度改革

由于农村深度贫困问题的复杂性,对深度贫困的治理也需要多管齐下。农村社会保障主要通过互助共济、责任分担为居民提供稳定的安全预期,增强其抵御风险的能力,从而达到预防贫困的目的。但实践中受贫困地区参保水平、筹资机制、待遇标准、财政压力等多方面制约,农村社会保障深度脱贫的功能未能充分显现(黄瑞芹[3],2013;张川川,2014;龙玉其[4],2018)。郑功成[5](2010)认为,抓紧推进农村社会保障制度建设是调节收入分配的最佳切入点,农村养老保险、医疗、救助、福利等制度改革应着力解决财政投入不足、保障标准过低、城乡和地区之间待遇差距过大等

① 韩华为:《农村低保会引致负向就业激励吗?——基于CFPS面板数据的实证检验》,《人口学刊》2019年第6期。

② 郑秉文、于环:《拉丁美洲“增长性贫困”检验及其应对措施与绩效》,《经济社会体制比较》2018年第4期。

③ 黄瑞芹:《贫困地区新型农村社会养老保险可持续发展研究——基于两个贫困民族自治县的调查》,《社会保障研究》2013年第1期。

④ 龙玉其:《老年相对贫困与养老保险制度的公平发展——以北京市为例》,《兰州学刊》2018年第11期。

⑤ 郑功成:《论收入分配与社会保障》,《黑龙江社会科学》,2010年第5期。

问题，这将有助于社会保障制度更好地发挥减贫效应。王延中①(2018)认为，发挥农村社会养老保险的减贫作用在于制度设计和实施，解决好农村居民养老保险资金筹集、待遇支付和待遇调整问题是关键。在对策方面，王延中提出了建立非缴费型养老制度、提高保险统筹层次、加大中央财政转移支付、创新个人缴费方式等一系列措施。詹长春、郑珊珊②(2018)认为，在减少深度贫困方面，农村医疗保险的效果好于城镇医疗保险，应从扩大新农合覆盖面、提高补偿水平、统筹城乡医疗保障制度、改善深度贫困地区医疗卫生条件和完善深度贫困人口医疗救助制度方面提高和巩固制度减贫效果。针对农村老少病残等特殊群体，应该保障先行、开发跟进，不仅要保障他们的基本生活条件，还应提供医疗救助、教育救助等综合救助方法，实施"贫前防范、贫后救助、扶贫扶智、治穷治愚"多管齐下的保障工程(刘小珉③，2017)。

纵观国内外研究现状：一是既有关于农村社会保障反贫困机制和效应的研究多从收入再分配视角出发，忽略了其对居民消费、个人能力发展及家庭生活的影响；二是未能有效区分农村社会救助、社会保险和社会福利在深度脱贫战略中的差异性功能和作用；三是对深度脱贫导向下社会保障工作目标、思路、原则、路径、方法等缺少系统探讨，尤其在理顺农村社会保障与深度脱贫之间各项制度内外部衔接关系的理论和实证研究方面还有待深入。

二、目的和意义

(一)研究目的

研究的总目标是厘清社会保障深度脱贫的作用机理，通过对重庆市农村社会保障深度脱贫的效果评价和问题诊断，提出社会保障深度脱贫

① 王延中:《推进社会保障管理体制与治理体系改革》,《社会发展研究》2018年第2期。

② 詹长春、郑珊珊:《农村居民医疗保障"逆向"收入再分配效应形成机制及克服——以江苏省为例》,《农业经济问题》2018第10期。

③ 刘小珉:《多维贫困视角下的民族地区精准扶贫——基于CHES2011数据的分析》,《民族研究》2017年第1期。

的基本路径和优化策略。具体目的可划分为：

(1)理论目标：廓清深度脱贫的概念与特征，通过社会保障理论、多维贫困理论、中国特色反贫困理论的对话建立社会保障与深度脱贫的理论关联，厘清社会保障深度脱贫的作用机理和功能定位。

(2)实证目标：调查揭示重庆市深度贫困地区社会保障制度发展水平，全面评价农村最低生活保障制度、农村基本养老保险制度和农村合作医疗保险制度在深度贫困地区减少贫困和预防贫困的双重效果。

(3)实践目标：总结重庆市农村各项社会保障制度减贫、防贫的成绩与经验，诊断当前重庆市深度贫困地区社会保障制度健康发展的现实瓶颈和政策障碍，提出重庆市2020年基于社会保障的贫困治理战略思路和现实路径。

（二）研究意义

1.理论价值

深刻领会习近平总书记提出的精准扶贫、精准脱贫精神指示，通过对深度贫困的发生机理、治理机制及社会保障制度与反贫困理论的集中凝练，将社会保障与深度脱贫进行理论对接，明确农村社会保障与深度脱贫的内在联系，厘清农村社会救助、社会保险和社会福利在深度脱贫战略中的功能定位和作用机制，创新深度脱贫与农村社会保障制度建设、政策衔接的理论成果，揭示社会保障制度在贫困治理过程中的作用规律和影响因素，丰富社会保障和贫困治理之间的理论联系。

2.现实意义

受复杂背景和多元因素影响，深度脱贫的任务更重，难度更大，过程更复杂。本课题紧扣中央精准脱贫战略目标和习近平总书记提出的深度贫困地区脱贫攻坚重要指示精神，以政府制定的国家贫困标准为依据，结合联合国、世界银行等多项贫困划分标准确定深度脱贫目标对象，重点研究重庆农村各项社会保障制度对深度贫困人口的收入水平、生活质量、能力素质等多方面影响和农村深度贫困地区社会保障制度发展的现实障碍，为深度脱贫探索可行路径和优化策略，并将其直接服务于国家精准脱贫战略与乡村振兴战略的衔接转型，以及“十四五”时期重庆建立健全稳定脱贫长效机制的重大需求。

三、思路方法与创新点

（一）研究思路

本课题坚持问题导向，以《中国农村扶贫开发纲要（2011—2020年）》《中共中央 国务院关于打赢脱贫攻坚战的决定》等系列政策和习近平总书记关于解决深度贫困重要指示精神等为指导，紧扣重庆农村社会保障深度脱贫路径设计与策略优化研究目标，遵循“理论分析→政策梳理→水平测度→问题聚焦→路径对策”思路展开研究（如图1-1所示）。

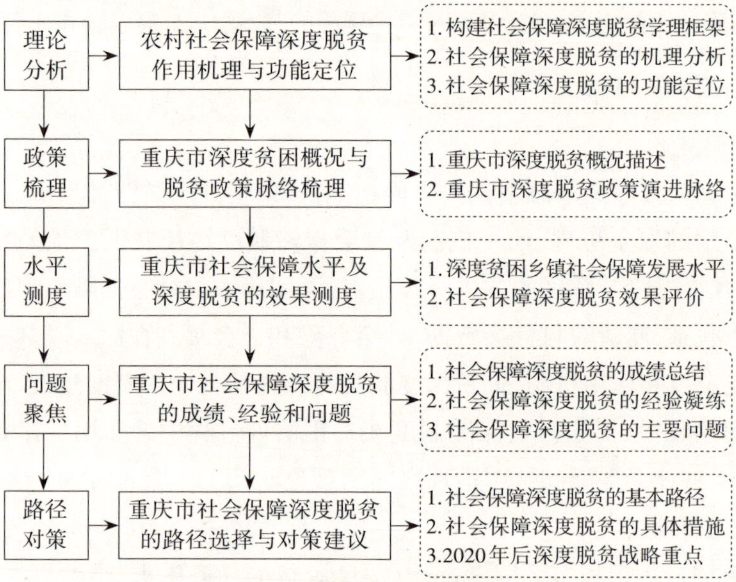

图1-1　本课题技术路线图

（二）研究方法

本研究主要采用规范分析和实证分析相结合、定性研究和定量研究相结合的综合研究方法，具体包括文献研究、调查研究、定量分析、归纳与演绎分析等：

1. 文献研究：梳理相关研究成果和政策文本，厘清深度贫困机理、农村社会保障制度演进历程及其深度脱贫的内在机制，夯实本课题的理论和现实基础。

2. 调查研究：主要采取问卷调查与访谈研究两种方法，调查掌握当前重庆市农村深度贫困群体的生活状况、脱贫诉求、社会保障水平和存在的主要问题，掌握农村社会保障精准脱贫、精准预防的现实困境与政策难题。

3. 定量分析：运用计量检验和反事实分析法对农村社会保障深度脱贫效应进行实证检验，主要依靠 STATA、SPSS、MPLUS 等软件实现。

4. 归纳与演绎分析：通过相关文本、典型案例、实证结果归纳提炼深度脱贫任务导向下重庆市农村社会保障的制度创新与政策调整方向，找准重庆市农村深度脱贫实施路径与优化策略。

（三）可能的创新点

1. 视角创新

本课题理论研究内容将深度贫困、精准脱贫与社会保障相关理论进行对接，学理分析农村社会救助、社会保险和社会福利在深度脱贫中的作用机理和功能定位，明确农村社会保障深度脱贫的作用对象和作用方式，为深度脱贫目标下农村社会保障政策创新奠定理论基础。

2. 内容创新

一是对城乡居民基本养老保险、城乡居民合作医疗保险和农村最低生活保障制度在深度贫困地区的发展水平和减贫效果进行定量分析，通过建立制度的充足性、便捷性、持续性、均衡性四个评价维度和相关指标体系，全面系统地测度重庆市深度贫困乡镇居民对社会保障制度发展质量及其在深度脱贫攻坚战中减少贫困、预防贫困的现实作用。二是对重庆市社会保障深度脱贫的成绩、经验和存在问题进行了系统梳理总结，并就充分发挥社会保障制度的减贫效果提出了基本路径和具体建议，尤其针对2020年后重庆市贫困治理面临的新局面、新挑战提出相应的战略性思考。

3. 方法创新

本课题利用实地调查结合数据挖掘的方法，对来自重庆市6个深度贫困乡镇、12个贫困村社的微观样本数据进行探索分析和结构验证，利用结构方程模型和潜变量调节模型对重庆市农村社会保障制度减少既有贫困和预防贫困效应进行了综合评价，辨析了政策作用对象、方式和效果差异，增强了研究结果和对策建议的准确性及可靠性。

第一章

深度贫困特征和社会保障深度脱贫功能定位

社会保障制度的反贫困属性已在全球获得共识，发达国家和大多数发展中国家的社会保障政策已经成为它们反贫困战略的支柱政策。针对深度贫困地区和赤贫人口建立并完善现代社会保障制度，提高社会救助、社会保险和社会福利发展水平，是降低弱势群体致贫风险和地区贫困发生率的必要条件，其核心是在消除贫困过程中提升脱贫对象的自身发展能力。实践中，社会保障的深度脱贫机理、现实功能、责任定位等问题有待进一步理论廓清和实证检验。

一、深度贫困及其特征

（一）贫困及其度量

贫困是个很广泛的、相对的概念，贫困相对于富足，类似于贫穷。因为贫穷而生活窘困，称之为贫困，是一种社会物质生活贫乏的现象。贫困是一种社会物质生活和精神生活匮乏的综合现象。通常我们把贫困分为两种情况：绝对贫困和相对贫困。

1.绝对贫困

绝对贫困是指在一定的社会生产方式和生活方式下，个人和家庭依靠其劳动所得和其他合法收入不能维持其基本的生存需要，这样的个人或家庭就被称为贫困人口或贫困户。从生产方面看，劳动力缺乏再生产的物资条件，难以维持自身的简单再生产，生产者只能进行萎缩再生产。从消费方面看，人们无法得到满足衣、食、住等人类生活基本需要的最低条件，也即人们常说的"食不果腹，衣不遮体，住不避风寒"的状况。

2.相对贫困

相对贫困是指与社会平均水平相比，其收入水平少到一定程度时维持的那种社会生活状况，强调各个社会阶层之间和各阶层内部的收入差异。通常是把一定比例的收入水平较低人口确定为生活在相对贫困之中。比如，有些国家把低于平均收入40%的人口归于相对贫困组别；世界银行的看法是收入只要（或少于）平均收入的三分之一的社会成员便可被视为相对贫困。相对贫困的定义基于两个理论假设：一是价值观念上的,认为人的需要不仅限于物质需要,也包含文化精神方面的需要;二是物质上的,认为生活必需品的数量和质量标准是不断变化的。这一定义包含着与其他社会成员的比较,它讨论的是差距,是社会不同部分之间的不平等,它依据一定的价值判断。

3.极端贫困

1987年,若瑟·赫忍斯基(Joseph Wresinski)在法国经济社会理事会发表了《极端贫穷与经济社会的不稳定》报告书,他在此报告中对极端贫穷提出的定义,后来被联合国经济社会理事会的特别报告员莱安德罗·德斯波(Leandro Despouy)引用于《人权与极端贫穷的最后报告》。在若瑟·赫忍斯基看来,"极端贫穷"是指人们处于一种不稳定状态。不稳定指的是一种或一种以上的安全感之丧失,特别是失去工作。安全感意指能够使个人及其家庭得以确保他们在职场、家庭与社会层面的义务,并享受到他们的基本权利。不稳定所造成的不安全感可能是严重并有决定性的,当它影响到生活的好几个范畴,当它在时间上延长且持续不断,当它严重地使人在可预见的未来无法单独争取到他的权利并再次承担起他的责任时,它经常导致极端的贫穷。①

4.贫困的标准

(1)国际贫困标准

国际贫困标准实际上是一种收入比例法。它是以相对贫困的概念作为自己的理论基础的。

在欧洲,2003年,欧盟统计局与奥地利、比利时、丹麦、希腊、爱尔兰、卢森堡、挪威达成协议,启动了欧盟收入和生活条件统计。欧盟统计局测算的相对贫困发生率,也称为"贫困风险率"(at-risk-of-poverty rate),是指人均可支配收入低于贫困风险阈值的人群所占比重。该阈值设定为经平均加权后全国人均可支配收入中值的60%。根据欧洲理事会的决定,贫困风险率是根据每个欧盟成员国的实际情况来衡量的,而不是采用一个共同的欧盟阈值。

---

①Joseph Wresinski, *Chronic poverty and lack of basis security*(Landover: The official journal of the republic of France, 1987).

在美国，贫困标准以联邦政府或州政府划定。划定的标准是一个家庭为获得基本的食物、住房以及其他基本品的最低收入，且每年都会根据通货膨胀适度调整门槛。贫困门槛（poverty threshold，也称poverty line）是指一个人或一个家庭的年收入水平，它决定了一个人或一个家庭是否处于贫困状态。美国的贫困门槛是以家庭规模为基础的，其固有假设是，两个或更多的人住在一个家庭中更为经济，因为他们可以分担一些费用。

（2）人类贫穷指数

人类贫穷指数（HPI）是一个国家的社区贫穷情况指标，是联合国为补充人类发展指数（HDI）而制定的，1997年首次作为《人类剥夺报告》的一部分被提出。它被认为比人类发展指数更好地反映了贫困国家的贫困程度。HPI是一个综合指数，它评估了一个国家贫困的三个要素：寿命、知识和像样的生活水平。它有两个指标体系：HPI-1是用来衡量发展中国家的贫困状况的，而HPI-2是用来衡量发达国家的贫困状况的。

HPI-1 衡量指数所涵盖的三个基本维度包括：健康长寿、知识、像样的生活，具体评价指标包括：

△　寿命：也就是不能活到40岁的概率。

△　知识：它是通过成人识字率来评估的。

△　生活标准：未使用安全水源的人口百分比和同龄儿童体重不足的百分比。

HPI-2 是针对发达国家和个别发展中国家的评价标准，它增加了社会排斥维度，具体包括：

△　寿命：也就是不能活到60岁的概率。

△　知识：它是通过成人识字率来评估的。

△　生活标准：收入低于贫困线的人口。

△　社会排斥：长期失业率（持续12个月或以上）。

（3）贫困线

贫困线，是在一定的时间、空间和社会发展阶段的条件下，维持人们的基本生存所必需消费的物品和服务的最低费用，贫困线又叫贫困标准。贫困线为相对标准，系考量该国最低薪资能否满足基本生活所需，如食、衣、住、行(包括搭乘基本的交通工具)、健保等要素,无法满足最低生存所需者,即列入赤贫。界定贫困线需要找出所有必需品的总开支,即成人一年开支的平均数。此方法是评估能够维持可忍受的生活的最少开支。

2008年,世界银行依据2005年购买力平价做出调整,将贫困线由每人每天1.25美元提高至1.5美元。2015年,世界银行按照购买力平价计算,将国际贫困线标准从此前的每人每天生活支出1.25美元上调至1.9美元。

实际上,不同国家都有不同的贫困线,但普遍来说他们都会利用单一贫困线来比较经济福利程度。发达国家(如美国)的贫困线认定标准明显比发展中国家高。根据美国贫困线的标准,2019年美国有4000万贫困人口,甚至比中国还要多。2020年,美国48个州和华盛顿特区的贫困线标准如表2-1所示:

表2-1 美国卫生及公共服务部2020年发布的贫困线

家庭人口	48个州和华盛顿特区	阿拉斯加	夏威夷
1	$12,760	$15,950	$14,680
2	$17,240	$21,550	$19,830
3	$21,720	$27,150	$24,980
4	$26,200	$32,750	$30,130
5	$30,680	$38,350	$35,280
6	$35,160	$43,950	$40,430
7	$39,640	$49,550	$45,580
8	$44,120	$55,150	$50,730
每增加一人	$4,480	$5,600	$5,150

我国于1986年制定了第一个国家扶贫标准:农民年人均纯收入206元。2000年标准提高到625元,2001年提高到865元,2010年提高到1274元。2011年,国家大幅提高了贫困线标准,将新标准确定为2300元。2015年,这个标准提高到2855元。按购买力平价方法计算,相当于每天2.2美元,略高于1.9美元的国际极端贫困标准。2019年,我国贫困线标准从2855元

增长到了3218元。当然,中国部分省、直辖市、自治区根据国家贫困线标准,结合自身发展情况,制定了地方扶贫标准。目前制定的地方标准一般在4000到6000元,均高于国家标准。利用国家统计局历年的国民经济和社会发展统计公报中公布的相关数据,绘制出改革开放四十余年来国家贫困人口数量和贫困线变化情况,如图2-1所示。可以看出,随着国家贫困线标准在2001年和2011年两个时间节点上的大幅提升,贫困人口数量也经历了三次起落。

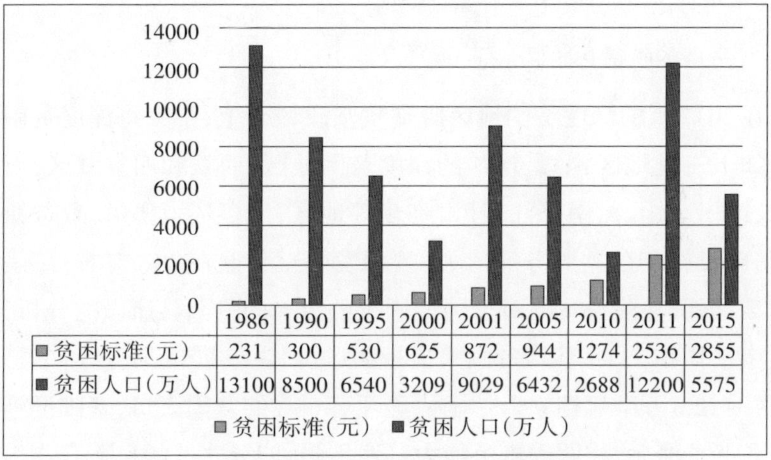

	1986	1990	1995	2000	2001	2005	2010	2011	2015
贫困标准(元)	231	300	530	625	872	944	1274	2536	2855
贫困人口(万人)	13100	8500	6540	3209	9029	6432	2688	12200	5575

图2-1 中国历年国家贫困线标准和贫困人口变化[①]

(二)深度贫困概念

深度贫困(deep poverty),也可被称为极端贫困(extremely poverty)、赤贫(adject poverty)。联合国在其1995年的社会发展问题世界首脑会议报告中将其定义为:"人处于一种被剥夺了基本需求,包括食物、安全饮用水、卫生设施、医疗、住房、教育和信息的极端状态。它不仅取决于收入,而且取决于获得服务的机会。"[②]"缺乏基本安全"被认为是深度贫困的典型状态。缺乏基本安全意味着没有一个或多个因素使个人和家庭能够承担基本责任和享受基本权利。这种情况可能会变得普遍,并导致更严重

① 数据来源于人民网,2016-10-17:http://politics.people.com.cn/n1/2016/1017/c1001-28782841.html

② United Nation, *Report of the world summit for social development*(Copenhagen, 1995), p.41.

和更持久的后果。基本保障的缺乏会导致慢性贫困，它会同时影响人们生活的几个方面，它会严重损害人们在可预见的未来恢复权利和重新承担责任的机会。深度贫困是相对于一般贫困而言的，通常发生在自然条件、经济发展、社会文明、公共服务、民生水平等领域均比较差的区域；在群体分布上，主要是残疾人、孤寡老人、长期患病者等“无业可扶、无力脱贫”的贫困人口以及部分教育文化水平低、缺乏技能的贫困群众。在脱贫目标上，实现不愁吃、不愁穿“两不愁”相对容易，实现保障义务教育、基本医疗、住房安全“三保障”难度较大。

（三）深度贫困的特征

在2017年的深度贫困地区脱贫攻坚座谈会上，中央将深度贫困地区划为如下三类地区：一是连片的深度贫困地区，西藏和四省藏区、南疆四地州、四川凉山、云南怒江、甘肃临夏等地区，生存环境恶劣，致贫原因复杂，基础设施和公共服务缺口大，贫困发生率普遍在20%左右；二是深度贫困县，据国务院扶贫办对全国最困难的20%的贫困县所做的分析，贫困发生率平均在23%，县均贫困人口近3万人，分布在14个省区；三是贫困村，全国12.8万个建档立卡贫困村居住着60%的贫困人口，基础设施和公共服务严重滞后，村两委班子能力普遍不强，四分之三的村无合作经济组织，三分之二的村无集体经济，无人管事、无人干事、无钱办事现象突出。

深度贫困特征可以概括为：“两高、一低、一差、三重。”

“两高”即贫困人口占比高，贫困发生率高。深度贫困县贫困人口占全省贫困人口总数22%以上；深度贫困县贫困发生率在15%以上，高于全省贫困县平均水平近9个百分点；深度贫困村贫困发生率接近35%，高于全省贫困村平均水平近24个百分点。“一低”即人均可支配收入低。深度贫困县人均国内生产总值21650元，人均公共财政预算收入1386元，农民人均可支配收入5928元，分别只有全省平均水平的50.7%、36.2%、49.7%。“一差”即基础设施和住房差。深度贫困县的贫困村中，村内道路、入户路、危房需要维修和重建。“三重”即低保五保贫困人口脱贫任务重，因病致贫返贫人口脱贫任务重，贫困老人脱贫任务重。深度贫困县贫困人口中低保、五保贫困户占比高达近60%，因病致贫、患慢性病、患大病、因残致贫占比达80%以上,60岁以上贫困人口占比超过45%。[①]

深度贫困当中"深度"一词,不仅仅是贫困户或者贫困地区表现为一定时间点上他们的收入水平低下或者是生活物资匮乏,而且还表现为贫困在时间维度上的纵向延伸、代际传递,可谓"顽疾"。深度贫困的顽固性,使得陷入深度贫困的人口、家庭甚至几代人都处于贫困状态,不可能在短期内消除贫困,即便是在脱贫以后依然面临较大的返贫风险。这种深度贫困"顽疾"的产生往往与贫困的恶性循环或者说贫困陷阱密切相关。贫困地区往往具有恶劣的自然环境、偏远的交通区位、产业就业发展质量低、社会各项制度和公共服务不健全的问题,这一系列结构性因素制约了地区经济社会健康发展。此外,深度贫困"顽疾"也与赤贫人口自身因素和局限性有关。总之,主客观、内外部多重因素交织,造成了深度贫困地区难以跳出贫困陷阱的困境,也使得深度贫困人口难以摆脱长期贫困循环。

二、农村深度贫困的致贫因素

农村深度贫困是错综复杂因素共同作用的结果,外部因素和内部因素以及它们之间的相互影响是农村贫困的深层原因。课题组通过理论分析与实证分析,在理论研究的基础上进行实地调研,将农村深度贫困的致贫因素进行归纳整理。

(一)深度贫困形成的外部因素

1.城乡二元体制

新中国成立伊始,为确保工业优先、国防优先的发展方针顺利实施,我国政府长期实行了城乡二元分割的发展体制,这当中既有经济城乡二元结构安排,更有户籍、社会保障、医疗卫生、教育文化、住房等一系列社会制度、民生制度的二元分割。户籍制度将农村居民长期束缚在土地上,城乡二元经济结构、文化结构、公共服务结构等因素使得农村居民即便挣脱了户籍的束缚,也难以在城市中站稳脚跟和融入市民生活,最终难以实现人口自由流动。

① 数据来源于新华网,2017-08-31: http://www.xinhuanet.com/politics/2017-08/31/c_1121580205.htm

近年来，大量务工农民从农村转移到城市，成为产业工人，过上了城市生活。但是随之而来的是他们的子女教育问题、老人养老问题越来越突出。城市公共资源有限，即便为农民工子女建立了专门的学校，保障了孩子们平等享受义务教育的权利，但农村老年人养老问题则不是依靠城市资源能够解决的，因此可以看到近年来农村留守人口的结构变化，从以前的留守妇女、留守老人、留守儿童逐渐演变为现在只剩留守老人，妇女、儿童跟上了外出务工队伍进城生产生活，老人则被留在家乡。这无疑造成了农村当下和未来的空心化，加剧了农村劳动力流失，产业凋敝，务农收入微薄，农村公共服务进一步缺失，深度贫困非外力难以改善。

2. 自然地理条件

自然地理条件是地区经济社会发展的禀赋资源，也是造成地区深度贫困的外部客观因素。(1)交通区位。深度贫困村的交通区位情况普遍较差，尤其是在西南的云南、贵州、四川、重庆等地，华中的湖北、湖南、河南等地，新疆西部和内蒙古北部等地。这些地方的深度贫困村多分布在高原或山脉，如四川、云南地区的横断山脉，滇黔桂的云贵高原，中部地区的秦岭、武陵山、大别山，内蒙古东部的大兴安岭以及位于新疆的天山山脉。恶劣的地貌环境导致了贫困村通路成本的不断提高，阻碍了当地的脱贫致富。[①](2)自然灾害。地理检测发现，西南的云南、贵州、四川、重庆等地，华中的湖北、湖南、河南等地，新疆西部和内蒙古北部等地的自然灾害频发且类型繁多，主要灾害有干旱、洪涝、寒潮、干热风等气象灾害，地震、泥石流等地质灾害，以及动物疫情、小麦病等生物灾害。[②]正是因为农村深度贫困地区与自然灾害频发区、生态脆弱地区的高度重合，使得当地经济生产长期陷入与自然灾害抗争的艰苦境地，农民很大程度上并未摆脱靠天吃饭的基本命运，因此容易陷入贫困恶性循环。

---

① 陈烨烽、王艳慧、赵文吉、胡卓玮、段福州：《中国贫困村致贫因素分析及贫困类型划分》，《地理学报》2017年第10期。

② Wang Y., Qian L., "A PPI-MVM model for identifying poverty-stricken villages: A case study from qianjiang district in Chongqing, China," *Social Indicators Research* 2(2017): 497-522.

3.基础设施薄弱

基础设施是地方经济社会发展的重要设施基础,农村基础设施不仅包括交通、通信、能源等生产类公共设施,还有教育、医疗、养老、文化体育等生活类公共设施。农村的基础设施通常带有公共品或准公共品的属性,是居民生产生活的基本条件。

深度贫困地区基础设施建设迟缓,欠账较多,已经严重制约了地区脱贫能力和个人增收能力的发展。一是深度贫困乡镇的乡村道路质量差。深度贫困地区的通达、通畅任务十分艰巨,这些村庄大多处于山大沟深的困难地区,道路建设投资大、难度高,而且诸多贫困地区前期道路建设标准低、质量差、抗灾能力弱,目前已出现诸多质量问题,道路养护和管理任务重。二是深度贫困农村电网设备差且用电成本高。深度贫困农村普遍面临电力设备陈旧落后的问题,农村使用的变压器大多数已陈旧老化。有些电线杆破损十分严重,已处于危险状态。三是深度贫困农村集中式供水比例仍然很低。虽然当前我国农村深度贫困地区的人畜安全饮水问题有了很大改善,但是集中式供水比例不高,自来水普及率仍有待提高。四是深度贫困乡镇的互联网普及情况较差,农村互联网相关基础设施普及情况仍然相对较差。五是深度贫困乡镇的流通设施建设严重滞后。随着电子商务与物流业的快速发展,我国大部分农村地区商品流通顺畅高效,但在深度贫困的乡镇和农村缺乏专业的存储流通场所和零售贩卖商超。六是深度贫困乡镇的水利设施建设滞后,由于深度贫困地区多处高山深谷地带,农田水利设施建设投入大、难度高,因此长期处于缺乏和落后的状态,严重影响了当地传统农业向优质高产高效的现代农业转型,也造成当地务农居民收入增长缓慢和脱贫难度增大。

4.民生建设滞后

深度贫困地区的教育、医疗、养老、住房、文化和体育等基本民生保障制度建设水平较低、服务质量较差是导致该地区缺乏脱贫内生动能和持续动力的重要原因。(1)受制于有限财力,政府要在经济和民生之间做选择题。深度贫困乡镇财政能力薄弱,财政收入和支出比(即财政安全系数)较低,往往是“吃饭财政”,客观上难以安排足够资金、人力来发展地区的各项民生服务项目。(2)“重经济、轻民生”。深度贫困乡镇的脱贫任务繁重，当地政府常常把发展地区经济、增加居民收入、完成脱贫任务摆在发展的中心位置，将各类经济考核指标作为衡量政府工作绩效和地区发展综合水平的重要甚至是唯一指标，因此很多民生工作、民生投入都要让位于经济发展、产业发展、投资引进、企业招商等活动。对于能够为当地创造税收和就业的、能够在短期内体现经济成果的项目，政府会投入足够精力、热情和资源予以重视，但是对于解决教育、医疗、养老等长期的、隐性的公共服务工程来说，政府的积极性和财政投入水平则大大减少。(3)“重发展、轻治理”。深度贫困地区在经济社会发展过程中往往是重视发展而忽视治理，可能造成环境污染、生态破坏等严重后果。“经济在发展，环境在污染”是很多贫困地区的真实写照，到最后经济发展的成果也填不平环境污染的深坑，结果导致了地区资源枯竭、环境破坏、贫困代际传递。深度贫困地区的经济社会发展和人民生活富裕绝不能以牺牲生态环境质量为代价。良好生态环境是最普惠的民生福祉，生态文明是人类社会进步的重大成果。人类经历了原始文明、农业文明、工业文明，生态文明是工业文明发展到一定阶段的产物，是实现人与自然和谐发展的新要求。建设生态文明，不是要放弃工业文明，回到原始的生产生活方式，而是要以资源环境承载能力为基础，以自然规律为准则，以可持续发展、人与自然和谐为目标，建设生产发展、生活富裕、生态良好的文明社会。

（二）深度贫困形成的内部因素

1.“可行能力”匮乏

对贫困问题的认识，不能仅停留在收入层面，而应该立足于贫困者的生存状态。对贫困的关心应该更重视对穷人福利的关心(绝对贫困)，而不是简单地对他们与其他人收入差距的关心(相对贫困)。诺贝尔经济学奖获得者阿马蒂亚·森1981年首先提出了“可行能力”的概念用以解释贫困成因。森的这一概念从自由发展观的角度出发，认为贫困不仅仅是贫困人口收入低下的问题，而且意味着贫困人口缺少获得享受正常生活的能力，或者说贫困的真正含义是贫困人口创造收入的能力和机会的贫困。

贫困人口之所以贫困是因其基本可行能力，即实质自由被剥夺。阿马蒂亚·森将这种“可行能力”描述为“此人有可能实现的、各种可能的功能性活动组合”[①]。有价值的功能性活动很多，如免受饥饿、疾病、无家可归之类的困苦，获得受教育的机会，体面地出现在公众面前，有效地参与政治和社会生活等。因此，生存、健康、知识、自尊和社会参与等方面的价值与能力构成了基本可行能力的主要内容。

“可行能力”的一个重要影响因素就是人口素质，人口素质往往与贫困程度互为表里，相互制约。较低的人口素质意味着劳动者缺乏相应的劳动技能和就业能力，其参与市场经济活动的能力和机会较低，创造和分配财富的能力也较低，导致劳动者及其家庭收入较低，而且较低的素质往往使得劳动者想要依靠增加劳动力数量达到增收的目的，但是盲目扩大人口数量和家庭规模并不能带来收入、就业的实质性增长，因此更容易陷入贫困状态。反过来看，较深的贫困状态使得家庭对劳动力素质的投资能力较弱，家庭成员受教育程度较低，更加剧了他们就业增收的困难，使他们摆脱贫困的能力和机会更加渺茫。

2.家庭生计问题突出

生计问题是深度贫困发生的重要诱因，大致分为以下三种情况：

一是封闭农业经济中务农劳动者的贫困。深度贫困乡镇经济发展的商品化程度低，人们从事农业家庭生产（粮食、家禽家畜等种养殖业）只需在一定狭小的区域范围内进行内部交换，而无须与外界进行交换。由于缺乏与外界的交流，先进的生产技术、管理经验和方法无法渗透进深度贫困地区，在极有限的土地上务农的劳动报酬低下，单纯依靠传统种养殖业致富的可能性微乎其微。

二是外出务工的贫困。当前，深度贫困地区收入主要依靠外出打工劳动力的工资性收入。在农业边际报酬递减规律的作用下，最理想的情况当然是农村剩余劳动力就近务工，因为就地非农化可以减少农民异地就业的交易费用和风险，同时也方便他们农忙时节处理农活儿。但深度贫困地区经济薄弱，缺乏乡镇企业为农民提供就业岗位。对于进城务工

① 阿马蒂亚·森：《以自由看待发展》，任赜、于真译，中国人民大学出版社，2002。

的农民工而言，不仅面临失业、待岗、拖欠工资等风险，而且在城市生活高企的成本和低微的公共福利都让他们进城务工充满不确定性。

三是因病致贫、因病返贫。因病致贫是典型的支出型贫困，深度贫困居民的收入水平较普通居民低，他们在日常食品开支方面没有能力注重健康饮食和营养条件。在生活方式上，他们对待疾病的态度往往是消极被动的，除非到了万不得已的地步才会花钱治病。长此以往的贫困生活状态对居民健康造成了极大隐患，而小病拖成大病以后，重大疾病的治疗支出就成为他们家中最为沉重的经济负担，造成了现在因病致贫、因病返贫的状况。国家医疗保障局曾表示："在2020年从整体上消灭绝对贫困后，仍会有少部分因病致贫、返贫群众，缓解相对贫困始终是长期任务。"

3.农民组织化程度低

经济意义上的组织化，是指农民通过加入各种专业合作社、产业协会、行业协会等经济类组织，利用集体性的经济活动提高自身市场地位，实现自身经济利益。历史原因形成了我国农村地区农业生产独门独户、高度分散的特点。在长期的农业生产过程中，务农者独立单干的习惯也造成了他们组织程度较低，在市场经济交换中往往处于不利地位，因此农业比较效益较低，农民要价能力较弱。虽然农村有各类专业合作社和行业协会，但是总体看来这类社会组织约束性不强，组织程度不够，很难维护当地务农者的权利和市场利益，常常在与其他市场组织谈判的过程中处于不利地位，农业成为现代产业体系中的弱势产业，农民成为现代社会中的弱势群体。农业生产主体的信息、技术、资金等要素水平与其组织化程度密切相关，处于个体单干状态下的农民，在搜集市场信息、学习先进技术和筹集农业生产资金等方面均无优势，必然在市场竞争中处于劣势，其经济收益也必然较低。

政治意义上的组织化，是指农民通过加入当地村民委员会、基层党组织和其他社会性组织，开展政治性活动，通过选取、投票、听证、民主讨论会等形式表达自身的需求，包括经济需求、政治需求、文化需求等。深度贫困乡镇居民较低的组织化程度也制约了他们对农村基本公共服务的需求表达,影响了当地公共服务发展水平和他们获取社会福利的水平。一是居民表达需求的动力不足。分散的、原子化的居民对于自身公共服务需求表达的动机不够强烈,这可能是由于对于表达预期效果的期望较低,换句话说就是居民认为即便表达了也不会得到政府回应,索性就不再表达。二是表达的影响力不够。政府对于居民个体需求表达的关切度不够,或者是认为这种需求属于个别现象因此未加以足够的重视,但是当居民以群体或者组织的形式向政府反映时,得到积极回应的可能性较个体表达大得多。

4.受到贫困文化的影响

从社会学角度考察,贫困不仅是一种经济现象,也是一种文化现象。美国社会学家奥斯卡·刘易斯首次提出“贫困文化”(culture of poverty)的概念,亦可被称为“贫穷文化”“文化贫困”,它用存在于贫困者中的价值观和行为模式,说明物质贫困及处境不利的学生智商分数不高甚至学业成绩低下的原因。[①]概括刘易斯的分析可提炼出“贫困文化”的四个主要方面影响:(1)从全社会角度来看,贫困文化是一种亚文化,它使贫困者脱离社会生活的主流而陷入自我封闭或孤立的境地(自我排斥主流社会和文化);(2)从社区层次来看,贫困人口在贫民居住区域形成了群体意识和社会归属感,从而使他们远离了主流社区;(3)从家庭层次来看,贫困家庭结构残缺,造成他们缺乏进取精神和竞争意识;(4)从个人层次上来看,贫困者通常知识贫乏、眼界窄小,只关心眼前的利益和个人事情,缺乏社会感或群体感,有自暴自弃或自毁的倾向。我国深度贫困地区也存在贫困文化的消极影响,主要表现在:

(1)深度贫困人口存在读书无用论的思想。深度贫困家庭往往是以功利思想看待教育,认为子女读书的成本高而且很难成才,因此倒不如让孩子辍学早点外出打工,可以早日挣钱补贴家用。这种思想扩散开来就会造成深度贫困地区劳动力文化程度普遍低下和人口素质普遍不高。

(2)大多数贫困农村居民存在重男轻女、多子多福的思想。在深度贫

① Lewis O.,“The culture of poverty,”*Scientific American* 254(1966): 19–25.

困农村家庭中普遍存在“养儿防老”“男尊女卑”“多子多福”的思想认识而且根深蒂固，这是导致地区人口增长快、人口素质低、贫困代际传递的重要思想根源。

(3)深度贫困地区居民存在“重农轻商”的农本主义思想。受到长期以来的农本主义思想影响，再加上深度贫困地区的营商环境不良，深度贫困农村居民商品意识和市场观念淡薄，往往固守着自己的一亩三分地，情愿每天从事“面朝黄土背朝天”的劳作，导致家庭收入增长缓慢。

(4)个别深度贫困居民存在“等、靠、要”思想。有什么样的思想观念就有什么样的发展思路。发展思路决定了人的出路。消极的思想观念和悲观的人生态度，只会带来贫穷的结果。事实上深度贫困地区也有致富能手，他们凭借积极上进的思想，善于捕捉有利于自己发展和挣钱的机会，脚踏实地勤劳致富。但是在部分思想消极的贫困户眼中，他们却成了钻政策空子、挖国家墙角的自利者，甚至不屑与他们为伍。在深度脱贫攻坚战中，国家的各项扶贫政策不断加码，一方面减轻了贫困户的各种负担，但是另一方面也使个别贫困户产生或固守“等、靠、要”的观念，他们常常向当地扶贫干部提各种过分要求，自己却不思上进，想要不劳而获。

(三)农村深度脱贫的要素需求

1.产业要素

产业振兴是深度脱贫和乡村振兴的基础支撑，是使深度贫困地区拥有持续脱贫动力的物质基石。从深度脱贫角度看，产业扶贫最主要的目的在于变“输血”式扶贫为“造血”式扶贫，变“开发式”扶贫为“参与式”扶贫，增强贫困地区内生发展动力，提高贫困人口的自主脱贫能力，促进贫困人口增收，实现稳定脱贫。[①]

在深度贫困地区的精准脱贫进而实现乡村振兴的过程中，必须因地制宜，注重产业发展，充分发挥市场机制效应，使乡村地域特色资源能够转变为资产、资本，充分释放经济潜力。

(1)大力发展深度贫困农村产业是推动地区高质量、稳定脱贫的重要

---

① 陈成文、陈建平、陶纪坤:《产业扶贫：国外经验及其政策启示》,《经济地理》2018年第1期。

途径。高质量、稳定脱贫强调脱贫的长效性、持久性、稳定性，是解决返贫问题的首要任务。高质量、稳定脱贫的关键是贫困地区产业发展和就业机会增加，只有解决好贫困居民稳定就业的问题，才能从根本上解除他们的贫困状态和风险。

(2)大力发展深度贫困农村产业是提升深度贫困居民个体技能、增强自我脱贫能力的重要手段。对于贫困居民中有劳动意愿却无劳动技能的人而言，采用产业和就业扶持的办法，对于帮助他们迅速提升劳动生产能力，改善生产经营条件，增加工资性和经营性收入具有较好的效果。

(3)通过政策引导、项目帮扶、资金税收优惠等方式大力发展深度贫困农村产业，除了能够增强地区就业、创业机会以外，还能进一步撬动和吸引外部的人才、资本、技术等各类经济要素，使当地经济增长进入快车道，实现良性循环发展。

(4)大力发展深度贫困农村产业有利于实现深度贫困地区的长治久安。经济基础决定上层建筑，经济持续健康增长是深度贫困地区摆脱贫困、保持长期繁荣稳定的物质基础。解决农村发展中绝大部分问题，归根到底要靠经济的发展，而经济的发展核心又是产业的振兴。因而，产业振兴是实现贫困地区长治久安的根本路径。

2. 人才要素

"为政之要，莫先乎人；成事之要，关键在人。人是生产力中最活跃的因素，是社会物质财富和精神财富的创造者，是社会变革的决定力量。今天，无论是分析形势还是作出决策，无论是破解发展难题还是解决涉及群众利益的问题，都需要领导能力、专业素养、务实举措。"[①]在打赢深度贫困地区脱贫攻坚战的过程中，人才是最关键的要素。

(1)扶贫干部

第一，扶贫干部是上级政府各种扶贫开发政策的宣讲员，可以及时把中央和重庆市深度脱贫的各项优惠政策、扶持项目信息传达到基层干部群众中去，让贫困群众知晓、参与到深度脱贫攻坚战中，增加政策的群众

---

① 数据来源于新华网，2018-10-09：http://www.xinhuanet.com/politics/leaders/2018-10/09/c_1123535695.htm

基础。第二,扶贫干部是贫困群众的贴心人,他们通过走访慰问深度贫困居民,宣传引导扶贫方针政策,关心贫困居民的生活困难,帮助他们树立脱贫信心,破除他们落后愚昧的生产生活观念,让他们积极面对生活,勇于和贫困抗争,坚定他们的脱贫信念。第三,扶贫干部是基层民意的上达者,扶贫干部由于工作在基层,贴近群众,最了解深度贫困居民的生活困难和脱贫诉求,他们可以通过将基层民意及时反映、反馈给上级政府,帮助扶贫部门决策者掌握充分信息,提高政策质量,增强脱贫效果。

(2)致富带头人

深度贫困农村经济发展和群众收入水平的提高离不开产业壮大、企业壮大,而当地的致富带头人就是发展壮大产业企业的关键人才。致富带头人往往具有生产技术较高、管理经验完善、产业资金充足、市场意识强烈等特点,他们在产业经营发展过程中通常能够因势利导,因地制宜地开发出经济效益好、具有地方特色的产品,将其投放市场以后能够获取较高的劳动报酬和经营收入。致富带头人在当地居民心目中也具有较高的话语权和影响力,他们对于帮扶贫困户经营发展产业或是寻找就业机会有很大的积极作用。利用致富带头人的市场、资金、技术和人脉资源,按照“宜农则农,宜林则林,宜渔则渔,宜牧则牧”因地制宜的原则,贫困户跟着致富带头人经营产业能够找准市场方向,降低自身面临的市场风险,增加他们抵御不确定性的能力,还可以通过熟人介绍等方式就近寻得就业机会,增加家庭收入。

(3)公共服务队伍

深度贫困地区经济社会发展,深度贫困人口脱贫致富都离不开高质量的公共服务。政府在就业、医疗、教育、基础设施等方面提供的公共服务是夯实地区发展基础、提升居民人力资本的重要推动力量。高质量的公共服务除了需要资金和设备支撑以外,专业的公共服务人才队伍是决定服务质量的关键。深度贫困地区公共服务机构能力较弱、人才队伍萎缩,很多服务岗位并未设置专人,镇里、村里的干部一人身兼扶贫、计生、维稳、文化专干数职的情况屡见不鲜,“专干不专、专干不干”的现象也时有发生。加强公共服务专业人才队伍建设是发挥政府有效干预、调节市场分配重要职能的基础手段，是提高公共服务财政资金投入使用效率的前提保障，是优化深度贫困地区基础设施条件、产业发展基础、招商营商环境的必有路径，是提升贫困人口社会保障水平、增加社会福利分享的关键举措。深度贫困农村留不住人，包括产业人才、教育人才、医疗人才等，不仅仅是由于当地经济发展差、收入水平低，还关乎地区在教育、医疗、养老、住房、人居环境等方面的一系列社会和文化因素。因此，强化深度贫困农村公共服务队伍建设，对于扭转当前农村空心化、老龄化的局面具有重要意义。

3.政策要素

政策所指的是国家政权机关、政党组织和其他社会政治集团为了实现自己所代表的阶级、阶层的利益与意志，以权威形式标准化地规定在一定的历史时期内，应该达到的奋斗目标、遵循的行动原则、完成的明确任务、实行的工作方式、采取的一般步骤和具体措施，具有分配社会资源、规范社会行为、解决社会问题及促进社会发展四个功能。

深度脱贫政策具体可以分为三个层面：

一是核心层政策，包括政治政策与经济政策，前者影响深度脱贫的资源数量，后者决定深度脱贫的资源分配。

经济政策又可以细分为就业政策、产业政策与基础设施政策，主要保障深度贫困地区居民的就业机会和经济收入，增加他们摆脱贫困的能力与信心。从现在深度贫困家庭情况来看，通过帮助贫困户中的一个或多个劳动力就业从而使全家摆脱贫困是最有效的深度脱贫方法。如果这份工作能够长时间维持，那将会大大降低贫困家庭的贫困程度，提升脱贫的稳定性。就业政策的效力离不开产业政策和基础设施政策的支撑，贫困地区要创造就业岗位，前提是必须有良好的投资环境和产业资本进入该地区，因此建设基础设施、改善投资环境、吸引外部资本、优化自身产业等一系列举措都离不开核心层政策引导。

2016年3月25日，《人民日报》发表了一篇题为“广西识真贫：50万‘疑似贫困户’被一票否决”的报道，揭开了贫困户认定环节的乱象：经过比对，广西检索出“疑似贫困户”50万户，涉及家庭成员62.5万人，其中31万人有车，3万人财政供养，8.8万人开办公司，18万人购置城镇房产。乱象背后总有不作为、乱作为乃至贪腐的影子，这给社会提了个醒：精准扶贫，别忘了同步推进基层反腐，否则，腐败阴影之下，扶贫很可能变成“扶富”。离开基层民主，经济政策为深度贫困地区带来的红利很可能演变为当地政治操纵工具或发生精英俘获现象，这样不仅不利于减少贫困，反而进一步拉大了地区内部收入差距，加剧社会分化与不稳定。因此，基层民主建设是深度贫困地区脱贫致富过程中把“蛋糕分好”的政治保障。通过健全基层选举、议事、公开、述职、问责等机制发展基层民主，切实把协商民主落实到基层决策管理的各个方面，保障人民充分享有民主权利。

二是支撑层政策，主要包括社会保险政策、社会救助政策、社会福利政策以及社会优抚政策，也就是广义理解的社会保障政策。深度脱贫通常涉及“十大工程”，包括：产业脱贫、就业脱贫、健康脱贫、教育脱贫、社保脱贫、基建脱贫、生态脱贫、异地搬迁脱贫等。其中，社会保障是实现兜底脱贫的重要政策要素。改革开放以来，中国农村反贫困依靠经济发展、开发扶贫、社会保障三管齐下，取得了巨大成就。“曾经，扶贫政策重在环境建设，重点是为贫困地区有劳动力的农户增收创造环境条件。社会保障政策则是为所有缺少劳动力因而缺少响应市场条件能力的农户家庭提供基本生活保障。随着农村贫困人口的数量减少和结构变化，反贫困政策和社会保障政策也在不断调整中，尤其是两项政策的衔接成为提高深度脱贫效果的重要力量。”①

2015年10月16日，国家主席习近平在减贫与发展高层论坛上首次提出“五个一批”的脱贫措施，为打通脱贫“最后一公里”开出破题药方。随后，“五个一批”的脱贫措施被写入《中共中央　国务院关于打赢脱贫攻坚战的决定》，经中共中央政治局会议审议通过。“社会保障兜底一批”是指对贫困人口中完全或部分丧失劳动能力的人，由社会保障来兜底，统筹协调农村扶贫标准和农村低保标准，加大其他形式的社会救助力度。要加强医疗保险和医疗救助，新型农村合作医疗和大病保险政策要向贫困人口倾斜，要高度重视革命老区脱贫攻坚工作。在“社会保障兜底一批”

---

① 左停、赵梦媛、金菁：《路径、机理与创新：社会保障促进精准扶贫的政策分析》，《华中农业大学学报》（社会科学版）2018年第1期。

的精神指导下，全国多地都开始了深度脱贫与社会保障政策衔接整合，如低保标准看齐扶贫标准，提高贫困户重特大疾病保障水平，完善特困人员供养政策等。

三是外围层政策，包括教育扶贫政策、生态扶贫政策、文化扶贫政策、科技扶贫等。一是从社会福利方面增进深度贫困地区居民人力资本水平，提高他们抵御经济风险的能力。二是从地区开发层面改善深度贫困农村基础环境，提高当地经济社会发展能力。比如，教育扶贫、智力扶贫就是通过在农村普及教育或者举办各类知识技能培训，使当地居民有机会享受基本教育服务和职业技能培训服务，通过增强劳动者的思想道德意识，帮助劳动者掌握先进的科技文化知识，从而改善自身生产生活条件，提高生存质量。生态扶贫通过实施重大生态工程建设、加大生态补偿力度、大力发展生态产业、创新生态扶贫方式等，加大对贫困地区、贫困人口的支持力度，以达到推动贫困地区扶贫开发与生态保护相协调、脱贫致富与可持续发展相促进的扶贫模式，最终实现脱贫攻坚与生态文明建设“双赢”。文化扶贫是从深度贫困居民个体的思想修养、道德水平、生活方式、精神需求等层面给予他们帮助，全面综合提高居民素养，通过文化艺术熏陶、感染，提升他们生活的追求和品质。科技扶贫则是让扶贫从“输血”转向“造血”的重要途径。科技扶贫的宗旨是利用科学技术改造深度贫困地区小农经济发展模式，依靠提高劳动者生产技能来提高地区产业效率，促进当地市场经济发育，加快居民增收致富。如图2-2所示：

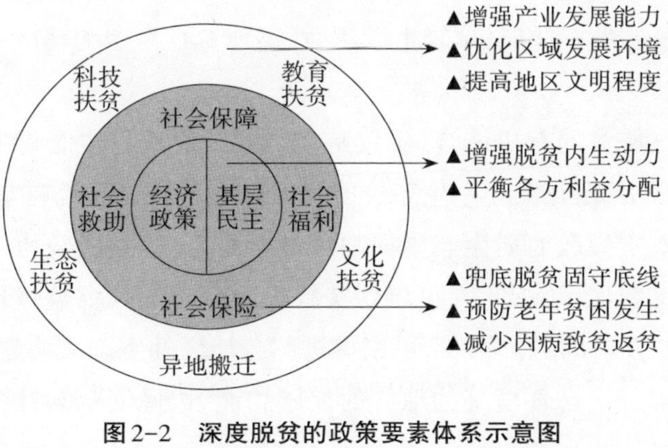

图2-2　深度脱贫的政策要素体系示意图

4.资金要素

我国扶贫战略经历了从救济式扶贫向开发式扶贫再向精准扶贫的转变,农村扶贫项目和资金也经历了从无偿使用到有偿投入的转变。总体上看,扶贫资金是服从并服务于我国各阶段扶贫战略意图的,当前的扶贫资金使用的方向是兜底与帮扶并重,输血与造血并举。深度贫困地区产业发展、投资引进、基础设施建设、公共服务保障等方方面面脱贫工程都需要资金支持,如解决“两不愁三保障”突出问题、支持义务教育控辍保学、深度贫困人口养老、医疗社会参保和提高报销待遇等方面都离不开扶贫资金的直接支持。根据使用目的不同,可将当前扶贫资金主要划分为以下三个类别:

(1)救助资金。这部分资金主要针对深度贫困个体,采取无偿使用方式,目的是向对象提供最低生活保障救济、各类自然灾害救济、特困户的优抚等单纯输血式救济扶贫。这类资金运行模式主要表现为计划调拨和无偿投入,资金使用注重社会效益而非经济效益。

(2)开发资金。这类资金主要目的是帮助贫困地区整体经济实力增长,侧重于发挥区域经济带动脱贫的战略作用,基本思路是在区域经济整体增长中带动区域内人口脱贫。开发资金运行模式是有偿投放,注重经济效益,多以贴息贷款的方式拨付给地方政府。

(3)到户资金。这是以扶持贫困人口为主的资金运行模式,要求资金精准投放,精准救助。资金运行特征主要是有偿投入,发放到户。它改变了以往的扶贫资金瞄准贫困群体的做法,而是瞄准了贫困户个体,通过帮助贫困户发展生产技能、减轻生活压力,实现专款专用和精准扶贫。

5.生态要素

生态与扶贫的有机结合,不仅是在贫困地区进行生态保护和发展生态经济,更要合理开发利用生态价值和正视生态的地区影响差异,由生态受益地区或中央政府向生态受损地区进行生态价值补偿,将生态补偿作为扶贫的重要途径。第一,可以切实解决部分生态环境较好地区贫困人口的生存和发展问题。第二,可以促进部分地区的生态文明建设。第三,可以维护部分生态环境好的地区的民族和谐、边境安全和社会稳定。第四，解决贫困地区的四低四荒（低产田、低产林、低产园、低产水面；荒山、荒地、荒滩、荒水）面积较大、改造难度大、所需资金多的问题。[①]党的十八届五中全会指出，对于生态环境特别重要和生态环境脆弱的贫困地区要实行生态保护扶贫，将生态扶贫视为精准扶贫、精准脱贫的重要方式。2018年1月，国家六部委共同制定的《生态扶贫工作方案》进一步指出，通过实施生态保护、生态修复工程建设和发展生态产业，积极带动贫困户脱贫增收，有效改善贫困地区群众生产生活条件，进一步明确了生态扶贫的重要性。在深度脱贫框架下发展生态经济，就是要秉持"生态建设和扶贫开发、生态恢复和脱贫致富协调共进"的理念，将经济发展和生态保护相结合，通过改变依靠资源攫取、破坏自然环境为主的发展模式，为贫困人口提供就业和创业机会，从根本上解决贫困地区人口生存和生态环境之间的对立问题，提高经济收益。

三、社会保障深度脱贫的功能定位

（一）社会保障反贫困作用机理

贫困具有不同的表现形式，比如收入达不到某种标准、营养摄入不足导致健康问题、社会权利不平等或者遭受社会排斥等情况。当前，社会保障反贫困的作用受到国际社会和我国政府的高度重视。对于因为疾病、工伤、生育、残疾、退休、社会不平等或社会排斥等原因完全或者部分丧失劳动能力、收入能力的对象，社会保障制度应向他们或者他们的家庭成员提供实物或者现金帮助，保障被保护者的基本生活需要和安全。2015年，联合国在系统推出可持续发展指标的《变革我们的世界：2030年可持续发展议程》报告中提出了17项发展目标，其目标旨在全世界消除一切形式的贫困。这一目标下的第三款要求"执行适合本国国情的全民社会保障制度和措施，包括制定最低标准，到2030年在较大程度上覆盖穷人和弱势群体"。

扶贫开发质量的综合目标本身就包括了社会保障体系建设，社会保障是一种针对深度脱贫提供兜底保护的工具性方法。社会保障在宏观层

---

① 沈茂英、杨萍：《生态扶贫内涵及其运行模式研究》，《农村经济》2016年第7期。

面提升地区环境条件和发展基础，在微观层面能够提高个人抵御各种灾害和风险的能力，通过收入再分配促进社会平等和包容，减少绝对贫困，预防相对贫困。结合当前我国社会保障制度体系构成以及在扶贫进程中对于社会保障兜底脱贫方式的运用来看，社会保障发挥的作用包括：

(1)实现社会收入再分配。社会救助制度本身具有亲贫性特点，它具有权利和义务的非对等性，能够通过政府强制手段实现转移支付，有利于缩小因市场配置资源导致的收入差距，减少相对贫困。社会救助与税收相比，虽然二者都具有调节收入分配差距的功能，但是前者直接聚焦社会弱势群体，提高了收入调节手段对保护社会底层群体的社会效益，有助于社会长期和谐稳定。

(2)保护和增强人力资本。社会保障本身就是一种人力资本投资，它对保持和发展人力资本有重要作用。对于社会弱势群体来说，社会救助是人力资本得以形成的目标前提和基础条件，社会保险是应对劳动者未来不确定性、形成稳定的人力资本预期的一种国家和社会投资行为，社会福利通过对劳动者精神、知识、健康、心理等方面的投资强化了人力资本质量，使他们生产和再生产技能得以提高。

(3)分摊和补偿社会风险。社会保险是分散风险的重要工具。与其他分散风险的方式相比，社会保险具有一些突出的优势。例如，社会保险比商业保险具有更低的准入门槛，更大的参保基数，更强的风险应对能力；与基于行业和血缘的非正式保障相比，社会保险具有更高的强制力和跨域能力；与储蓄相比，具有更高的保值增值能力；与金融投资相比，社会保险参保人的津贴收入则更加稳定，更能够与穷人要求增加财富却又无力承担过高风险的需求相契合。此外，社会保险制度在应对贫困人口中老年人、疾病患者占比较高的问题时，也比其他救助方式更可持续。

(4)保基本、兜底线。社会保障制度中的最低生活救助、特困救助、残疾人救助等制度在减贫当中具有最直接的兜底作用，各种救助制度是实现2020年消除绝对贫困、全面建成小康社会的基础性保障。实施开发式扶贫以来，政府始终坚持对农村深度贫困人口的无偿救助帮扶，救助制度承担了农村五保、低保等人员的兜底责任。深度脱贫实施以来，国家对于社会救助和扶贫开发两项制度的衔接有利于推动深度贫困地区和人口共同发展,相互促进,防止兜底遗漏。深度贫困地区的社会救助制度正逐渐增强在减少支出型贫困与满足贫困者发展性需求上的作用,尤其在主要依靠市场手段帮助贫困人口增收脱贫时,建立起坚固的兜底政策保障是防止就业贫困劳动力返贫的必要条件。

(二)社会保障深度脱贫功能定位

在梳理和总结既有理论研究成果和提炼我国农村扶贫历程经验的基础上,我们认为社会保障在脱贫攻坚战中至少起到三个方面的重要作用:

一是为深度贫困人口的基本生活构筑"安全网"。社会救助覆盖城乡,主要采取实物或现金救助等方式,为深度贫困人员(包括低保户、特困户、残疾户、重症户等)提供最低生活保障。同时,社会救助制度除了在经济上满足他们的基本需求以外,还从教育、医疗、住房等方面对他们展开了专项救助,为深度贫困人口的生产和生活需求编织出一张全面系统的"安全网"。

二是纾解社会压力,发挥社会"稳定阀"的职能。随着经济发展和节奏加快,我国城乡居民的生活压力越来越大,收入来源也不断增多。家庭常常面临小孩教育、老人养老、自身工作、应对疾病等多方面压力,这不仅与自身经济水平相关,更与整个社会和谐包容、和衷共济的氛围相关。政府主导的社会保险准入门槛较低,普惠程度较高,因此大部分社会成员都能参与分享制度红利。目前,参与社会医疗保险、养老保险、生育保险、失业保险、工伤保险的城乡居民数量庞大,形成了责任共担、共济互助的良好体系。同时,社会福利可以定向为弱势群体提供津贴补助、实物援助,提高他们的获得感和幸福感,增强社会包容度,减少社会矛盾,维护社会稳定。

三是调节收入差距,发挥社会矛盾"化解器"的功能。收入分配和贫富差距是形成社会矛盾的主要来源之一,社会救助和社会保险制度通过对市场分配结果的强制调节,能够缩小因市场经济资源配置不均而形成的收入差距,减少财富两极分化程度,以正式制度的形式调节社会资源,促进社会公平正义目标的逐步实现。[①]具体而言，社会保险、社会福利、社会救助构成了我国社会保障体系的三个核心部分，它们都有一定的收入调节功能，但作用机理不同，所以定位也不一样。

1.普惠兜底功能

社会救助处于我国社会保障体系的最底层，主要依靠政府财政投入来保障城乡低收入居民最低生活所需，救助手段包括现金、实物、服务等。由于社会救助是直接针对社会弱势群体，救助对象不需要承担任何缴费义务，只要符合救助标准即可获得救助，具有权利和义务的非对等性。因此，其对于深度脱贫具有最直接、最明显的作用，效果直接表现为深度贫困、绝对贫困人口的生计得到保障，降低了他们的贫困程度。最低生活保障制度和专项社会救助项目共同构成了我国的社会救助体系。最低生活保障制度对家庭人均收入低于贫困线或者低保线的对象进行差额补助，保障受助对象的基本生活需要，对贫困者或家庭产生最直接的反贫困效果。最低生活保障制度是当前我国社会保障反贫困最为基础的制度安排。专项救助包括医疗救助、教育救助、住房救助等，针对临时性贫困或"因病致贫""因教致贫""因住致贫"等群体进行帮扶。

2.互助共济功能

社会保险处于我国社会保障体系的中间层，通过责任分担、互助共济的方式保证社会成员的基本生活所需。它强调权利与义务相结合，只有承担相应的缴费义务才能享受一定的保险待遇。但该制度不是缴费与待遇的完全对等关系，高收入者通常履行较多的缴费义务，低收入者通常可以获得与其缴费水平相比较高的保险待遇，从而发挥该制度的互助共济优势，较好地调节收入差距，起到预防贫困的作用。它包括养老保险、医疗保险、失业保险、工伤保险等。

养老保险是社会保险制度的核心，它通过为退出劳动岗位的劳动者提供收入保障的方式增强其抵御老年风险的能力，达到预防贫困的目的。随着我国养老保险制度城乡一体化发展，制度能够覆盖更多人群，待遇水平也逐步提高，对于防止和减少老年贫困问题具有重大的积极意

---

① 胡鑫：《精准扶贫中社会保障制度的合理利用》，《人民论坛》2019年第3期。

义。医疗保险是疾病风险控制的重要手段,其收入再分配作用源自疾病风险的不确定性和保险制度设计。每一个社会成员都有可能罹患疾病,当医疗费用超过个人或家庭支出能力的时候,有了医疗保险的互助手段便可避免陷入因病致贫的困境。此外,失业保险、工伤保险等制度对于保护劳动者权益、帮助劳动者应对风险都有积极作用。

3.巩固提升功能

社会福利是指国家和社会通过提供福利津贴、实物供给和社会服务的方式,满足社会成员的生活需要并提高其生活质量的社会保障制度。社会福利深度脱贫的机理在于通过向深度贫困人口定向输送现金、实物或服务等帮助,全面提高救助对象的生活质量和安全预期,并通过对帮助象在思想、文化、道德、健康、知识、技能等方面的发展改善,提升深度贫困个体和家庭的自我发展能力。目前,我国社会福利制度主要由老年人福利、残疾人福利、妇女儿童福利制度构成。受制于社会保障制度整体发展阶段的影响,目前我国社会福利制度在反贫困方面的实际作用空间并不大,但是由于社会福利制度对老年人、残疾人、妇女儿童直接提供津贴或福利服务等,因此也对这些群体产生了直接的反贫困效果。

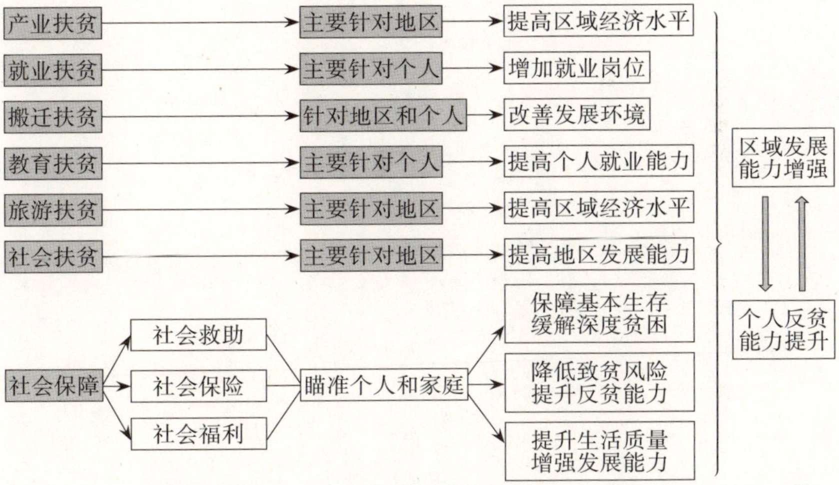

图2-3　社会保障深度脱贫的功能定位

第二章

重庆市深度贫困概况与脱贫政策演进

重庆是我国中西部唯一直辖市、国家重要中心城市、长江上游地区经济中心和重要现代制造业基地，是西部大开发重要战略支点，位于国家“一带一路”和长江经济带联结点。全市辖区面积8.24万平方千米，辖38个区县，截至2018年全市常住人口3101.79万人，其中城镇人口2031.59万人，农村人口1070.2万人，常住人口城镇化率为65.5%。截至2014年年底，重庆市还有贫困人口165.9万人，贫困村1919个，贫困发生率为7.1%。党的十八大以来，中共重庆市委和市政府连续高强度关注深度贫困乡镇的社会保障减贫作用发挥，连续出台相关政策文件引导社会资源投入深度贫困地区进行精准扶贫、精准脱贫，努力打好深度脱贫攻坚战。

一、重庆市反贫困战略历程

(一)农村贫困基本情况

1997年重庆直辖时，当地18个扶贫开发工作重点县共有366.42万绝对贫困人口，到2006年年底下降到53万人，10年减少了313.42万绝对贫困人口；重庆农村绝对贫困发生率由直辖时的14.48%下降到2006年的2.2%，全市18个扶贫开发工作重点县农民人均纯收入则由1997年的1172元增加到2006年的2300元左右。[①]2014年年底，重庆市精准识别出贫困人口165.9万人，贫困村1919个，贫困发生率为7.1%。2017年年底，重庆市有9个国家级贫困县，18个深度贫困乡镇，226个建档立卡贫困村，22.5万贫困人口，全市贫困发生率降至1.1%。截至2018年年末，全市农村贫困人口13万人，比上年末减少8万人，贫困发生率0.71%。全年全市贫困地区农村居民人均可支配收入12470元，比上年增长10.6%，扣除价格因素，实际增长8.4%。[②]

2013年11月，习近平总书记在湖南湘西考察时首次提出“精准扶贫”理念，并逐步将精准扶贫作为农村扶贫的总方略推向全国。2015年8月，

---

① 数据来源于中国政府网，2007-06-13：http://www.gov.cn/jrzg/2007-06/13/content_648044.htm

② 数据来源于中国经济网，2019-03-19：http://district.ce.cn/newarea/roll/201903/19/t20190319_31707347.shtml

中共重庆市委、重庆市人民政府出台了《关于精准扶贫精准脱贫的实施意见》。通过市级部门、各贫困区县、社会扶贫力量和贫困人口自身等多方努力，截至2018年年底，重庆市国家级贫困县数量减少到4个，贫困人口减少到13.9万人，贫困村减少到33个，农村贫困发生率降低到0.71%。但是重庆的脱贫攻坚任务依然不轻，贫困程度较深、自身经济实力薄弱、自我造血功能不足的城口、巫溪、酉阳、彭水等地仍有为数不少的残疾人、孤寡老人和因病致贫的深度贫困人群。

（二）反贫困主要历程

新中国成立70年来，我国扶贫事业先后经历了小规模救济式扶贫、体制改革推动扶贫、大规模开发式扶贫、整村推进式扶贫、精准式扶贫五个阶段，实现了我国农村扶贫工作由粗放扶贫向精准扶贫的转变。直辖以来，重庆市扶贫开发也经历了三个主要阶段：

第一阶段：大规模开发式扶贫（1997年—2000年）

随着我国市场经济改革的继续开展，到20世纪80年代中期，我国中西部与东部地区农民的收入差距越来越大，农村内部的收入不平等程度也在逐渐加剧。为实现有效减贫，1986年6月，国务院成立了贫困地区经济开发领导小组，我国扶贫工作进入大规模开发式扶贫阶段。这一阶段，重庆市也成立了专门的扶贫开发领导机构，制定了扶贫开发方针，确定了以县为对象的瞄准机制。根据统计调查，到1995年年底，重庆市农村人口在温饱线以下的贫困人口有86.89万户、366.42万人，贫困人口分别占全市总人口和农业人口的12.19%和14.98%；经国务院和原四川省确定的贫困区市县有21个，占全市区市县总数的48.98%。1997年，中共重庆市委、市政府为实现解决全市366万贫困人口的温饱问题，根据国务院制定并颁布的《国家八七扶贫攻坚计划（1994—2000年）》和《中共中央　国务院关于尽快解决农村贫困人口温饱问题的决定》制定了《重庆市“五三六”扶贫攻坚计划》（以下简称“五三六”攻坚计划）。“五三六”攻坚计划坚持开发式扶贫的方针，充分发挥中心城市的辐射带动作用，以贫困乡、贫困村为主战场，以贫困户为扶持对象，通过加强农村基础设施和基层组织工作建设,实行科教扶贫,重点发展种植业、养殖业和农副产品加工业,走区域开发、受益到户之路。这一阶段的扶贫工作开始了以村为重点瞄准对象的机制,从组织、资金、战略途径等各个方面制订了一套较为详细的扶贫计划,改变了以往"输血式"的救济扶贫方式。

第二阶段:整村推进(2001年—2013年)

经过"五三六"攻坚计划之后,到2000年年底,重庆市有18个贫困区县基本实现了整体脱贫,农村建卡贫困人口从1996年的366万人下降到82万人,加上建卡外的农村贫困人口,重庆市农村贫困人口还有140万人,占农业人口的比重由15%下降到5.8%。进入21世纪,我国农村贫困人口分布逐渐从国家级贫困县区域向村级区域集中。2001年6月,国务院发布的《中国农村扶贫开发纲要(2001—2010年)》提出:"尽快解决少数贫困人口温饱问题,进一步改善贫困地区的基本生产生活条件,巩固温饱成果,提高贫困人口的生活质量和综合素质,加强贫困乡村的基础设施建设,改善生态环境,逐步改变贫困地区经济、社会、文化的落后状况,为达到小康水平创造条件。"国务院扶贫办号召各地在今后的扶贫开发中重点以贫困村为对象,开展整村推进式的扶贫工作。2001年,中共重庆市委、市政府根据国务院颁布的《中国农村扶贫开发纲要(2001—2010年)》,结合重庆市实际情况制定了《重庆市农村扶贫开发十年纲要(2001—2010年)》(以下简称《十年纲要》)。在这一阶段,全市坚持深入开展扶贫开发计划,以贫困村为基础,通过加强科技、资金、产业、基础设施的扶贫力度,基本解决有开发能力的剩余绝对贫困人口的温饱问题,逐步降低农村人口的返贫率。各市区县根据实事求是的原则制定了扶贫计划五年纲要,通过因地制宜、统一评估、分年实施,使贫困村的农户能够在经济上得到改善。到2010年,重庆市根据《十年纲要》的指导在扶贫开发工作中取得较为显著的成果,贫困县基本实现脱贫摘帽,贫困人口数量显著减少。2010年,重庆市为进一步规范农村扶贫开发、提升扶贫政策效果、促进农村贫困人口致富脱贫和推进统筹城乡综合改革,针对《重庆市农村扶贫条例》,明确以贫困村和贫困户为主要对象开展扶贫。

第三阶段:精准扶贫(2014年至今)

2013年11月,习近平总书记在湖南湘西考察时提出“精准扶贫”,主要针对“扶持谁”“谁来扶”“怎么扶”“如何退”四大问题,提出了贯彻落实“六个精准”“五个一批”的具体要求及实践路径。2015年,重庆市以2020年全面建成小康社会为目标,全面贯彻落实中央精准扶贫和精准脱贫战略精神,颁布了《中共重庆市委　重庆市人民政府关于精准扶贫精准脱贫的实施意见》,正式进入精准脱贫阶段。在这一阶段,重庆市通过从精准推进基础设施建设、精准落实产业扶持措施、精准实施教育扶贫、精准推进人口转移就业、精准实施高山生态扶贫搬迁、精准开展医疗卫生扶贫、精准落实低保兜底政策、精准提供金融扶贫支持、精准建立结对帮扶机制、加强精准扶贫精准脱贫的组织领导等十个方面入手,大力推进精准扶贫、精准脱贫,进一步推动政策、资金力量向贫困县、贫困村聚集,聚焦贫困户,帮助贫困户、贫困村、贫困县脱贫摘帽。在精准扶贫战略的指导下,重庆市扶贫工作成效显著,农村贫困人口由2014年的165.9万人减少到2019年年底的2.4万人,5年来连续超额完成163.5万人减贫任务,贫困发生率从7.1%减少到0.12%。

总之,自重庆市直辖以来,重庆市扶贫政策紧跟中央扶贫政策的指示,坚定中心思想,集中力量解决贫困问题。在不断的政策调整实施过程中,扶贫对象由集中连片逐步转为精准到户,扶贫政策内容由单一的开发式扶贫转向了多维综合的扶贫方式。这些扶贫政策是在社会经济发展过程中发现和解决实际问题的状况下形成的,适应了社会经济的发展状态。

二、重庆市农村深度贫困现状

(一)深度贫困乡镇区域分布

深度贫困地区,可谓脱贫攻坚战中最难啃的“硬骨头”。按照“三高(贫困发生率高、贫困人口占比高、贫困村占比高)、一低(人均可支配收入低)、三差(基础设施差、生存环境差、主导产业带动能力差)、三重(低保五保残疾等贫困人口脱贫任务重、因病致贫人口脱贫任务重、贫困老人脱贫任务重等)”的标准,重庆市于2017年8月在全市14个国家级贫困县中精准识别18个深度贫困乡镇。2019年,《重庆市人民政府关于全市民族地区和深度贫困乡镇脱贫攻坚工作情况的报告》指出,18个深度贫困乡镇均处于重庆市武陵山和秦巴山集中连片特困地区,共辖173个行政村,其中贫困村91个,总人口31.25万人,2014年贫困人口5.6万人。

(二)深度贫困乡镇基本特征

“三高、一低、三差、三重”是深度贫困地区的普遍特征。此外,受自然禀赋、交通区位、区域经济、社会人文等方面的影响,重庆市深度贫困乡镇还有自身的特点。课题组于2018年6月对重庆市石柱土家族自治县中益乡进行了走访调查,期望通过“解剖麻雀”的方法,提炼出深度贫困乡镇的基本特征。石柱土家族自治县地处长江上游南岸、重庆东部、三峡库区腹心,是以古代巴人为主体,与其他民族融合而成的土家族栖息地之一。通过“解剖麻雀”的方法,课题组总结提炼出重庆市深度贫困乡镇的主要特征。

1.乡域经济基础薄弱

以乡、镇域为单位,中益乡属于欠发达地区(石柱县是2016年重庆14个国家级贫困县之一)的最不发达地区。由于统计数据的不完整,就我们能获得的统计数据来看,中益乡乡域整体经济水平低是非常明显的。2017年,石柱县的地区生产总值为1622759万元,在全市38个统计的区县中排名第33,中益乡无统计,但就我们的现实感受,中益乡无论是地区生产总值还是人均地区生产总值在整个石柱县排名也是倒数的。2017年全乡常住居民人均可支配收入11452元,石柱县人均可支配收入城镇居民为30087元,农村居民为11752元,中益乡低于石柱县农村平均水平。2017年,石柱县人均消费支出城镇居民为13793元,农村居民为8355元,中益乡没有这一统计数据,但就深入7个村调查现实来看,村民的消费支出也是非常低的。因此,整体上来看中益乡地处欠发达的西部,又处于国家级贫困县石柱县的不发达地区,脱贫攻坚依托的基础薄弱。

2.贫困数量大、程度深

从总量上看,2018年年初全乡贫困人口还有1832人,贫困发生率居高不下，在23%左右，要与石柱县在2018年同步实现脱贫攻坚目标，近两千人的贫困人口脱贫，越往后脱贫成本越高，难度越大。从结构上看，现有贫困人口大都是自然条件差、经济基础弱、贫困程度深的群众，是越来越难啃的硬骨头。在群体分布上，残疾人、孤寡老人、长期患病者等"无业可扶、无力脱贫"的贫困人口以及部分教育文化水平低、缺乏技能的贫困群众比例高，达到贫困人口的一半左右。在脱贫目标上，实现不愁吃、不愁穿"两不愁"相对容易，实现保障义务教育、基本医疗、住房安全"三保障"难度较大。中益乡作为国家级贫困县中的贫困乡，贫困问题更为突出和顽固，属于贫中之贫。

表3-1 2018年年初石柱县中益乡贫困人口状况

行政村	建档立卡贫困户数及人口数(单位:户/人)	残、孤、病致贫户数及人口(单位:户/人)	残、孤、病致贫户数占比(单位:%)
盐井村	90 / 276	28 /81	31.1
华溪村	87 / 301	46 /162	52.9
光明村	78 / 278	39 /133	50
龙河村	64 / 247	36 /132	56.3
全兴村	48 / 176	31 /110	64.6
坪坝村	88 /309	32 / 93	36.4
建峰村	82 /245	46 /135	56.1
总计	537 /1832	258 / 846	48

注：数据源自课题组调研材料整理计算。

3. 乡镇人居环境堪忧

中益乡虽然距县城只有40来千米，但受到纵横沟壑的影响，交通十分不便。全乡7个村，分布在沟壑两边高山上，除了乡政府所在地场镇和官田场镇有一小块相对较平整的土地外，山下的盐井村、华溪村、光明村、龙河村从沙子镇往桥头镇沿龙河依次而建，村民居住在河两边的山上，全兴村、坪坝村和建峰村毗邻黄水，村民居住的地区海拔更高，平地更少。因自然地理条件的限制，村民的居住生活条件较差，且散居山地，居住大多为老式土坯房和木房，年久失修，比较破败，水、电、路虽通达村组，但总体比较粗陋。

表3-2　2018年年初中益乡居民生活状况

行政村	居住土坯房、木房户数及比重（单位:户/%）	未使用管道供水的户数及比重（单位:户/%）	老式农村厕所的户数与比重（单位:户/%）	炊用木柴的户数及比重（单位:户/%）
盐井村	143 / 25	38/ 6.6	143/ 25	389 / 68
华溪村	77 /14	1/ 0.1	92 / 17	109 / 20
光明村	180 /42	50 /11	165 / 38	214 / 50
龙河村	46 /12	0 / 0	54 / 15	210/ 59
全兴村	110/ 64.7	113 / 72.4	114 / 73	116/ 74
坪坝村	227 /43	114 / 22	280 / 53	380 /72
建峰村	1 / 1	10 / 10	77 / 41	381 / 90
总计	784/ 25.77	326 / 10.71	925 / 30.4	1799 /59.13

注:数据源自课题组调研材料整理计算。

4.高度依赖扶贫政策

项目组三次深入中益乡走村入户进行访谈及问卷调查，无论是对乡、村两级干部的访谈，还是问卷调查中与村民的沟通了解，调查人员都有一个深刻的感受，就是贫困户对扶贫政策的高依赖性。各种低保金、奖补金、慰问金等扶贫政策的补贴，构成了贫困户的一笔重要收入，在很大程度上缓解了贫困户的家庭支出压力。对扶贫政策的高依赖性会引发复杂效应：一方面，深度贫困居民对于扶贫政策的依赖心理和行为以及扶贫政策对他们收入增长形成的真切帮助，会强化他们对政策的认同，有利于政策贯彻执行；另一方面，对扶贫政策的高依赖性也强烈地助推了这些贫困户的“等、靠、要”思想以及懒散行为，强化不思进取意识，制约扶贫政策持续长效发挥作用。

三、重庆市深度脱贫政策与任务

重庆市参照国家确定深度贫困县的标准，按照“三高、一低、三差、三重”识别标准，从全市选出18个深度贫困乡镇作为全市脱贫攻坚工作的重点。为了确保全市18个深度贫困乡镇能如期实现脱贫攻坚目标，市委、市政府要求市属各职能部门，18个深度贫困乡镇所在辖区党委、政府，抓好基础设施建设、产业培育、人居环境改善等重点工作。

（一）重庆市相关政策汇总

为贯彻落实中央精准扶贫、精准脱贫精神，出台了《中共重庆市委 重庆市人民政府关于精准扶贫精准脱贫的实施意见》，随后扶贫、教育、人力资源和社会保障、财政、金融、农业、水利、城乡住建、社会和企业扶贫团体等部门、单位都加大投入相关人财物资源，加快推动全市精准扶贫、深度脱贫战略向纵深推进。相关政策如表3-3所示：

表3-3　2016年以来重庆市深度贫困乡镇脱贫攻坚政策汇总表（部分）

发布日期	相关部门	文件或会议	主要目标、内容
2016-10-20	重庆市人民政府	《关于进一步健全特困人员救助供养制度的实施意见》	进一步完善社会救助和保障标准与物价上涨挂钩的联动机制，保障城乡低收入困难群众基本生活水平不因物价上涨而降低
2017-03-21	重庆市人民政府	《重庆市最低生活保障条件认定办法（修订）》	《重庆市最低生活保障条件认定办法（修订）》出台，主要修订了五个方面的内容，5月1日起施行，全市实际新增低保对象2.8万人
2017-08-11	重庆市人民政府	中共重庆市委召开常委会议专题研究深化脱贫攻坚工作	会议审议通过了《关于深化脱贫攻坚的意见》《关于完善我市国家重点贫困县脱贫摘帽计划的方案》《重庆市深度贫困乡（镇）定点包干脱贫攻坚行动方案》《全市脱贫攻坚问题整改工作方案》和《关于调整市扶贫开发领导小组组成人员的通知》

续表

发布日期	相关部门	文件或会议	主要目标、内容
2017-08-31	重庆市扶贫开发办公室	助力深度贫困乡镇高质量脱贫,重庆实施七大攻坚行动	实施稳定脱贫、基础设施、产业扶贫、生态保护、人口素质、公共服务、村"两委"提升七大脱贫攻坚行动,到2020年实现所有深度贫困乡镇高质量脱贫
2017-09-14	重庆市扶贫开发办公室	深化脱贫攻坚,聚焦深度贫困,重庆立说立行狠抓落实	全市深化脱贫攻坚工作电视电话会议和深度贫困乡镇脱贫攻坚工作会议召开后,领导以身作则率先垂范,部门主动作为共克时艰,区县强化责任狠抓实效,全面坚决贯彻落实市委、市政府深化脱贫攻坚工作部署
2017-09-19	重庆市扶贫开发办公室	《关于召开全市深度贫困乡镇脱贫攻坚规划专家咨询评估会的通知》	扎实推进我市深度贫困乡镇脱贫攻坚规划编制工作,提高规划编制的质量和水平,市扶贫开发领导小组办公室决定召开规划专家咨询评估会
2017-09-26	重庆专员办	重庆专员办五项措施助推脱贫攻坚	重庆专员办制定了五项措施,为助推脱贫攻坚目标如期实现履职尽责
2017-09-28	重庆市扶贫开发办公室	聚焦深度贫困,强化规划引领,市级部门深入贫困乡镇指导编制脱贫攻坚规划	市级相关部门和单位主动担当,积极作为,围绕"七大攻坚行动",深入深度贫困乡镇开展调查研究,充分发挥行业优势,积极为当地发展出谋划策、把脉献策,协助指导深度贫困乡镇脱贫攻坚规划编制工作
2017-09-28	重庆市扶贫开发办公室	彭水县精准宣传,激发贫困群众内生动力	针对走村、进社、入户走访调研发现的一些问题,驻乡工作队采用了"发出两封公开信、建立6个微信群、推出一批宣传标语、召开院坝座谈会、走入重点人群家门"等"细水滴灌"式有针对性的举措,掀起了精准宣传高潮,让各项政策在农户入脑、入心
2017-10-17	重庆市人民政府	重庆打响脱贫攻坚纵深推进决胜之战	制定了一系列的目标和举措,脱贫攻坚向纵深推进的决胜之战由此打响

续表

发布日期	相关部门	文件或会议	主要目标、内容
2017-10-25	重庆市扶贫开发办公室	拥有“四颗心”，当好“四个员”，“山茶花”青年志愿者助力脱贫攻坚出实招见实效	由全市300余名“山茶花”脱贫攻坚志愿者组成80个到村工作小组，深入18个扶贫工作重点区县、80个贫困村，扎根脱贫攻坚一线，怀着“四颗心”，当好“四个员”，深度开展脱贫攻坚接力行动，成为基层脱贫攻坚的新鲜血液
2017-11-02	重庆市扶贫开发办公室	莫杰副主任到城口县现场督查深化脱贫攻坚工作	市扶贫办副主任莫杰同志带队到城口县现场督查深化脱贫攻坚工作，随后召开了座谈会，对城口县脱贫攻坚工作给予肯定，但也存在不少问题，强调城口要进一步深化脱贫攻坚工作
2017-11-07	重庆市扶贫开发办公室	重庆全力以赴深化脱贫攻坚	从责任体系、强大合力、帮扶举措、攻坚重点、落实机制、浓厚氛围等六个方面说明了目前脱贫攻坚取得的成效
2017-11-14	重庆市人民政府办公厅	《关于印发重庆市深化实施电子商务扶贫行动方案的通知》	切实发挥电子商务优势，创新发展“电子商务+扶贫”新模式，推动电子商务与脱贫攻坚深度融合，实现小农户和现代农业发展有机衔接，促进农村一二三产业融合发展，带动建档立卡贫困人口增加就业和拓宽增收渠道，加快贫困区县、贫困乡镇、贫困村脱贫攻坚进程
2017-12-01	重庆市扶贫开发办公室	重庆市深入推进精神扶贫，着力让贫困群众从思想上淡化“贫困意识”	针对部分贫困户安于现状，更多地依赖外部扶持以及存在“精神贫困户”现象，在致力于帮助贫困群众物质层面脱贫的同时，从六个方面入手，深入推进精神扶贫，不断激发贫困户内生动力，从思想上淡化“贫困意识”，进一步增强脱贫增收主观能动性
2017-12-01	重庆市扶贫开发办公室	重庆市充分释放国土资源扶贫政策效能，夯实乡村振兴战略基础	为进一步加强贫困区县、深度贫困乡镇和贫困村扶贫开发用地保障，用好用活用足国土资源政策，重庆市通过分类保障扶贫开发用地、加快推进农村土地制度改革、倾斜安排深度贫困地区土地整治项目、强化贫困地区地质灾害防治等举措，推进深度贫困区县实现精准扶贫精准脱贫，切实夯实乡村振兴战略基础

续表

发布日期	相关部门	文件或会议	主要目标、内容
2017-12-18	重庆市扶贫开发办公室	重庆市创新资产收益扶贫机制,实现产业联动、利益联结、干群联心	以特色扶贫产业为载体,以资产收益扶贫为抓手,以农村“三变”改革为动力,通过“产业联动”强化“利益联结”,通过“利益联结”促进“干群联心”,收到了贫困群众稳定增收、集体经济迅速发展、乡村活力明显提振的良好效果
2017-12-26	人民银行重庆营业管理部等11部门	《关于深化金融精准扶贫支持深度贫困地区脱贫攻坚的实施意见》	对《关于深化金融精准扶贫支持深度贫困地区脱贫攻坚的实施意见》的部分内容进行解读梳理
2017-12-26	重庆市卫生和计划生育委员会	关于《加强深度贫困乡镇健康扶贫工作的通知》的解读	对市卫生计生委在深入调研摸底和广泛讨论研究的基础上出台的《关于加强深度贫困乡镇健康扶贫工作的通知》进行解读,包括出台背景、工作目标、重点任务及保障措施
2017-12-29	重庆市武隆区政府	《关于印发武隆区深化脱贫攻坚全面开展贫困动态监测工作实施方案的通知》	全面解读武隆区深化脱贫攻坚全面开展贫困动态监测工作实施方案,包括监测依据、组织实施、监测对象、动态监测内容及工作要求
2018-01-10	重庆市扶贫开发办公室	《关于在深度贫困乡镇开展优质农产品电商消费扶贫促销活动的通知》	在18个深度贫困乡镇组织系列“赶年节”活动,解读其活动目的、活动主题、活动内容、时间任务安排及相关要求
2018-01-26	重庆市教育委员会	《关于进一步完善重庆籍建档立卡贫困家庭大学生资助政策实施方案》的政策解读	对《关于进一步完善重庆籍建档立卡贫困家庭大学生资助政策实施方案》的内容解读,包括政策背景、政策要点、社会公众关注的热点问题以及咨询途径

续表

发布日期	相关部门	文件或会议	主要目标、内容
2018-02-26	重庆市扶贫开发办公室	关于认真做好贫困群众扶志扶智工作的意见	对做好全市贫困群众扶志扶智工作提出意见，主要包括基本思路、目标任务、重点工作及保障措施
2018-02-28	重庆市扶贫开发办公室	南川区“三突出”推进“精神脱贫”见成效	南川区“三突出”即“突出思想蜕变，突出宣传引导，突出技能培训”重点推进“精神脱贫”
2018-02-28	重庆市扶贫开发办公室	开州区深化脱贫攻坚，推进乡村振兴	开州区深学笃用习近平总书记系列重要讲话精神，把脱贫攻坚作为头等大事和第一民生工程，坚持精准扶贫精准脱贫基本方略，坚持“六个精准”，落实“五个一批”，下足“绣花”功夫，从严从实推进脱贫攻坚工作，推动乡村振兴战略在开州大地落地生根
2018-03-19	重庆市扶贫开发办公室	聚焦深度贫困地区和人口，打好精准脱贫之战	把习近平总书记参加十三届全国人大一次会议重庆代表团审议时的重要讲话精神作为当前脱贫工作的行动纲领和根本遵循，聚焦深度贫困地区、贫困人口，在六个方面抓好落实
2018-03-27	重庆市扶贫开发办公室	重庆市设立贫困人口健康扶贫医疗基金	设立重庆市农村贫困人口健康扶贫医疗基金，出台一些具体实施方案
2018-04-11	重庆市扶贫开发办公室	重庆石柱农村贫困恶性肿瘤患者可享受治疗费用减免	为减轻农村贫困恶性肿瘤患者的经济负担，降低患者因病致贫、因病返贫发生率，石柱县农村贫困恶性肿瘤患者可在石柱县人民医院享受治疗费用减免，该项救助将持续至石柱县脱贫摘帽
2018-04-24	重庆市扶贫开发办公室	全力抓好旅游产业发展，积极推进精准产业扶贫	开展重庆市深化乡村旅游扶贫行动实施方案，实施乡村旅游扶贫规划引领、乡村旅游扶贫品牌创建、乡村旅游扶贫定点帮扶、乡村旅游扶贫商品开发、乡村旅游扶贫宣传推广、乡村旅游扶贫市场营销、乡村旅游扶贫提质增效、乡村旅游扶贫人才培训八大工程

续表

发布日期	相关部门	文件或会议	主要目标、内容
2018-05-04	重庆市扶贫开发办公室	重庆市扶贫开发领导小组办公室主任座谈会	要求各区县全力以赴,集中力量开展大排查,抓好大整改。要坚持市、区县、乡镇三级联动,充分发挥区县、乡镇主体作用,坚决做到“六个全覆盖”“七查七到位”。通过大排查、大整改提升全市脱贫攻坚工作质量和水平
2018-05-31	重庆市扶贫开发办公室	全市深度贫困乡镇脱贫攻坚现场推进会在石柱县召开	石柱县中益乡、奉节县平安乡、巫溪县红池坝镇3个深度贫困乡镇相关负责同志发言,介绍各自乡镇脱贫攻坚情况,市扶贫办通报深度贫困乡镇脱贫攻坚工作进展情况和全市“大排查”发现问题情况,安排下阶段工作
2018-06-19	重庆市扶贫开发办公室	市扶贫开发领导小组办公室召开工作推进会	安排部署12项近期重点工作。一是对标对表中央《关于打赢脱贫攻坚战三年行动的指导意见》,研究制定我市关于打赢脱贫攻坚战三年行动的实施意见。二是分级组织开展扶贫干部轮训。三是尽快修订完善扶贫成效考核办法。四是深入扎实推进深度贫困乡镇脱贫攻坚。五是建立常态化督战机制。六是做好开州、云阳、巫山迎接国家检查评估有关工作。七是做好山东省政府主要领导来渝、唐良智市长到山东对接东西部扶贫协作相关筹备工作。八是指导、督查、推动国家考核反馈问题的整改,逐一销号。九是做好扶贫领域总结、表彰、宣传工作。十是深入研究生态扶贫工作。十一是分级开展脱贫攻坚专项述职。十二是筹备召开第三季度市扶贫开发领导小组会议

续表

发布日期	相关部门	文件或会议	主要目标、内容
2018-09-26	重庆市扶贫开发办公室	唐良智在市扶贫开发领导小组会议上的讲话	要求各地各部门要落实好党中央关于脱贫攻坚各项决策部署，深化落实、见诸行动，推动全市脱贫攻坚工作迈上新台阶。抓好督查反馈问题整改，对照整改方案，列出清单、限时整改，举一反三、全面排查，常态督查、按月通报，以问题整改促脱贫攻坚工作质量提升。要持续深化细化实化工作举措，重点推进18个深度贫困乡镇脱贫攻坚，加快补齐交通、水利等基础设施短板，推动脱贫攻坚与乡村振兴有机衔接，探索建立产业扶贫长效机制，让贫困群众稳定脱贫，逐步致富。要扎实开展脱贫攻坚作风建设年活动，坚决查处扶贫领域腐败和作风问题，坚决防止形式主义、官僚主义，各级领导干部要切实负起责任，下足“绣花”功夫，确保脱贫工作务实、脱贫过程扎实、脱贫结果真实
2018-10-12	重庆市扶贫开发办公室	陈敏尔主持召开市扶贫开发领导小组会议	会议传达学习十九届中央第二轮巡视工作动员部署会精神，听取全市脱贫攻坚大排查情况和五届市委第一轮脱贫攻坚专项巡视问题整改及线索办理情况汇报。审议了市贫困县退出专项评估检查实施办法、贫困县退出专项评估检查工作方案、调整贫困户识别与退出收入标准的请示、区县党委和政府扶贫开发工作成效考核实施方案、打赢打好脱贫攻坚战市级部门目标责任制考评细则、市东西扶贫协作工作绩效考核办法等

续表

发布日期	相关部门	文件或会议	主要目标、内容
2019-06-15	重庆市人民政府	《关于深入开展消费扶贫助力打赢脱贫攻坚战的实施意见》	全面贯彻落实习近平总书记对重庆提出的“两点”定位、“两地”“两高”目标、发挥“三个作用”和营造良好政治生态的重要指示要求，深入学习贯彻习近平总书记关于扶贫工作重要论述和在解决“两不愁三保障”突出问题座谈会上的重要讲话精神，按照市委、市政府工作要求，坚持政府引导、市场主导、社会参与、互利共赢原则，调动社会各界参与消费扶贫的积极性，切实解决贫困地区产品销路窄、组织化程度低、增产不增收等突出问题，促进贫困地区贫困群众农产品、旅游产品、劳务服务与市场需求有效对接；促进贫困地区贫困群众产品变商品、收成变收入、服务变劳务，带动贫困人口增收脱贫；促进贫困地区生产好产品、打造硬品牌、对接大市场，增强自我发展能力，形成可持续增收长效机制
2019-07-17	重庆市人力资源和社会保障局 重庆市财政局	《关于印发打赢人力资源和社会保障脱贫攻坚战若干政策措施的通知》	进一步加大就业扶贫政策支持力度：1.建立就业扶贫车间吸纳就业；2.落实公益性岗位社会保险补贴；3.落实公益性岗位补贴；4.跨区域就业往返城市间交通补贴；5.贫困人员一次性求职创业补贴；6.企业吸纳贫困人员就业岗位补贴；7.人力资源服务机构就业创业服务补助；8.企业吸纳贫困人员就业社会保险补贴；9.发放创业担保贷款支持贫困人员创业；10.开发免费创业工位

续表

发布日期	相关部门	文件或会议	主要目标、内容
2019-09-15	重庆市生态环境局 重庆市扶贫开发办公室 重庆市林业局	《关于印发统筹解决生态保护和脱贫双赢的指导意见的通知》	按照习近平总书记对重庆提出的“两点”定位、“两地”“两高”目标、发挥“三个作用”和营造良好政治生态的重要指示要求，保持加强生态文明建设的战略定力，坚持生态保护与脱贫攻坚并重，依法依规分类处置涉及自然保护区贫困人口“两不愁三保障”的突出问题，全面解决贫困人口饮水安全问题，实现住房安全保障。确保按期完成中央脱贫攻坚专项巡视反馈意见整改，到2020年完成脱贫攻坚任务
2019-11-13	重庆市民政局	《关于做好易地扶贫搬迁安置区社区治理和服务相关工作的通知》	紧紧围绕习近平总书记“易地搬迁脱贫一批”的重要指示要求和市委市政府关于易地扶贫搬迁工程的总体部署，牢牢抓住易地扶贫搬迁“保障”和“配套”环节，进一步做好安置地社区管理、社会融入、社会保障等相关民政工作，为确保打赢脱贫攻坚战发挥积极作用
2020-01-14	重庆市民政局	《关于在脱贫攻坚中切实做好贫困重度残疾人照护服务工作的通知》	精准认定贫困重度残疾人、明确贫困重度残疾人照护服务内容、督促贫困重度残疾人家庭履行照护服务责任、规范贫困重度残疾人集中照护托养入住程序、加大贫困重度残疾人康复工作力度、鼓励社会力量参与贫困重度残疾人照护服务、强化贫困重度残疾人照护服务工作保障
2020-02-16	重庆市扶贫开发领导小组	《2020年全市脱贫攻坚工作要点》	认真贯彻落实习近平总书记在解决“两不愁三保障”突出问题座谈会上重要讲话和视察重庆重要讲话精神，咬定目标、坚持标准，一鼓作气、乘势而上，保持攻坚态势，强化攻坚责任，全面尽锐出战，全面解决“两不愁三保障”突出问题，全面排查解决存在问题，有效应对新冠肺炎疫情对脱贫攻坚工作的影响，坚持不懈抓好各项工作落地落实，确保剩余贫困人口全部脱贫，巩固脱贫攻坚成果，高质量全面完成脱贫攻坚任务

(二)深度贫困乡镇脱贫任务

即便都面临着“三高、一低、三差、三重”等深度贫困的共性特点,但是不同乡镇在各自经济社会发展的历程、基础、瓶颈和突破方向上仍有所差别。针对18个深度贫困乡镇既有产业基础、资源禀赋、贫困特征和脱贫需求,重庆市制定出各个乡镇脱贫目标和办法。如表3-4所示:

表3-4 重庆18个深度贫困乡镇脱贫“任务表”

序号	乡镇名称	优势	脱贫目标	脱贫举措
1	万州区龙驹镇	龙白、龙罗、龙梨公路交会于此,也是万利高速咽喉要道,矿产、旅游资源丰富	2018年脱贫82户262人,2019年脱贫110户352人	建10000亩优质花椒基地,建成全镇10000亩优质淡季水果基地等
2	黔江区金溪镇	有奇峰异石、蜿蜒曲折的情人谷峡谷风景,文化资源、旅游资源丰富	现未脱贫55户170人,计划2019年脱贫	重点发展蚕桑4000亩,水果及茶叶5000亩,蔬菜5000亩,无抗生猪、香猪等特色养殖5万头,发展中峰养殖2400桶等
3	城口县鸡鸣乡	森林覆盖率70.6%,盛产鸡鸣贡茶、野生天麻、党参、核桃等。有仙女池等自然风光	现未脱贫71户231人,计划2019年脱贫	高山中药材种植达到10000亩,确保山地鸡年出栏量5万羽,在茶叶种植上达到5000亩等
4	秀山县隘口镇	有市级自然保护区太阳山林区,面积5206公顷,生态资源丰富	2018年脱贫15户84人,2019年脱贫24户99人	发展茶叶10000亩,发展以金银花、黄精为主的中药材产业10000亩,发展核桃10000亩,养殖土鸡20000只等
5	酉阳县车田乡	酉阳“凉都”,劳动力资源丰富,全乡大部分处于河谷地带,土壤肥沃	2018年脱贫84户402人,2019年脱贫60户247人	以“旅游+”统揽全乡产业发展,发展中药材6000亩,土鸡50000只,山羊年出栏6000只等

续表

序号	乡镇名称	优势	脱贫目标	脱贫举措
6	酉阳县浪坪乡	有小山坡土家苗寨，“五洞连珠”、石林等景点，气候冬暖夏凉	2018年脱贫149户712人，2019年脱贫109户459人	种植高山蔬菜10000亩，油茶3000亩等
7	巫溪县天元乡	典型的立体高寒山区气候	2019年脱贫	农家乐100家，打通天红路旅游大道，完善乡村旅游服务站2个。发展板角山羊10000只，商品毛猪6000头，订单种植10000亩蔬菜等
8	彭水县大垭乡	自然资源丰富，珍稀古木品种繁多，芙蓉江水质好，鱼类资源丰富	贫困户537户2259人，计划2019年脱贫	花椒规划5000亩，辣椒规划3000亩，农家乐及乡村旅馆100家等
9	彭水县三义乡	乡内林业资源丰富，原生植被完好，森林覆盖率65%	2018年脱贫136户556人，2019年脱贫66户282人	村通公路100%，发展优质烤烟5000亩，珍珠鸡饲养30000只等
10	武隆区后坪乡	有天坑群、石林等旅游资源，也有茶叶、竹笋等土特产	2018年脱贫30户105人，2019年脱贫27户85人	建成区级乡村旅游示范点4个，全乡乡村旅游床位数达5000张以上，直接从业人员1000人，带动200户脱贫等
11	丰都县三建乡	多样的生态环境和生态资源	2018年脱贫40户123人，2019年脱贫户数16户31人	新建竹笋基地8000亩，新发展青脆李3000亩，打造优质水稻示范基地2500亩等
12	石柱县中益乡	全乡水资源丰富，有保存完好的土家风貌传统民居	2018年脱贫197户614人	民宿旅游为重点，建成集中连片民宿接待点5个以上，建成A级标准厕所7座，建成观光亭4座等
13	奉节县平安乡	森林覆盖率63%，境内旅游资源丰富，有气势宏伟的关门山	2018年脱贫139户473人，2019年脱贫67户200人	规划到2020年，养殖山羊10000只，年接待乡村旅游达50万人次等

续表

序号	乡镇名称	优势	脱贫目标	脱贫举措
14	巫山县双龙镇	位于国家5A级景区小三峡腹心地带，雨量充沛，平均气温17.6℃	2018年脱贫95户306人，2019年脱贫63户180人	发展豌、胡豆种植10000亩，每年出栏山羊20000只，发展脆李种植18000亩，发展板栗种植5000亩等
15	城口县沿河乡	森林覆盖率81.6%，大气负氧离子浓度达到一级，全乡近6万亩野生竹林资源，其中4万亩已经纳入改造升级规划	2018、2019两年脱贫257户1043人	正规划建设“大巴山竹林人家”旅游片区。对4万余亩竹林进行低效林改造等
16	开州区大进镇	旅游资源得天独厚，境内植物多达1800余种	2018年脱贫100户30人，2019年脱贫94户288人	培育精品民宿100家，发展有机茶基地10000亩，养殖土鸡20000只等
17	巫溪县红池坝镇	位于红池坝国家森林公园保护区，具备打造国家5A级景区潜质。有传统手艺、民居、民俗等文化资源	2018年脱贫263户1000人，2019年脱贫187户710人	按照4A级景区标准开发旅游人家20户、精品民宿20家，发展茶园10000亩，山羊30000只等
18	云阳县泥溪镇	境内有潭獐峡风景秀丽的自然风光，保持较好的清中晚期民宅特色人文景观，打连响、彩龙船等特色民俗	2018年脱贫57户163人，2019年脱贫14户41人	养殖黑山羊5000只，种植黑米、黑花生3000亩等

四、精准扶贫以来的主要措施

（一）强化建档立卡

精准脱贫的前提是精准识别，保障是建档立卡。重庆市贯彻落实国扶办建档立卡会议精神开展深度脱贫工作。通过专门会议、文件通知、入户调查、多方核实等手段强化区县扶贫办建档立卡工作责任，将建档立卡对象识别、信息系统数据完善工作纳入全年工作督导的重点内容安排。在工作中，第一是加强群众宣传，通过在贫困村张贴公告、走村入户发放法制宣传资料等方式，让当地老百姓真正了解、理解、支持、参与到贫困户建档立卡工作中来；第二是扶贫干部采用多样化手段深入了解各家各户的真实情况，通过看收入、看吃穿、看保障、看稳定发展态势等方法识别贫困对象；第三是加强建档立卡信息库建设、维护和人员技术培训，使信息系统方便快捷地服务于深度脱贫工程需要，保证工作人员熟练掌握系统操作，能按流程规范进行建档立卡工作。

（二）推进就业脱贫

按照“精准扶贫、精准脱贫”战略部署，重庆市采取“扶贫先扶智”和“授人以渔”思路，结合深度贫困乡镇人口年龄偏大、文化程度较低、就业技能缺乏、离家就业困难等特点，市级和区县扶贫部门通过挖掘和整合各类资源，推出了一系列就业帮扶服务，包括：

（1）技能培训服务。瞄准市场需求，为贫困群众提供实用技能培训，以增强他们的就业能力为目的。政府举办了焊工、电工、电子装配、汽车维修、汽车驾驶、挖土机手、烹饪技术、母婴护理、家政服务、建筑施工员、酒店管理、航运水手、电子商务等技能培训班。（2）产业推动就业。发展壮大产业既为贫困群众提供就业岗位，又让贫困群众在流转土地、扶贫资金入股分红中增加收入。重庆市因地制宜打造贫困地区优势产业，依靠民族地区特色发展乡镇经济，推动当地就业。花椒、蚕桑、中药材等特色扶贫产业累计提供了上万个足不出镇的就业岗位，为数千个贫困家庭提供了稳定脱贫的经济保障。（3）就业岗位开发。根据《重庆市公益性岗位开发和管理办法》，市、县、乡镇各级政府部门大力开发乡村道路维护员、森林护林员、水利设施管护员、交通秩序劝导员、留守老人儿童疏导员等公益岗位，托底贫困群众就地就业。（4）出台优惠政策。重庆市在社会保障、贷款贴息、财政扶持、税费减免等方面制定了吸纳贫困人口就业的优惠政策，鼓励和支持国有企业、民营经济组织吸纳更多贫困群众就业。

（三）发展产业扶贫

精准扶贫战略实施以来，重庆市扶贫产业不断壮大，科技服务能力不断增强。立足贫困地区资源禀赋，围绕现代特色效益农业，政府、企业和社会各界大力推进产业精准扶贫，初步形成了以秦巴山区、武陵山区为重点的优质中药材产业带，以奉节、忠县、万州等为重点的三峡库区柑橘产业带，以武隆等为重点的高山蔬菜生产基地，以城口、丰都、万州、开州、巫溪、巫山、云阳、酉阳、石柱为重点的草食牲畜产业带。各级各部门高度重视产业扶贫工作，涉农财政资金的65%以上用于扶贫事业发展。各级农业技术推广部门开展“进村包户”定点帮扶，对贫困户提供技术指导、技术咨询。鼓励发展农超对接、农校对接、农商对接等互利双赢模式，开展贫困户教育培训，增强贫困户产业脱贫内生动力，形成了政府支持、企业带动、农户积极主动的扶贫产业发展的良好社会氛围。

（四）异地搬迁扶贫

“十三五”时期，中共重庆市委、市政府深入贯彻党中央、国务院扶贫开发决策部署和习近平总书记扶贫开发重要战略思想，对标对表中央决策部署要求，进一步加强组织领导，优化工作机制，强化工作举措，积极深化全市易地扶贫搬迁工作。在重庆市扶贫开发领导小组的统一领导下组织实施，按照“市级统筹、区县主体”的原则，以重庆市发改委为总牵头部门，明确各市级部门的相关责任。在《“十三五”易地扶贫搬迁建卡贫困户农房整宗地收益权收储实施方案》的基础上，市委办公厅、市政府办公厅印发《关于深化易地扶贫搬迁的实施意见》作为全市推进易地扶贫搬迁工作的指导性文件，努力实现易地扶贫搬迁贫困户无负担搬迁安置，确保稳定脱贫。

表3-5　异地搬迁扶贫职能部门责任对照

相关部门	主要职责
重庆市发展和改革委员会	总牵头单位
重庆市扶贫开发办公室	精准落实搬迁对象
重庆市农业农村委员会	搬迁后续产业发展

续表

相关部门	主要职责
重庆市财政局	市级差异化补助资金和市以上补助资金落实、贴息资金的拨付和监管
重庆市规划和自然资源局	用地保障、农房整宗地收储、土地复垦等
重庆市住房和城乡建设委员会	贫困地区风貌建设、风貌管控

（五）教育文化扶贫

重庆市高度重视教育在精准扶贫战略中的基础作用，充分发挥教育扶贫在帮助深度贫困乡镇人口脱贫方面的重要功能。一是推动教育资源向贫困区县倾斜，实施高寒地区学校"暖冬计划""学前教育三年行动""普通高中发展促进计划"等教育工程，全面改善深度贫困乡镇基础教育办学条件。二是加大对贫困学生的资助力度，将贫困户子女优先纳入资助范围，保障不让一个孩子因贫辍学。三是发展深度贫困地区职业教育和培训，动员未能升学的贫困家庭学生参加职业教育和技能培训，提升贫困学生自我发展"造血"能力。四是深入推进文化扶贫工程，在深度贫困乡镇建立文化信息共享站，完善农村电视、广播、网络等基础设施，在每个村培育文化中心户，解决贫困地区农村居民文化需求。五是安排资金、资源向深度贫困师生倾斜，加大对深度贫困学生学习和生活资助，加大对深度贫困乡镇教师的培训和晋升扶持力度。

（六）开发旅游扶贫

旅游扶贫是深度贫困地区扶贫攻坚的有效方式，是既能帮助贫困家庭脱贫致富，也为百姓提供更多丰富精神文明生活的选择。立足资源禀赋，将资源优势转变为经济优势，凭借旅游业强劲的发展势头，积极探索具有内生潜力的旅游扶贫方式是重庆市精准扶贫战略的重要组成部分，措施包括：(1)积极开展重庆市贫困地区乡村旅游项目规划、星级旅游景点评定等工作，为深度贫困乡镇开发旅游资源、打造旅游景点、发展农家乐、销售农特产品提供帮助；(2)协调重庆市文化和旅游发展委员会(重庆市文旅委)、重庆市扶贫办和扶贫集团各成员单位对深度贫困乡镇进行旅游对口帮扶工作,帮助它们进行旅游基础设施建设和旅游项目宣传推介;(3)积极组织开展深度贫困乡镇居民参与乡村旅游培训,多形式、多层次、多渠道对从事旅游扶贫工作和旅游产业项目的乡村干部、从业人员进行培训,分期分批对深度贫困户开展技能培训,提升乡村干部和村民发展旅游产业的理论常识和业务技能。

(七)壮大社会扶贫

社会扶贫从广义上讲,是政府专职机构扶贫工作以外所有扶贫工作的总称,包括定点扶贫、协作扶贫、国际扶贫、社会组织扶贫等多项内容。深度贫困地区的小康如何实现?动员社会力量参与扶贫是一条最为有效的路径。政府的力量毕竟有限,加之深度贫困乡镇分布有很强的区域性特征,有相当一部分是在自然条件恶劣、生态环境脆弱地区。这种情势下,急需社会力量的补充,加快推进深度脱贫的进程。近年来,重庆市社会扶贫工作坚持完善制度,争取社会各界鼎力相助,取得了显著成绩。如鲁、渝两省市不断完善工作机制,积极推进产业合作,各项工作取得积极成效。先后开通济南至万州、青岛至黔江、烟台至巫山航线,启动"十万山东人游重庆""万吨脐橙进山东"等系列活动,山东发展投资集团投资奉节三峡之巅旅游开发、山东金力特投资石柱抗菌不锈钢管材生产等一批重点项目成功签约,开州磁悬浮鼓风机生产、石柱桔梗蕨菜种植加工、万州芦花鸡繁育、酉阳稻蟹混养、丰都马铃薯种植等一批示范项目成功落地,开州鲁渝现代农业产业园、烟台(巫山)工业园等一批特色园区建设进展顺利。

五、小结

重庆市的贫困乡镇地处典型的西部高山、高寒、连片特困和民族地区,它们结合自身优势,不仅提出了切合实际的脱贫目标,并且采取了差异化的产业发展措施和治理模式,围绕扶贫资金、基础设施、基础教育、就业和社会保障等一系列关键要素探索出具有自身特色、符合自身实际的深度脱贫路径。

脱贫攻坚工作开展以来，全市上下深入学习贯彻习近平总书记关于扶贫工作重要论述，特别是视察重庆时和在解决“两不愁三保障”突出问题座谈会上的重要讲话精神，全面落实党中央、国务院关于民族地区和深度贫困地区脱贫攻坚工作决策部署，按照市委、市政府统一安排，围绕“四个深度发力”，全力解决“两不愁三保障”突出问题，扎实抓好各类问题整改，民族地区和深度贫困乡镇脱贫攻坚工作取得较好成效。《重庆市人民政府关于全市民族地区和深度贫困乡镇脱贫攻坚工作情况的报告》显示，截至2019年7月，重庆市18个深度贫困乡镇累计减少贫困人口22810人，实现85个贫困村整村销号，贫困发生率从2015年的18.24%下降到2.13%。深度贫困乡镇脱贫攻坚规划项目开工建设1911个，累计完成投资75.4亿元，项目开工率和投资完成率分别达到93%、83%，18个深度贫困乡镇2018年人均可支配收入达到9952元，同比增长12.3%。

在“两不愁三保障”政策落实方面，报告指出重庆市5个民族区县“两不愁”问题解决较好，2018年农村常住人口人均可支配收入达到11326元，同比增长9.38%，增幅比全市高出0.38个百分点。截至2019年8月，核查发现的1051个“两不愁三保障”问题，已完成整改812个，安全饮水保障率达到100%，贫困人口基本医疗保险参保率达到100%，在校贫困学生资助政策全部落实到位，贫困人口危房改造完成率达到54.9%，其中黔江区危房改造已全部完成。

重庆市18个深度贫困乡镇2018年人均可支配收入达到9952元，同比增长12.3%，安全饮水保障率达到100%，贫困人口基本医疗保险参保率达到100%，贫困人口住院自付比例控制在10%以内，没有因缺资金失学辍学现象，除91户住房正在进行C、D级危房改造，其余均实现住房安全有保障。

从脱贫攻坚、扶贫开发到精准扶贫、深度脱贫，重庆市反贫困政策演进及取得的系列成效体现出它立足实际情况、打好反贫困攻坚战方面的特点：

第一，坚持正确扶贫道路。重庆市18个深度贫困乡镇根据自身贫困实际和资源禀赋，坚持“发展生产脱贫一批、易地搬迁脱贫一批、生态补偿脱贫一批、发展教育脱贫一批、社会保障兜底一批”的基本策略，通过发展产业扶贫、教育扶贫、旅游扶贫、文化扶贫、生态扶贫、异地搬迁脱贫、社会保障脱贫等一系列手段有效缓解了深度贫困人口的生产、生活压力，构筑起人民的安全底线。

第二，负责任的领导体制。坚持在党和政府领导下的精准脱贫工作领导体制，理顺市级政府和区县扶贫管理部门的权责关系，明确深度贫困乡镇党委和政府“负责人”的精准脱贫工作责任，并建立起有效的激励和监督措施。

第三，广泛动员多方参与。一是充分发挥政府的领导作用和兜底责任，加强扶贫办、人社局等职能部门的引领作用；二是全面动员贫困人口的热情、主动性和创造力，挖掘减轻贫困的潜力，形成减轻贫困的协同作用，增强“造血功能”；三是吸引民营企业、社会组织和公众积极参与扶贫，巩固抗击贫困的力量；第四是进一步深化定点扶贫工作，加强东西部扶贫合作。

第四，合理分配扶贫资源。扶贫资源包括用于扶贫开发的人力、物力、财力、政策等资源。重庆市深度贫困乡镇的扶贫资源配置坚持因村因户因人配置，坚持分类施策，“一村一策、一户一法”。脱贫需要外力推进，更需要激发内生动力。重庆市在深度贫困地区实施脱贫攻坚过程中高度重视发挥“人”这一最活跃的生产要素的作用，一方面引导贫困地区干部群众树立“只要有信心、黄土变成金”“宁愿苦干、不愿苦熬”的观念，坚定改变贫困落后面貌的信心、决心，激发脱贫致富的热情，充分发挥主体作用；另一方面，始终把“教育扶贫”“科技扶贫”贯穿扶贫开发始终，重视人力资本投资，下大力气提高贫困群众文化、科技素质，培养了一大批乡土农业技术人才，改善了深度贫困地区的物质条件和精神风貌。

第三章

重庆市深度贫困地区社会保障发展质量调查

自重庆市深度贫困地区脱贫攻坚工作开展以来,围绕深度贫困乡镇的基础设施和人居环境打造、农业产业结构调整、人口就业与社会保障等领域集中投入,全力解决"两不愁三保障"突出问题,扎实推进深度贫困乡镇脱贫攻坚工作。为了解重庆市深度贫困地区社会保障发展的减贫作用和效果,本章重点梳理重庆市社会保障制度沿革以及基于社会保障反贫困所采取的主要政策措施,并从18个深度贫困乡镇中选取部分样本地区,通过实地调查评价重庆市深度贫困地区的社会保障发展水平。

一、重庆市社会保障制度沿革

重庆直辖立市以来,社会保障制度经历了全面而深刻的制度变革,实现了从部分覆盖走向全民福祉的发展目标,反映出民生福利持续改善和扩大的特点,折射出重庆市经济社会的整体变革进步,也体现出重庆市社会保障事业改革和发展与中央保持看齐同步的决心。

(一)改革起步阶段

1997年既是重庆市直辖之年,也是我国社会保障制度历程中一个重要的时间节点。1997年7月,《国务院关于建立统一的企业职工基本养老保险制度的决定》的颁布,标志着具有中国特色的社会基本养老保险制度在中国的正式建立。2000年,重庆市颁发了《重庆市企业职工基本养老保险实施办法》和《重庆市企业职工基本养老保险实施办法若干政策问题的处理意见》,这就意味着社会统筹和个人账户相结合的社会养老保险方式在重庆市正式实施。在重庆市的通知规定中明确了企业职工基本养老保险实施范围、登记办法、缴费责任、个人账户的确立和管理等相关内容。自此,政府、企业(包括国营、民营、外资等各类企业)和职工三类主体共同承担养老保险责任和义务,有效维护了离退休人员的养老金权益,保障了下岗、失业工人及城镇贫困人口的基本生活。

这一阶段重庆市的社会救助、社会保险和社会福利制度改革从试点走向正式制度规定和模式定型,尤其是社会养老、医疗等保险制度改革随着重庆市经济改革和社会发展的步伐而加快,其体现了社会保障制度为市场经济改革服务、以养老保险改革和医疗保险改革为重点的特色。

(二)改革扩面阶段

1998年,国家劳动和社会保障部组建成立,社会保险管理体制得以统一。重庆市随机组建成立了重庆市劳动和社会保障局,对接中央管理部门,在全市范围内统一管理社会保障事业改革和发展。1998年12月,颁布了《国务院关于建立城镇职工基本医疗保险制度的决定》(以下简称《决定》)。1999年8月,重庆市发布了《重庆市城镇职工基本医疗保险制度总体规划的通知》,以党的十五大精神和《决定》为指针,根据重庆市财政、企业和个人的承受能力,建立城镇职工基本医疗保险制度,医疗保险采用与养老保险类似的统筹账户+个人账户的模式运行,强化了企业和个人的缴费义务。随着国务院连续颁布了《失业保险条例》《工伤保险条例》,重庆市也随之发布了《重庆市失业保险条例》《重庆市失业保险条例实施办法》《重庆市工伤保险实施办法》等社会保障制度文件,为重庆失业人员、工伤人员合理合法地享受失业保险待遇、工伤待遇提供了法律依据,有效地保障了劳动者合法权益。

2002年,中央明确提出建立农村居民新型合作医疗制度,重庆市于2003年开展了试点,并于2004年发布了《重庆市新型农村合作医疗暂行管理办法的通知》,2005年又发布了《重庆市人民政府关于加快建立新型农村合作医疗制度的意见》。根据中央精神并结合地方实际,重庆市初步确立了农村新型合作医疗制度目标、原则和基本任务,并在制度管理、筹资、监督、服务等方面累积了试点经验。同年12月,《国务院关于完善企业职工基本养老保险制度的决定》颁布。2006年7月,重庆市发布了《重庆市人民政府关于贯彻国务院完善企业职工基本养老保险制度决定的实施意见》,意见提出了确保基本养老金按时足额发放、逐步做实个人账户、统一城镇就业人员参保缴费政策、扩大参保面、合理确定养老金水平、建立多层次养老保险体系等任务目标。在社会救助方面,为贯彻国务院《社会救助暂行办法》,重庆市制定了相关实施意见,以落实最低生活保障制度、特困人员救助制度、受灾人员救助制度为重点构筑起重庆市社会救助行动框架,同时《重庆市残疾人保障条例》于2011年经重庆市第三届人民代表大会常务委员会通过予以公布,对全市范围内残疾人的预防康复、教育就业、文化生活和社会保障等合法权益做出了明确规定。

这一阶段重庆市社会保障制度改革走向扩面阶段,由原先单一的企业职工养老保险制度扩展到低保、残疾、特困、受灾救助以及医疗、工伤、失业保险等多个领域,应该说正是随着社会保障制度覆盖内容和人群的逐步扩宽,很大程度上满足了重庆市城镇职工和城乡居民的困难救助、养老、医疗等基本生活需求,保障全体成员合法权益起到了重要作用。

(三)改革深化阶段

党的十八大以来,重庆市的社会保障尤其是社会保险制度走向更加均衡和统一。2013年11月,党的十八届三中全会通过《中共中央关于全面深化改革若干重大问题的决定》,其中提出了社会保障制度改革的总目标是建立更加公平、可持续的社会保障制度。

第一,在社会保险方面。2012年,重庆市出台了《重庆市城乡居民合作医疗保险市级统筹实施办法》,探索出了将城镇居民基本养老保险和农村新型合作医疗两项制度衔接合并的路径,在全国率先实现了统一的城乡居民基本医疗保险制度。2018年10月24日,重庆市医疗保障局正式挂牌,标志着重庆市医疗保障管理体系实现系统内整合。 2014年年初,中央决定新农保和城居保合并实施。2014年9月,《重庆市人民政府办公厅关于完善城乡居民基本养老保险制度的通知》对重庆市城乡居民社会养老保险制度进行调整完善,在全市范围内建立起统一的城乡居民基本养老保险制度。

第二,在社会救助方面。2013年和2017年,重庆市人民政府分别出台了《重庆市最低生活保障条件认定办法》和《重庆市最低生活保障条件认定办法(修订)的通知》。这两个文件是对2008年重庆市出台的《重庆市城乡居民最低生活保障条例》的有益补充、调整和完善,可以看出重庆市的城乡居民最低生活救助政策随着地区经济社会发展而灵活应变和主动求变的精神。

这一阶段重庆市社会保障改革体现出制度从碎片到整合的特征，各项社会保障制度改革注重树立和发展公平理念，将城乡居民社会保障基本权益统筹考虑，全盘纳入制度改革的顶层设计，并在具体政策安排之中根据城乡实际情况做出了合理区分，体现出“以人为本、以民为本”的公共服务宗旨。

二、重庆市社会保障反贫困主要举措

（一）农村养老

根据《国务院关于开展新型农村社会养老保险试点的指导意见》，2009年《重庆市人民政府关于开展城乡居民社会养老保险试点工作的通知》，按照“保基本、广覆盖、有弹性、能转移、可持续”的基本原则，明确了农村居民参保范围、养老金待遇、与老农保的制度衔接等事项。2011年，《重庆市农村社会养老保险与城乡居民社会养老保险转移衔接指导意见》进一步明确了参加老农保各类人员的清理工作和处理办法，为老农保人员参加城乡居民社会养老保险做好基础数据准备工作。2014年，重庆市出台了《关于完善城乡居民基本养老保险制度的通知》，对现行城乡居民社会养老保险制度进行调整完善，增设了缴费档次，提高了政府补贴，正式建立城乡居民基本养老保险制度。经过随后几年的连续调整，2018年重庆市基础养老金已经达到每人每月115元。

表4-1 重庆市养老保险相关政策（部分）

发文日期	文件名称	发文部门	政策目标	关键举措
2000-07-04	《重庆市人民政府办公厅关于印发〈重庆市市属自收自支事业单位工作人员社会养老保险试行意见〉的通知》	重庆市人民政府办公厅	逐步减轻国家及单位养老负担，切实保障退（离）休人员基本生活	基本养老保险按照权利与义务相结合，单位和个人共同合理负担，强制执行和以支定收、逐步积累的原则统一筹集基金

续表

发文日期	文件名称	发文部门	政策目标	关键举措
2000-07-06	《重庆市人民政府关于印发〈重庆市企业职工基本养老保险实施办法〉的通知》	重庆市人民政府	建立适应社会主义市场经济体制要求，适用于城镇各类企业职工和个体劳动者的独立于企业之外的养老保险体系	在国家政策指导下发展企业补充养老保险，鼓励个人办理储蓄养老保险，并且规定了养老保险金的缴纳、管理、给付、监督等措施
2004-02-22	《重庆市人民政府关于完善我市企业职工基本养老保险管理体制的通知》	重庆市人民政府	建立适应我市经济社会协调发展要求、权责明确、严谨高效、抗风险能力强、确保按时足额发放的基本养老保险管理体制	全市统筹、分级管理、目标考核、锁定基数、分类指导、缺口分担、确保发放
2006-07-25	《重庆市人民政府关于贯彻国务院完善企业职工基本养老保险制度决定的实施意见》	重庆市人民政府	确保基本养老金按时足额发放，保障离退休人员基本生活；加强基本养老保险基金征缴和监管，完善多渠道筹资机制；进一步做好退休人员社会化管理工作，提高服务水平	确保基本养老金按时足额发放、扩大基本养老保险覆盖范围、逐步做实个人账户、加强基本养老保险基金征缴与监管、改革基本养老金计发办法等
2006-08-29	《重庆市人民政府关于调整企业退休人员基本养老金的通知》	重庆市人民政府	调整企业退休人员基本养老金	建立基本养老金最低保障机制、建立高龄退休人员基本养老金倾斜机制
2006-08-30	《重庆市人民政府办公厅关于改革基本养老金计发办法的通知》	重庆市人民政府办公厅	结合重庆市企业职工基本养老保险实际，改革基本养老金	确定了每月基本养老金、基础养老金和个人账户养老金公式（计发月数按国发〔2005〕38号文件规定执行）

续表

发文日期	文件名称	发文部门	政策目标	关键举措
2006-11-17	《重庆市人民政府关于机关事业单位非在编人员参加企业职工基本养老保险的通知》	重庆市人民政府	机关事业单位非在编人员参加企业职工基本养老保险的规定及实施措施	按相关办法及标准参与养老保险的缴费并在达到一定年龄后享受养老保险的待遇
2007-03-12	《重庆市人民政府办公厅转发市劳动保障局市财政局关于机关事业单位临时聘用人员参加企业职工基本养老保险实施意见的通知》	重庆市人民政府 重庆市劳动保障局 重庆市财政局	机关事业单位临时聘用人员参加企业职工基本养老保险	按相关办法及标准参与养老保险的缴费并在达到一定年龄后享受养老保险的待遇
2008-03-20	《重庆市人民政府关于印发重庆市2007年12月31日以前被征地农转非人员基本养老保险试行办法和重庆市2008年1月1日以后新征地农转非人员基本养老保险试行办法的通知》	重庆市人民政府	妥善解决重庆市被征地农转非人员的基本养老保险问题以及保障被征地农转非人员年老后的基本生活	按老龄人员的年龄区间缴纳养老保险费用，并且按规定享受养老保险的待遇
2009-09-01	《重庆市人民政府关于开展城乡居民社会养老保险试点工作的通知》	重庆市人民政府	建立健全与经济发展水平相适应、与其他社会保障制度相配套的社会养老保险制度	个人(家庭)、集体、政府合理分担责任，权利与义务相对应；政府主导和居民自愿相结合，引导居民普遍参保

续表

发文日期	文件名称	发文部门	政策目标	关键举措
2009-12-10	《重庆市人民政府印发关于解决国有企业部分困难“双解”人员基本养老保险有关问题处理意见的通知》	重庆市人民政府	妥善解决重庆市国有企业部分困难“双解”（解除再就业服务中心协议和劳动关系）人员基本养老保险缴费问题	国有企业“双解”人员中的灵活就业人员和未就业人员，自愿以个人身份接续城镇企业职工基本养老保险并缴纳基本养老保险费后，可申请享受缴费补贴
2010-05-07	《重庆市人民政府办公厅转发市人力社保局市财政局关于城镇企业职工基本养老保险关系转移接续有关问题处理意见的通知》	重庆市人民政府办公厅 重庆市人力资源和社会保障局 重庆市财政局	促进人力资源合理配置和有序流动，切实保障参加城镇企业职工基本养老保险人员基本权益，处理好养老保险关系的转接问题	按规定对养老保险费用进行补齐与缴清，按相关程序进行养老保险关系的转接，从而享受养老保险的待遇
2011-09-30	《重庆市人民政府办公厅关于解决我市用人单位未参保超过法定退休年龄人员基本养老保障有关遗留问题的通知》	重庆市人民政府办公厅	切实解决重庆市用人单位未参保超过法定退休年龄人员的基本养老保障有关遗留问题，提出相关意见及办法	超龄人员按规定一次性缴纳基本养老保险费后，参保地社会保险局按规定为其计入基本养老保险个人账户储存额并进行管理
2014-03-18	《重庆市人民政府关于印发重庆市2014年调整企业退休人员基本养老金办法的通知》	重庆市人民政府	根据《人力资源和社会保障部财政部关于2014年调整企业退休人员基本养老金的通知》规定，结合重庆市实际，调整重庆市2014年企业退休人员基本养老金办法	按缴费的时间以及缴费的年限对重庆市退休人员的养老金进行适当上调

续表

发文日期	文件名称	发文部门	政策目标	关键举措
2014-04-21	《重庆市人民政府关于加快推进养老服务业发展的意见》	重庆市人民政府	为积极应对人口老龄化，根据《国务院关于加快发展养老服务业的若干意见》精神，推进重庆市养老服务业快速发展提出相应意见	完善土地供应政策；完善财政投入政策；完善税费优惠政策；完善人才培养和就业政策；完善融资政策
2014-09-04	《重庆市人民政府办公厅关于完善城乡居民基本养老保险制度的通知》	重庆市人民政府办公厅	按照《国务院关于建立统一的城乡居民基本养老保险制度的意见》和《重庆市人民政府关于开展城乡居民社会养老保险试点工作的通知》精神，完善全市城乡居民基本养老保险制度	统一制度名称；调整中青年人员缴费档次及标准；明确集体补助标准；完善参保缴费政府补贴办法；建立长期缴费增发基础养老金机制；完善个人账户计息和余额继承规定；规范丧葬补助金发放范围；规范城乡居民基本养老保险关系转移接续
2015-04-21	《重庆市人民政府关于印发重庆市2015年调整企业退休人员基本养老金办法的通知》	重庆市人民政府	根据《人力资源和社会保障部财政部关于2015年调整企业退休人员基本养老金的通知》规定，结合重庆市实际，调整重庆市2015年企业退休人员基本养老金办法	定额调整；挂钩调整；适当倾斜；资金列支渠道；审批权限和程序

续表

发文日期	文件名称	发文部门	政策目标	关键举措
2015-12-15	《重庆市人民政府关于印发重庆市机关事业单位工作人员养老保险制度改革实施办法的通知》	重庆市人民政府	按照《中华人民共和国社会保险法》有关规定，根据《国务院关于机关事业单位工作人员养老保险制度改革的决定》等，结合我市实际，制定重庆市机关事业单位工作人员养老保险制度改革实施办法	基本养老金调整；基金统筹监管；基本养老保险关系转移衔接；建立职业年金制度；强化信息系统建设；建立健全基本养老金发放的筹资机制；逐步实行社会化管理服务
2016-04-01	《重庆市人民政府办公厅关于超龄退役军人参加城镇企业职工基本养老保险有关问题的通知》	重庆市人民政府办公厅	为妥善解决超过规定退休年龄退役军人参加城镇企业职工基本养老保险有关问题	补缴办法；待遇计发；政策衔接；
2016-08-08	《重庆市人民政府办公厅转发市卫生计生委等部门关于推进医疗卫生与养老服务相结合实施意见的通知》	重庆市人民政府办公厅	为贯彻落实《国务院办公厅转发卫生计生委等部门关于推进医疗卫生与养老服务相结合指导意见的通知》精神，结合重庆市实际，针对医养结合提出相关实施意见	完善投融资和财税价格政策；完善基本医疗保险体系；完善医养结合配套措施；加强规划布局和用地保障；加强长期照护保障体系建设；加强人才队伍建设；加强信息化建设
2017-07-21	《重庆市人民政府关于印发重庆市2017年调整退休人员基本养老金办法的通知》	重庆市人民政府	根据相应的调整办法和标准对重庆市2017年退休人员的养老金进行适当的调整	定额调整；挂钩调整；适当倾斜；资金列支渠道；审批权限和程序

续表

发文日期	文件名称	发文部门	政策目标	关键举措
2017-10-09	《重庆市人民政府办公厅关于印发重庆市老龄事业发展和养老体系建设“十三五”规划的通知》	重庆市人民政府办公厅	加快重庆老龄事业发展和养老体系建设，制定重庆市老龄事业发展和养老体系建设规划	规划背景；总体要求；主要任务；保障措施
2017-10-24	《重庆市人民政府办公厅关于全面放开养老服务市场提升养老服务质量的实施意见》	重庆市人民政府办公厅	为贯彻落实《国务院办公厅关于全面放开养老服务市场提升养老服务质量的若干意见》，满足老年人养老需求，促进养老服务业健康发展，对全面放开养老服务市场提升养老服务质量提出实施意见	降低准入门槛；放宽投资准入；优化审批流程；精简审批手续；完善价格形成机制；推进公办养老机构改革；加强行业信用建设
2018-03-08	《重庆市人民政府办公厅关于加快发展商业养老保险的通知》	重庆市人民政府办公厅	根据《国务院办公厅关于加快发展商业养老保险的若干意见》，结合重庆市实际，就加快发展商业养老保险工作提出要求	丰富商业养老保险产品供给；促进养老保障体系建设；推进商业养老保险资金投资运用；推动商业养老保险机构建设；完善保障支持政策；营造良好环境；加强组织领导
2018-07-09	《重庆市人民政府办公厅关于印发重庆市社区养老服务“千百工程”实施方案的通知》	重庆市人民政府办公厅	为全面贯彻落实党的十九大精神，全面提升社区居家养老服务能力，不断增强人民群众的幸福感和获得感，制定实施方案	组织领导；责任分工；资金保障；政策扶持；监督考核；宣传引导

续表

发文日期	文件名称	发文部门	政策目标	关键举措
2018-07-25	《重庆市人民政府关于印发重庆市2018年调整退休人员基本养老金办法的通知》	重庆市人民政府	调整重庆市2018年退休人员基本养老金办法	定额调整；挂钩调整；适当倾斜；资金列支渠道

注：上表由作者根据重庆市政府网发文整理

城乡居民基本养老保险是我国基本养老保险制度的重要组成部分，这项制度建立以来，城乡居民基本养老保险在保障老年居民基本生活、调节收入分配、促进社会和谐稳定等方面发挥了积极作用。

（二）农村医疗

为满足重庆市城乡居民基本医疗需求，提高医疗保险水平，完善城乡统筹的医疗保险制度，《重庆市人民政府办公厅关于进一步完善城乡居民合作医疗保险制度的指导意见》和《重庆市城乡居民合作医疗保险市级统筹办法》的颁布，明确了城乡居民医保市级统筹实行“统一政策、分级管理、统一预算、分级核算，统一调剂、分级平衡，统一考核、分级负责”模式。为加强城乡居民合作医疗保险特殊疾病管理，2012年出台了《重庆市城乡居民合作医疗保险特殊疾病管理暂行办法》，列出重大疾病10种、慢性病13种，明确了起付线和保险比例。为整合城乡居民基本医疗保险制度，强化基金预算管理，提高大病报销比例，2016年出台了《重庆市人力资源和社会保障局　重庆市财政局关于居民医疗保险基金实行统收统支管理有关事宜的通知》和《重庆市关于调整城乡居民大病保险报销比例的通知》。

表4-2　重庆市医疗保险相关政策（部分）

发文时间	文件名称	发文部门	瞄准问题	主要内容
1999-08-16	《重庆市人民政府关于印发重庆市城镇职工基本医疗保险制度总体规划的通知》	重庆市人民政府	城镇职工的医疗需求保障	属地管理、统账结合、用人单位和个人双方筹资、多层统筹

续表

发文时间	文件名称	发文部门	瞄准问题	主要内容
2001-12-11	《重庆市人民政府关于印发重庆市城镇职工基本医疗保险市级统筹暂行办法的通知》	重庆市人民政府	城镇职工医保资金统筹问题	市级统筹、统账结合、“三定点”政策
2001-12-31	《重庆市劳动和社会保障局 重庆市财政局关于印发重庆市城镇职工基本医疗保险市级统筹大额医疗互助基金暂行办法的通知》	重庆市劳动和社会保障局 重庆市财政局	城镇职工大额医疗费用需求	由个人和单位共同缴费成立大额医疗互助基金，支付一个年度内超过基本医疗保险统筹基金最高支付限额的医疗费
2001-12-13	《重庆市劳动和社会保障局关于印发重庆市城镇职工基本医疗保险市级统筹门(急)诊危重病范围的通知》	重庆市劳动和社会保障局	城镇职工门(急)诊危急重病的医疗费用问题	患危重疾病的门(急)诊抢救费用，按比例纳入基本医疗保险统筹基金支付
2004-05-25	《重庆市人民政府办公厅关于印发重庆市城镇职工住院医疗保险市级统筹暂行办法的通知》	重庆市人民政府办公厅	城镇职工住院医疗需求以及特殊门诊大额费用	适用于用人单位不能参加基本医疗保险、用人单位单方缴费、只建立住院统筹基金、必需大额医疗互助保险、可与基本医疗保险进行转接
2007-09-07	《重庆市人民政府关于开展城乡居民合作医疗保险试点的指导意见》	重庆市人民政府	已有医疗保障制度尚未覆盖的城镇居民参保就医的问题	统一的筹资标准、三方责任、建立统筹基金、实行社区首诊制和双向转诊制度、“城乡居民合作医疗保险管理中心”

续表

发文时间	文件名称	发文部门	瞄准问题	主要内容
2009-02-27	《重庆市人民政府关于印发重庆市以个人身份参加城镇职工医疗保险市级统筹暂行办法的通知》	重庆市人民政府	城镇灵活就业人员、无单位退休人员等的基本医疗需求	城镇灵活就业人员、失业人员、无单位退休人员按程序参加城镇职工医疗保险，缴费基准为上年度本市经济单位职工平均工资，由税务机关收缴医疗保险费
2009-11-20	《关于将大学生纳入城乡居民合作医疗保险的实施意见的通知》	重庆市人力资源和社会保障局 重庆市财政局 重庆市教育委员会 重庆市民政局 重庆市卫生局	大学生基本医疗需求	大学生以学校为单位参保，原则上应在本校校医院就医
2010-09-30	《重庆市人力资源和社会保障局关于印发重庆市基本医疗保险、工伤保险和生育保险药品目录的通知》	重庆市人力资源和社会保障局	过度医疗和医疗行为中的道德风险	调整乙类用药，提高定点药品范围和用药水平
2011-10-24	《重庆市人民政府办公厅关于印发重庆市城镇职工医疗保险市级统筹办法和重庆市城乡居民合作医疗保险市级统筹办法的通知》	重庆市人民政府办公厅	部分地区城镇职工医疗保险和城乡居民医疗保险基金统筹水平低	市级统筹全市统一参保项目、缴费办法、待遇标准、信息管理、就医管理、基金管理、经办模式、监管机制。分级管理、总额预算、目标考核、缺口分担，加强经办机构建设

续表

发文时间	文件名称	发文部门	瞄准问题	主要内容
2012-05-25	《关于印发重庆市城乡居民合作医疗保险特殊疾病管理暂行办法的通知》	重庆市人力资源和社会保障局	参保居民特殊疾病就医的基本需求	将10种重大疾病和13种慢性病纳入特殊疾病病种，经定点医疗机构诊断可享受特殊疾病待遇
2012-10-26	《重庆市人力资源和社会保障局等5个部门关于将部分医疗康复项目纳入医疗保险基金支付范围的通知》	重庆市人力资源和社会保障局 重庆市财政局 重庆市卫生局 重庆市民政局 重庆市残疾人联合会	患者治愈后的康复医疗需求	部分医疗康复项目纳入医疗保险基金支付范围、定点康复医疗机构管理、限额结算
2013-11-19	《重庆市人民政府办公厅关于印发重庆市城乡居民大病保险暂行办法的通知》	重庆市人民政府办公厅	城乡居民重大疾病医疗需求	统一标准、资金来源于当年居民医保筹集的资金或历年结余基金、采取向商业保险机构购买大病保险的方式
2015-11-16	《重庆市人力资源和社会保障局 重庆市财政局 重庆市卫生和计划生育委员会关于开展城乡居民合作医疗保险基层医疗机构普通门诊费用统筹的通知》	重庆市人力资源和社会保障局 重庆市财政局 重庆市卫生和计划生育委员会	门诊费用统筹管理	居民参保人员自愿选择一家基层医疗机构为普通门诊定点机构并签订服务协议，2016年报销限额为50元/人、统筹标准为30元/人
2015-01-09	《重庆市人力资源和社会保障局 重庆保监局关于印发重庆市城镇职工医疗保险个人账户资金支付参保人员购买商业健康保险、意外伤害保险有关问题的通知》	重庆市人力资源和社会保障局 重庆保监局	个人账户资金使用，提高居民医疗保障水平	个人账户可购买商业健康保险或意外险，保监局负责产品备案，人社局负责产品申报，承办机构经人社局审批同意，与当地医疗保险经办机构签订服务协议

续表

发文时间	文件名称	发文部门	瞄准问题	主要内容
2017-07-05	《重庆市人民政府办公厅关于印发重庆市生育保险和职工基本医疗保险合并实施试点方案的通知》	重庆市人民政府办公厅	医疗保险与生育保险覆盖内容有重复之处，造成资源浪费	医疗保险和生育保险统一参保登记、统一基金征缴、统一定点医疗机构管理、统一经办、统一信息系统
2017-12-11	《重庆市人力资源和社会保障局 重庆市财政局关于印发重庆市长期护理保险制度试点意见的通知》	重庆市人力资源和社会保障局 重庆市财务局	长期失能人员的长期护理和日常照料难题	试点期间，只覆盖城镇职工医疗保险参保人群，政府补贴+个人筹资，加大扶持，培育护理市场
2018-08-16	《重庆市人民政府办公厅关于印发重庆市进一步深化基本医疗保险支付方式改革实施方案的通知》	重庆市人民政府办公厅	现有医疗支付方式不合理	实行多元复合式医保支付方式，强化医保对医疗行为的监管

注：上表由作者根据重庆市政府网发文整理

从重庆市历年来医保政策发展情况来看，在主要的医疗保险制度框架构建完成后，为适应社会经济的发展和解决医保政策本身的制度缺陷，重庆市市级部门和区县医保单位都在不断地对职工医保、居民医保等制度进行调整、补充，通过政策的与时俱进和适时更新，保障重庆市广大群众医疗需求得到满足。

（三）农村低保

2008年出台的《重庆市城乡居民最低生活保障条例》赋予了重庆市城乡居民最低生活保障制度的法律地位，其中明确了农村居民最低生活保障覆盖对象、范围、标准、方式和相关责任。为落实国务院《关于做好农村最低生活保障制度与扶贫开发政策有效衔接的指导意见》，该条例于2016年修订。2016年《重庆市人民政府关于提高城乡低保等社会救助对象保障标准的通知》规定：重庆市农村低保保障标准从每人每月230元调整到每人每月300元。2017年《重庆市最低生活保障条件认定办法(修订)》主要对重庆市最低生活保障申请条件进行了修订,明确了“支出型贫困”,适当考虑家庭成员因重度残疾、患重大疾病等长期刚性支出因素的综合评估。

表4-3 重庆市低保救助相关政策(部分)

发文时间	文件名称	发文部门	政策目标	关键举措
2007-12-12	《重庆市人民政府关于解决城市低收入家庭住房困难的实施意见》	重庆市人民政府	主要针对主城外其他区县低收入家庭的住房问题	提高廉租住房保障水平;改进和规范制度;重视改善农民工和其他住房困难人群居住条件问题;完善配套设施和工作机制
2011-02-25	《重庆市民政局关于印发〈重庆市集中供养农村五保对象和新增农村籍退役士兵转户及享受城市待遇实施办法(试行)〉的通知》	重庆市民政局	针对集中供养的农村五保对象及农村籍退役士兵的户籍问题	通过转户制度使两大群体转为城镇居民并享受同等的相关政策待遇
2011-06-16	《重庆市民政局 重庆市财政局关于做好农转城困难居民最低生活保障工作的通知》	重庆市民政局 重庆市财政局	针对农转城居民的困难居民最低生活保障工作的落实问题	将符合条件的农转城困难居民纳入城市居民最低生活保障范围,切实做到应保尽保
2011-10-14	《重庆市人民政府关于提高城乡低保城市“三无”人员和农民五保供养对象保障标准的通知》	重庆市人民政府	主要针对重庆市城乡低保、城市“三无”人员和农村五保供养对象的保障标准问题	分别提高11个城区和13个区县的低保以及“三无”人员、五保对象每人每月的保障标准

续表

发文时间	文件名称	发文部门	政策目标	关键举措
2011-10-14	《重庆市人民政府关于规范社会救助标准制定和调整工作的意见》	重庆市人民政府	针对重庆市社会救助标准制定和调整问题	明确最低保障原则、制定救助标准、建立调整机制
2012-07-24	《重庆市人民政府关于进一步完善城乡医疗救助制度的意见》	重庆市人民政府	针对城乡医疗救助问题	扩大救助范围、推行"一站式"医疗救助服务、强化基金管理
2013-03-21	《重庆市人民政府关于切实加强和改进最低生活保障工作的意见》	重庆市人民政府	针对最低生活保障工作的改进问题	完善最低生活保障覆盖对象的认定条件、优化程序、动态管理
2014-05-09	《重庆市人民政府关于改善"四山"管制区农民基本生产生活条件的意见》	重庆市人民政府	"四山"地区农民当前及长远的生活和发展问题	坚持保护与开发并重、划定生态保护红线、发展生态农业
2014-09-25	《重庆市人民政府关于贯彻落实国务院〈社会救助暂行办法〉的实施意见》	重庆市人民政府	保障基本民生、促进社会公平	根据本市生活必需费用制定最低生活标准、建立健全并加强各项社会救助
2015-03-16	《重庆市人民政府关于进一步健全临时救助制度的通知》	重庆市人民政府	针对突发、紧急、临时生活困难者的救助问题	明确临时救助对象范围和发放标准、救济方式多元化
2016-10-17	《重庆市人民政府关于进一步健全特困人员救助供养制度的实施意见》	重庆市人民政府	针对特困人员的救助问题	健全特困人员救助供养制度，坚持政府主导，发挥社会力量的作用，完善特困人员救助制度

续表

发文时间	文件名称	发文部门	政策目标	关键举措
2016-10-17	《重庆市人民政府关于进一步完善社会救助和保障标准与物价上涨挂钩联动机制的通知》	重庆市人民政府	针对物价上涨对社会救助保障水平的影响问题	保障城乡低收入群众基本生活水平，根据物价上涨幅度发放价格临时补贴
2017-12-13	《重庆市民政局关于做好支出型贫困家庭救助工作的通知》	重庆市民政局	针对支出型贫困家庭的社会救助问题	将支出型贫困家庭纳入社会救助范围，根据家庭收入和刚性支出情况确定救助方式

注：上表由作者根据重庆市政府网发文整理

社会救助是国家针对生活困难人群进行的一种社会保障的途径，目的在于缓解生活困难。通过对重庆市关于社会救助相关政策的梳理和探讨，发现重庆市社会救助制度起到安全网的作用，救助对象和救助范围不断扩大，救助水平也在逐步提高。重庆市社会救助政策由笼统地针对社会低收入人群生活问题到推出针对残疾人、困难型支出家庭等多样的救助政策，使得社会救助范围得到有效扩大，政策救助功能更加显著。

（四）其他政策

除了在养老、医疗和社会救助等领域出台大量政策以外，重庆市还在教育、住房、就业、灾害救助等领域出台了一系列举措。在教育方面，发布了《重庆市实施国家级贫困区县农村学前教育儿童营养改善计划》和《关于进一步实施重庆籍建档立卡贫困家庭大学生资助政策实施方案》等民生政策，帮助农村困难家庭子女解决学有所教问题。在住房方面，《重庆市村镇规划建设管理条例》明确了农村危房改造政府补贴政策，对农村户口进城买房的契税减免的优惠政策，帮助农村居民解决住有所居问题。在灾害救助方面，《重庆市自然灾害生活救助资金管理暂行办法》明确了救助项目和救助标准，农村受灾群众的基本生活有了政策保障。此外，针对农民工工伤保险、工资保障、住房保障等问题出台了相关政策，并制定了返乡农民工创业培训、金融支持、税收减免等优惠政策。

回顾重庆市农村社会保障相关政策脉络可以看出，政府围绕“学有所教、劳有所得、病有所医、老有所养、住有所居”的农村社会保障体系构建和重大民生保障工程建设积极作为，并在推进社会保障均等化、强化政府责任与投入、全面提高民生质量等方面取得了长足进步。在新时代人民美好生活需要导向下，重庆农村社会保障制度改革和发展既存在缺乏顶层设计、公平不足与效率不高、责任不清与责任失衡等内部矛盾，又面临城乡之间和地区之间发展不平衡、人口老龄化与人口流动、福利刚性与财政压力等外部挑战。如何顺利破解内部矛盾，妥善应对外部挑战，促进农村社保事业全面发展，满足人民美好生活需要，是当前社会各界应当高度重视和积极解决的理论和现实难题。

三、社会保障深度脱贫满意度调查

（一）调查过程

围绕深度贫困乡镇及贫困人口对社会保障减贫效果的满意度问题，课题组分别于2018年6至7月和2019年2至3月，分两次对重庆市6个深度贫困乡镇进行专题调研。根据课题组成员实地田野预调查提供的指导意见，确定了每个深度贫困乡镇的两个行政村，然后再选取行政村的住户进行抽样调查。课题组入户问卷调查涵盖了石柱县中益乡的光明村和华溪村、黔江区金溪镇的金溪村和岔河村、丰都县三建乡的红旗寨村和绿春坝村、武隆区后坪乡的中岭村和高坪村、酉阳县车田乡的清明村和古树村、万州区龙驹镇的灯台村和梧桐村等6个深度贫困乡镇的12个行政村。调研总共发放问卷1200份，回收有效问卷1070份，问卷回收率为89%。12个调查点样本量分布如表4-4和表4-5所示。

表4-4　调查样本分布情况

乡镇名称	行政村	样本数量（个）	比例（%）
石柱县中益乡	光明村	83	7.757
	华溪村	79	7.383

续表

乡镇名称	行政村	样本数量(个)	比例(%)
黔江区金溪镇	金溪村	89	8.318
	岔河村	94	8.785
丰都县三建乡	红旗寨村	84	7.850
	绿春坝村	98	9.159
武隆区后坪乡	中岭村	91	8.505
	高坪村	77	7.196
酉阳县车田乡	清明村	72	6.729
	古树村	85	7.944
万州区龙驹镇	灯台村	115	10.748
	梧桐村	103	9.626

表4–5 被调查者基本情况

项目		百分比	项目		百分比
性别	男	41.5	家庭规模	1~2人	14.1
	女	58.5		3~5人	70.5
户籍	农业户口	95.6		6人及以上	15.4
	非农户口	4.6	宗教信仰	没有宗教信仰	75.6
年龄	30岁及以下	6.9		佛教	10.1
	31~45岁	9.0		道教	8.8
	46~59岁	38.5		其他	5.5
	60岁及以上	45.6	受教育程度	未上学	9.8
民族	汉族	68.2		小学	38
	土家族	12.8		初中	42
	苗族	11.4		高中	10
	其他	7.6		大学及以上	0.2

注:民族中“其他”主要包括回族、满族、彝族、壮族、布依族等;宗教信仰中“其他”主要包括伊斯兰教、基督教等

在6个深度贫困乡镇的调查样本中,均以农业户口被访者为主体(占比为95.65%),在农业户口被访者中,汉族、土家族、苗族、回族等被访者

构成样本主体；在非农户口受访样本中，大部分是土地被占用后户口随之转移为非农业户口，但本人还是偶尔从事农业劳动。具体而言，被访者男性比例低于女性比例，年龄以中老年为主（46岁以上），12个调查点被访者的受教育程度整体相对偏低，接受过高中及其以上教育的仅占10.2%。本次调查中，被访者家庭规模方面约有七成家庭人口数在3~5人，而单人户和双人户的比例则为14.1%，家庭人口数在6人以上的占15.4%，户均人口规模3.6人。被访者2018年年度总收入均值为14188.5元，2018年年度家庭总收入均值为46389.5元。本文使用的数据均只代表被调查地区受访对象情况。

（二）评价维度

社会保障制度效果评价方面，学者们主要利用了满意度调查研究揭示基本养老、基本医疗、社会救助等保障项目的执行效果。胡萍、李丹（2016）把广东省河源的城乡居民基本养老保险制度作为实证研究对象，从制度覆盖率、公开率、协调率、保障率四个角度进行满意度评价，结果显示公平率和保障率方面表现良好，提出应当构建满意度测评体系，加强对城乡居民基本养老保险制度的绩效评价。[①]李婷婷、黄宵（2017）主要从满意度评价角度出发，通过问卷调查和访谈结果得出城乡居民对养老保险制度的满意度评价，提出了基础养老金数额是关键因素，要加强基金管理和收益分析，进一步提升参保人员满意度。[②]安雅（2020）专门就北京市1000份居民对基本医疗保险制度的评价进行了问卷调查，本次问卷调查主要探讨了居民主观层面对基本医疗保险制度的评价，也全面分析了影响居民对基本医疗保险制度满意度情况的因素。[③]孙静等（2019）考察内蒙古居民对城乡居民基本医疗保险的满意度发现，参保者对城乡居民基本医疗保险满意度较高，满意度与参保者的受教育程度、定点医疗机构的

① 胡萍、李丹：《城乡社会养老保险一体化评价体系的构建及实证研究——以广东省河源市为例》，《社会保障研究》2016第3期。

② 李婷婷、黄宵：《参保居民对城乡居民基本养老保险制度满意度评价研究》，《农村经济与科技》2017年第7期。

③ 安雅：《基本医疗保险制度满意度影响因素与优化路径探讨——基于Logistic模型》，《劳动保障世界》2020年第3期。

远近情况、定点医疗机构的医疗费用水平、定点医疗机构的服务态度、个人缴费水平和医保政策宣传力度呈正相关。[①]于本海等(2019)对上海市城乡居民医保运行情况进行分析,从参保居民、医疗保险经办机构、医疗器械和药品提供方以及医疗服务机构等多主体视角构建了满意度模型。[②]叶慧(2014)通过对18个西南民族扶贫县596户农户关于农村最低生活保障制度实施状况的调查,结果显示仅有46.7%的农户感觉满意。存在的问题依次是,低保户产生程序不合理,政府补贴太少,低保户名额太少。建议严格执行低保户产生程序,实施分档补助方式,扩大补助标准,建立多元化的筹资机制,整合农村低保和扶贫开发政策。[③]陈仙歌(2014)对重庆市残疾人救助满意度进行了调查研究,结果发现青年残疾人总体生活满意度不高,相对于其他四个年龄组总体生活满意度最低并且出现显著性差距。青年残疾人同其他四个年龄组一样,健康满意度最低,家庭生活满意度较高,这说明残疾人的救助重点仍以康复需求为主,家庭是残疾人获得物质帮助与情感支持的重要渠道;青年残疾人成长性需求强烈,青年残疾人的职业满意度较低,学习满意度显著低于其他群体。[④]

社会保障是民生安全网、社会稳定器,关系国家长治久安和人民生活幸福。党的十九大报告中指出:"按照兜底线、织密网、建机制的要求,全面建成覆盖全民、城乡统筹、权责清晰、保障适度、可持续的多层次社会保障体系。"深度贫困地区社会保障反贫困路径应着眼于提高社会保障服务质量,应与经济社会发展水平相适应,应主要从社会保障的充足性、便捷性、持续性、均衡性等方面提高服务质量,增强反贫效果。因此,课题组立足以上四个方面建立重庆市深度贫困乡镇社会保障反贫效果的评价维度:

---

① 孙静、薛清元、范艳存:《内蒙古自治区城乡居民基本医疗保险满意度评价》,《中国农村卫生事业管理》2019年第11期。

② 于本海、金婷婷、沈佳、吴恒亮:《城乡居民基本医疗保险满意度及影响因素研究——以上海市为例》,《价格理论与实践》2019年第7期。

③ 叶慧:《农村最低生活保障制度满意度调查——以西南民族扶贫县596户农户为例》,《中南民族大学学报(人文社会科学版)》2014年第1期。

④ 陈仙歌:《以自助为导向的青年残疾人社会救助体系研究——基于生活满意度实证研究》,《社会福利》(理论版)2014年第1期。

(1)社会保障服务充足性

充足性是指某项社会保障具体项目能否充分保证深度贫困人员的基本生活需要,如养老、医疗等,体现的是社会保障制度的兜底保障和适度保障原则。社会保障充足性的直接体现是各类保障资源的数量水平,背后则需依靠政府财政投入和社会多方参与,资金、人才、技术、信息等各类要素充分投入是满足深度贫困乡镇居民社会保障服务的前提保障。对充足性的评价应包括各类社会保障项目投入效果满意度,具体是指养老保险、医疗保险和最低生活保障的制度给付水平能否满足居民基本生活需要。

(2)社会保障服务便捷性

便捷性主要反映居民获取各项基本保障服务的可及性与便利性,即居民能否以较低的成本获取较多的服务。推行社会保障服务便捷化,为群众提供优质高效便捷的养老、医疗等社会服务,不仅是政府加快转变政府职能,推进简政放权、放管结合、优化服务改革的重要内容,也是降低社会保障制度参与门槛、增加保障公平性的重要手段。对深度贫困乡镇社会保障服务便捷性的评价应包括居民参加和享受基本养老、医疗和最低生活保障的渠道多元、方式灵活、服务快捷可达等内容。

(3)社会保障服务持续性

持续性主要反映社会保障各项制度能否长期帮助深度贫困人口解决基本保障问题,涉及社会保障制度投入的持续性和保障水平的相对稳定性。从本质上讲,社会保障制度发展需要依赖各种资源,持续性则是针对社会保障资源代内分配和代际分配的平衡问题。从供给维度上看,社会保障制度可持续的重点在于有足量资源的持续投入和合理分配利用。从需求维度上看则是深度贫困乡镇居民对基本养老保险、基本医疗保险、最低生活保障制度发展水平的变化历程评价和长期稳定预期。

(4)社会保障服务均衡性

均衡性主要反映社会保障各项制度安排在不同人群之间、地区之间的差别程度。社会保障制度均衡性是公平性的重要基础,反映出深度贫困乡镇居民平等享有各项社会保障福利的情况,推进社会保障均衡发展,着力提升深度贫困乡镇的基本养老、医疗、低保、救助等服务质量,努力实现深度贫困人口应保尽保、兜住兜牢，是解决社会保障制度在不同地区、不同行业、不同人群之间发展失衡的深层次矛盾的重要途径。对社会保障均衡性的评价应包括深度贫困乡镇地区居民内部的保障差别以及深度贫困地区和其他地区保障差别等方面的内容。

（三）调查结果

根据研究目的，课题组选取的社会保障项目主要包括城乡居民基本养老保险制度（包含新农保）、城乡居民基本医疗保险制度（包含新农合）、城乡居民最低生活保障制度。运用调查数据统计分析各项措施执行情况以及居民对于社会保障反贫困效果的评价情况。

1.城乡居民基本养老保险

（1）参保情况

数据显示，调查的深度贫困乡镇中60岁以下的被访者中，参加城乡居民基本养老保险（含新农保）的比例为32.3%，未参加比例未67.7%；60岁及以上被访者参加过城乡居民基本养老保险的比例为16.4%，未参加过的比例为83.6%。所有被访者均表示没有参加商业养老保险。在60岁及以上的参保人群中，期缴人员比例大约为25%，趸缴人员比例大约为75%。如图4-1所示：

图4-1　深度贫困乡镇城乡居民基本养老保险参保情况

（2）缴费档次及年限

2019年起，重庆市人力社保局将城乡居民基本养老保险划分为十三个档次，每年缴费标准分别是一档100元、二档200元、三档300元、四档

400元、五档500元、六档600元、七档700元、八档800元、九档900元、十档1000元、十一档1500元、十二档2000元、十三档3000元。居民可在十三个年缴费档次中自愿选择缴费标准。课题组调查显示,重庆市深度贫困乡镇参加城乡居民基本养老保险人员有84.50%选择了每年100元的最低缴费档次,有13.6%的人员选择每年200元缴费档次,仅有1.9%的人员选择更高缴费档次。老年参保人员,可以选择不缴费,也可以选择缴费,有条件且自愿选择缴费的,可在40元、60元、90元三个缴费档次中自愿选择标准并进行一次性趸缴申报。在60岁及以上的参保人员中,大约有75%的人员选择了期缴最低档,23.5%的人员选择了趸缴最低档,仅有1.5%的人员选择了其他档次。如图4-2所示:

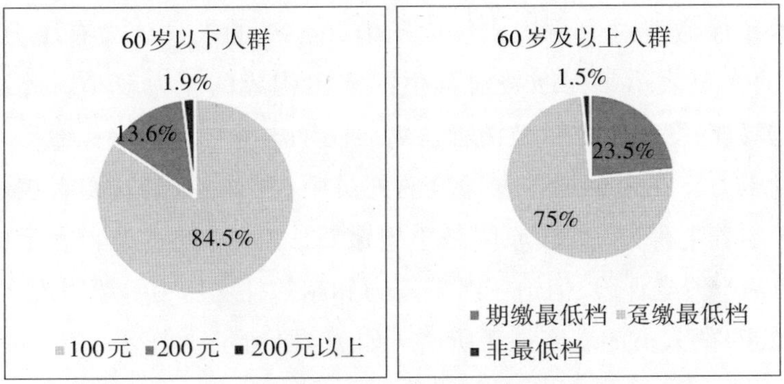

图4-2 深度贫困乡镇参保居民缴费档次

调查显示,样本地区60岁以下参保居民中大约45%的人员缴费未满5年,大约45%的人员缴费年限为5至10年,8%的人员缴费年限在11至15年,仅有2%的人员缴费已经年满15年。在60岁及以上的参保人群中,趸缴60个月的人员占比为66%,超过60个月的人员占比为34%。如图4-3所示:

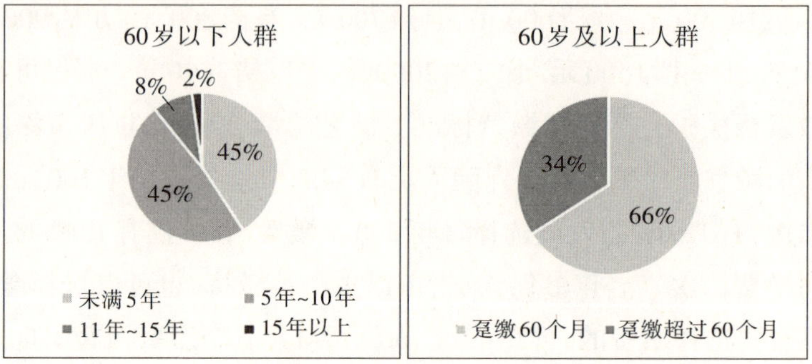

图4-3 深度贫困乡镇参保居民缴费年限

(3)缴费压力及意愿

调查数据显示,在深度贫困乡镇参加养老保险的人员中,32.6%的人员表示参保缴费对生活构成较大压力,54.9%的人员认为有压力,仅有12.5%的人员表示参保缴费对其生活支出构成的压力较小。此结果表明,大多数深度贫困乡镇被访者认为居民基本养老保险参保缴费对其生活构成压力。在未参加养老保险的人员中,有48.6%的被访者表示不愿参加基本养老保险,直接原因是不想缴费。38.6%的被访者表示愿意缴费参加基本养老保险,但迫于缴费压力和超龄补交压力等原因没有参加,还有12.8%的人员的态度是无所谓。如图4-4所示:

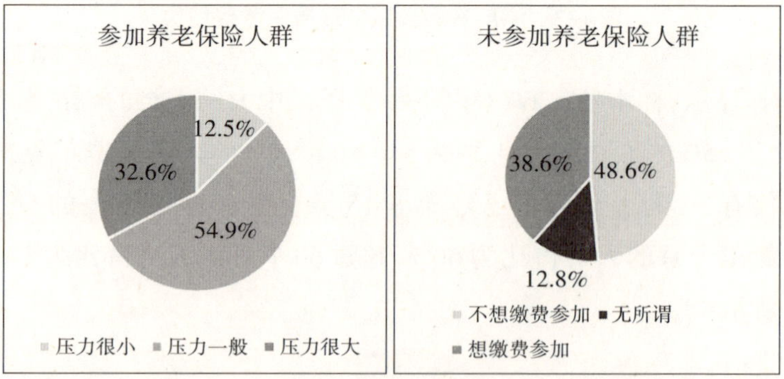

图4-4 深度贫困乡镇居民缴费压力及缴费意愿

(4)养老金待遇及预期

在参保人员中,领取养老金人群对养老金满意度评价不一,19.5%的人很不满意,38.6%的人比较不满意,24.5%的人比较满意,17.4%的人非常满意,因此不满意的比例为58.1%,满意的比例为41.9%。参保但还未领取养老金人群绝大多数(92.8%)都表示对自己未来能够领取多少养老金并不清楚,尤其是对养老金计算公式及其应用方法表示陌生,对缴费年限、缴费标准、个人账户等概念难以学习接受,对于政府发的养老金,都抱着能拿多少算多少的态度。如图4-5所示:

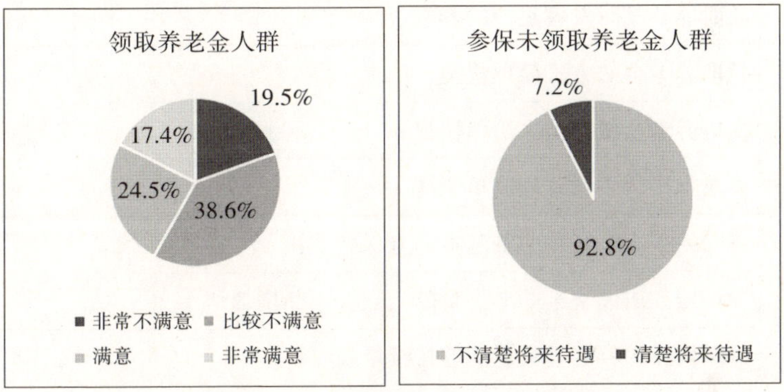

图4-5　深度贫困乡镇居民养老金待遇及其预期

(5)城乡居民基本养老保险满意度评价

课题组使用《李克特五点量表》对城乡居民基本养老保险制度实施效果进行测量,具体是从基本养老服务的充足性、便捷性、持续性、均衡性四个方面反映当地居民对制度的满意度水平。问题采用《李克特五点量表》统计,即1代表非常不满意,2代表比较不满意,3代表一般,4代表比较满意,5代表非常满意。为避免模糊答案、简化分析,后文将选择"一般"视为满意或同意的结果。

表4-6　城乡居民基本养老保险满意度调查量表

城乡居民基本养老保险满意度		态度
充足性	已经发放或将要发放的养老金数量能够支撑您的基本生活开销	
	您对已经发放或将要发放的养老金替代率非常满意	
	您认为本镇的公共养老服务(如养老院、敬老院等)的数量充足	
	养老金增长幅度比物价上涨速度更高	
便捷性	您清楚地知道城乡居民基本养老保险参保程序	
	参加城乡居民基本养老保险流程方便快捷	
	政府能够及时发放足额的养老金	
	领取养老金的方式简单快捷	
	变更养老金缴费档次简单快捷	
	养老金接续手续办理简单快捷	
持续性	自己或家人能坚持缴纳基本养老保险费用	
	参加城乡居民基本养老保险的人数会不断增加	
	每年发放的养老金数量能够持续增长	
	政府发放的养老金替代率水平能保持增长	
均衡性	同意履行城乡居民养老保险的缴费义务	
	同意减免贫困户养老保险缴费义务	
	与缴费数量相比,您领取的养老金数量合理	
	与缴费数量相比,重庆市城乡居民养老保险待遇差距合理	

注:养老金替代率是指劳动者退休时的养老金领取水平与退休前工资收入水平之间的比率,它是衡量劳动者退休前后生活保障水平差异的基本指标之一

课题组对深度贫困乡镇城乡居民基本养老保险满意度调查结果分析如下:

①充足性

贫困户对于基本养老保险的充足性评价满意的比例为54.6%,不满意的比例为45.4%;非贫困户对于基本养老保险的充足性评价满意的比例为52.8%,不满意的比例为47.2%。总体看来,深度贫困地区大部分居

民对基本养老保险充足性表现出满意态度,进一步的原因调查显示:

贫困户满意的原因是:第一,贫困户参加基本养老保险缴费由政府补助(即政府针对贫困户参加基本养老保险给予每人100元补助,金额等于参加最低档次基本养老保险费用),对此他们表示满意;第二,虽然每年发放的基础养老金的数量有限,但相对于贫困户的总体收入而言还是占据一定比例。

非贫困户对基本养老保险充足性的满意度要低于贫困户。在对不满意的居民走访中发现,他们不满的原因主要有以下三点:第一,大部分非贫困户参加基本养老保险年限、缴费标准都较低,因此对未来领取养老金的水平处于一个较低的预期;第二,非贫困户本人虽然在60岁以后名义上退休,实际上他们并未停止农作或打工,因此未将养老金视作今后主要收入来源;第三,非贫困户大多都有子女或亲属在外地打工,他们期待的赡养方式主要是家庭供养,养老金仅被视为一个补充。

表4-7　城乡居民基本养老保险充足性满意度评价

充足性	非常不满意	比较不满意	比较满意	非常满意
贫困户	19.9%	25.5%	44.5%	10.1%
非贫困户	13.8%	33.4%	47.6%	5.2%

②便捷性

贫困户和非贫困户对于养老保险便捷性评价基本一致,总体看来超过八成的居民均对基本养老保险便捷性表示满意。在参保方面,农村居民可在户口所在地参加城乡居民养老保险,带上身份证明材料到所在乡镇社保所办理;针对常年在外务工的农村居民,部分地区在实际操作中可由亲属代为填写申请表进行办理。在缴费方面,非贫困户仅须办理参保手续后本人每年元月底前将缴费金额存入注册的银行卡即可。建档立卡贫困户则由当地民政部门按照最低标准代为缴纳。在养老金发放方面,当地政府均组织办理了养老金专门银行账户和银行卡(存折),符合条件者每月可以按期在银行领取养老金。

表4-8　城乡居民基本养老保险便捷性满意度评价

便捷性	非常不满意	比较不满意	比较满意	非常满意
贫困户	4.5%	11.6%	52.6%	31.3%
非贫困户	5.2%	13.4%	51.3%	30.1%

③持续性

调查数据显示，深度贫困地区老百姓对居民基本养老保险的持续性满意度评价不一。贫困户居民中有超过八成者（比较满意占49.3%，非常满意占35.5%）认为养老保险的持续性较好，即他们认为今后所领取的养老金能够有效帮助其缓解贫困状况；不满意者只占到15%左右。原因在于：一是贫困户对政府养老政策的延续性认可度较高，并且认为养老政策只会越来越好，越来越有利于他们的生活；二是贫困户对政府发放养老金的依赖程度较高，基本无其他可替代的养老方式选择。

对于非贫困户而言，不满意的比例很大，占38.1%（非常不满意占14.5%，比较不满意占23.6%），这部分非贫困户认为未来领取的养老金不能帮助他们预防贫困的发生。原因在于：非贫困户中未参加养老保险的人对未来能够领取到多少基础养老金不抱希望，参保者也多是按照最低标准参保且年限较短，自己并不清楚未来能够领取多少养老金，并且非贫困户本身的生活水平预期较高且有子女供养等养老方式可供选择，因此普遍认为未来领取的养老金相对主要生活收入来源而言是微不足道，只是一种聊胜于无的感受。

表4-9　城乡居民基本养老保险持续性满意度评价

持续性	非常不满意	比较不满意	比较满意	非常满意
贫困户	3.6%	11.8%	49.3%	35.3%
非贫困户	14.5%	23.6%	41.2%	20.7%

④均衡性

调查数据显示，深度贫困乡镇的贫困户超过九成（比较满意53.6%，非常满意37.2%）对养老保险的均衡性表示满意，即横向比较来看，贫困户认为自己公平或比较公平地享受（领取）了基本养老待遇（金）。对非贫困户的调查结果显示：超过半数的人（55.7%）认为基本养老保险均衡性较差。主要原因有二：其一是部分贫困户不缴纳养老保险费用而参保的情况，究其根源在于非贫困户认为当地政府在评选贫困户的时候有失公允，导致部分生活不算贫困的家庭享受到了贫困户待遇；其二是部分非贫困户认为城乡居民基本养老保险和职工医疗保险之间存在较大差距，尤其是进城务工人员反映城镇职工退休金多达数千元，而农村居民养老金仅几百或一千元左右，二者相差甚大，农村居民心理产生强烈落差。

表4-10　城乡居民基本养老保险均衡性满意度评价

均衡性	非常不满意	比较不满意	比较满意	非常满意
贫困户	2.4%	6.8%	53.6%	37.2%
非贫困户	18.2%	37.5%	40.3%	4.0%

2. 城乡居民合作医疗保险

（1）参保情况

数据显示，调查的深度贫困乡镇中绝大部分居民都已参加城乡居民合作医疗保险，比例高达99.7%，可以说基本实现了保险范围全覆盖。2018年重庆市居民合作医疗保险参保缴费标准分为两个档次，一档为每人每年180元，二档为每人每年450元。2019年城乡居民合作医疗保险两档缴费调整为：一档每人每年220元，二档为每人每年550元。2020年调整为一档每人每年250元，二档每人每年625元。调查显示，深度贫困地区居民参加合作医疗保险的缴费档次比较低，有88%的居民都选择了一档缴费标准，只有12%的居民选择二挡缴费标准。极个别未参保居民认为医疗保险没有任何作用，原因是小病不用看，大病"农村看不好、城里看不起"，因此抱着侥幸心理没有参保。

在参加合作医疗保险的居民中，有4.2%的居民参保缴费享受了全额政府补贴，他们主要是参加一档缴费并被当地政府认定的重点救助对象，包括最低生活保障家庭成员、特困供养人员(含城市“三无”人员和农村五保对象、城乡孤儿和事实无人抚养困境儿童)。另外,还有12.6%的参保者享受了部分政府补贴,他们主要是当地政府认定的低收入救助对象、因病致贫家庭、重病患者和其他符合重庆市医疗救助条件的居民。如图4-6所示:

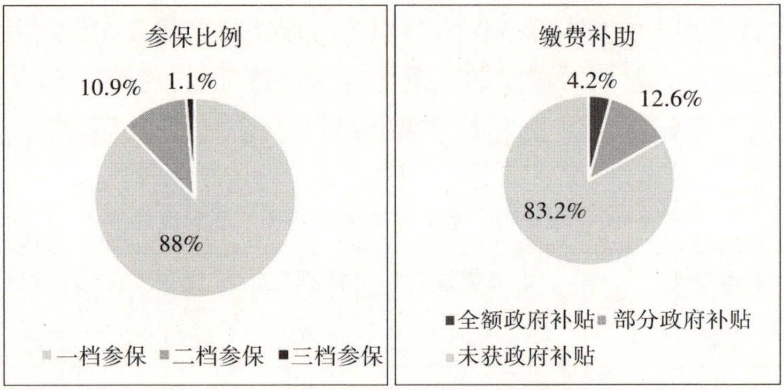

图4-6　深度贫困乡镇参保居民缴费档次

(2)医疗费用报销

重庆市城乡居民合作医疗保险制度规定了参保人员普通门诊定额包干是每人每年80元,因此本文重点调查的是深度贫困乡镇参保人员住院报销的情况。不论是一档还是二档,住院报销起付线均为100元(一级及以下定点医疗机构)、200元(二级定点医疗机构)和300元(三级定点医疗机构)。但是两个档次报销比例不同,一档是40%~80%,二档是45%~85%。贫困户报销比例上浮5%。被纳入医疗救助对象的人员在当地二级定点医疗机构就医,住院费用基本医保报销比例提高10个百分点,住院报销起付线降低50%。

数据显示,深度贫困乡镇参保人员中,一档参保报销比例大部分集中在21%~60%,其中接近半数的报销比例在21%~40%,有三成报销比例在41%~60%,报销比例低于20%的约占一成,报销比例高于60%的也约占一成。二档参保报销比例同样大部分集中在21%~60%,但报销比例高于60%的约占两成,二档参保居民报销比例总体高于一档参保居民。(如图

4-7所示)在参保报销人群中,还有少数深度贫困家庭看病治疗享受了全额报销。由此看出,近年来深度贫困地区基本医疗保险不仅实现了全覆盖,政府还对生活重度困难群体实施了重点医疗救助,对防止该部分群众因病致贫或因病返贫起到了积极作用。同时调查还发现,深度贫困乡镇居民住院报销人次结构中,到二级、三级医院就医报销人次占比较大,在一级及以下当地医疗机构住院就诊比例不高,一方面反映出他们"不愿花钱治疗小病"的心态,另一方面折射出他们对高质量医疗服务的迫切需求。

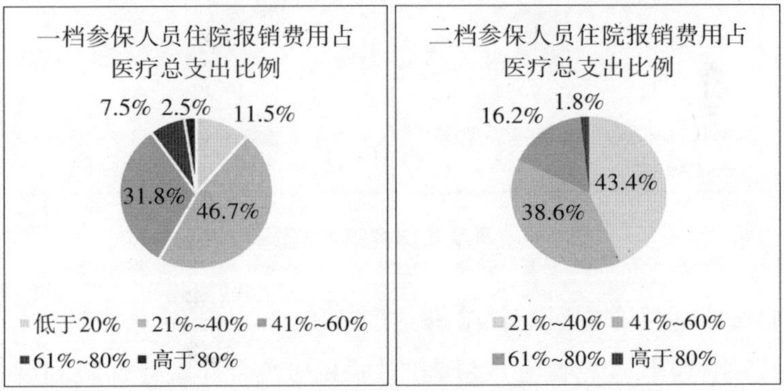

图4-7　深度贫困乡镇参保报销人次比例

(3)家庭医疗负担情况

深度贫困乡镇家庭医疗负担中家庭年医疗费用支出占家庭年收入的比重,反映了家庭面临因病致贫的风险。在发达国家,如果一次性医疗负担超过10%,该次就医费用就被视为灾难性卫生支出。世界卫生组织推荐把医疗支出占家庭非食品支出的40%作为灾难性医疗支出(CATA)界定标准。①本文将家庭医疗负担界定为:某家庭全年医疗费用支出与该家庭全年所有生活消费支出之比,用以反映家庭医疗消费占比情况。调查显示,重庆市深度贫困乡镇中,只有3.4%的贫困家庭医疗负担小于或等于10%,有51.2%的家庭医疗负担在40%以上。非贫困家庭中仅有2.2%医疗负担超过40%,约一半的家庭医疗负担小于10%。可以看出,深度贫

① 宫习飞、于保荣、孟庆跃、严非:《新型农村合作医疗对灾难性卫生支出的影响研究》,《卫生经济研究》2009年第9期。

困地区贫困户普遍面临灾难性医疗支出问题,而该地区非贫困户面临这样的风险概率则小很多。这突显出大病保险对于分散贫困家庭医疗支出风险的突出重要性。如图4-8所示:

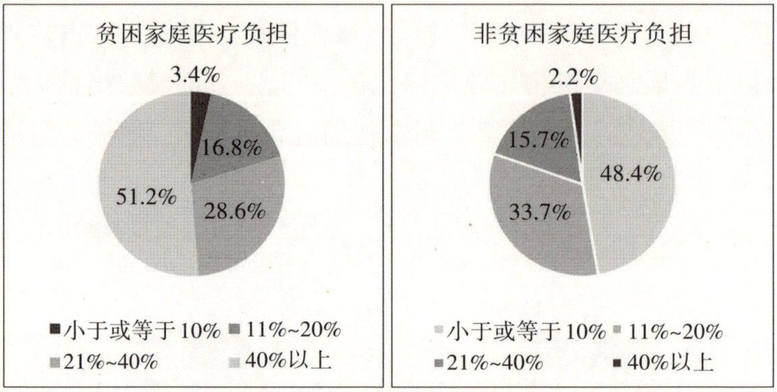

图4-8 深度贫困乡镇家庭医疗负担

(4)城乡居民合作医疗保险满意度评价

课题组使用《李克特五点量表》对城乡居民合作医疗保险制度实施效果进行测量,具体是从基本医疗服务的充足性、便捷性、持续性、均衡性四个方面反映当地居民对制度的满意度水平。问题采用《李克特五点量表》统计,计分方式和含义与前文一致。

表4-11 城乡居民合作医疗保险满意度调查量表

城乡居民合作医疗保险满意度		态度
充足性	您对本镇的医疗机构服务质量满意	
	您对本区县的医疗机构服务质量满意	
	您对重庆市主城区医疗机构服务质量满意	
	您对到本乡镇医疗机构住院报销比例满意	
	您对到本区县医疗机构住院报销比例满意	
	您对到重庆市主城区医疗机构住院报销比例满意	

续表

城乡居民合作医疗保险满意度		态度
便捷性	您清楚地知道参加医疗保险的程序和手续	
	您认为办理医疗保险的手续简单便捷	
	您认为更改医疗保险参保档次的手续简单便捷	
	您到本乡镇医疗机构住院报销手续简单便捷	
	您到本区县医疗机构住院报销手续简单便捷	
	您到异地就医住院报销手续简单便捷	
持续性	自己或家人能坚持缴纳城乡合作医疗保险费用	
	参加城乡居民合作医疗保险的人数会不断增加	
	到本乡镇医疗机构医疗费用报销比例能够持续增长	
	到本区县医疗机构医疗费用报销比例能够持续增长	
	异地就医费用报销比例能够持续增长	
均衡性	同意履行合作医疗保险的缴费义务	
	同意减免贫困户合作医疗保险缴费义务	
	与缴费数量相比，您的就医费用报销比例合理	
	您与重庆市城市居民享受合作医疗保险待遇一致	

课题组对深度贫困乡镇城乡居民合作医疗保险满意度调查结果分析如下：

①充足性

调查显示，深度贫困乡镇居民对合作医疗保险满意度总体较高，贫困户中有81.6%的居民对该制度比较满意或非常满意，非贫困户中有62.8%的居民对该制度比较满意或非常满意。贫困户对合作医疗保险制度充足性的满意度明显高于非贫困户。

表4-12　城乡居民合作医疗保险充足性满意度评价

充足性	非常不满意	比较不满意	比较满意	非常满意
贫困户	6.9%	11.5%	54.5%	27.1%
非贫困户	13.8%	23.4%	47.6%	15.2%

贫困居民表示合作医疗保险大大减轻了看病负担，一方面是政府为最低生活保障家庭成员、特困供养人员（含城市“三无”人员和农村五保对象、城乡孤儿和事实无人抚养困境儿童）购买了居民医保（一档）；另一方面，医保扶贫对象在区域内区县级医院就医，住院费用基本医保报销比例提高10个百分点，降低了基本医保住院报销“门槛费”，降低了大病报销起付线，甚至全额补助个别贫困家庭重大疾病患者的治疗费用。重庆市近年来出台的这些医疗贫困救助政策，切实帮助深度贫困群众减轻医疗负担，降低了困难家庭“因病致贫”的风险。在非贫困户中，有13.8%的居民对合作医疗保险充足性表示非常不满意，有23.4%的居民表示比较不满意。

居民认为合作医疗保险充足性不足主要体现在以下三个方面：

一是罹患重大疾病居民的医疗需求与当地滞后的医疗服务供给之间的矛盾。农村居民通常是“小病靠撑，大病进城”，这一方面与农村居民健康理念和生活习惯相关，另一方面反映出农村居民对当地乡镇乃至县级医疗机构在处理恶性肿瘤、急性心梗、脑中风后遗症、重大器官移植等重大疾病上的条件或能力缺乏信任。调查显示，在对充足性填写非常不满意和比较不满意的群众中，超过80%的人对当地一级或二级医疗机构治疗癌症、中风等重大疾病表现出不信任；超过90%的人表示如果罹患重大疾病，希望到三级医疗机构治疗。

二是重大疾病医保报销水平和居民医疗支付能力之间的矛盾。经过2019年政策调整，重庆市大病保险起付线标准从原来的17067元降低到13193元，降低了约22.7%（3874元），而且报销标准由原来的二段累进补偿[起付标准至20万元（含）以内报销50%，20万元以上报销60%]统一提高到起付标准以上报销60%，但常见重大疾病动辄几万元到几十万的治疗费用还是会让他们的生活陷入困境。以中国保险行业协会估计的大病合规自付医疗费用平均25万元为例(见表4-13),政策调整前报销金额为12.15万,调整后为14.22万,虽然能多报销2万元,但对于深度贫困地区家庭平均收入和支付能力而言,报销后十万元以上的自付费用依然让他们难以承受(深度贫困乡镇样本地区调查年人均收入8345元,户均人口3.6人,户均收入30042元)。

三是对于治疗费用中的自费部分表示质疑。个别居民反映在住院就医过程中自费药比例较大,导致总医疗费用较高,即便是在政府不断提高报销比例的情况下,总费用的高企造成了总报销比例依然较低,自己承担的部分过大。尤其是治疗重大疾病,动辄数万元甚至数十万的医疗费用中将近三到四成的自费不能进入报销范围,造成了无论在当地或异地就医,无论是在哪一级医院就医,都与医保政策宣传的报销比例相去甚远,由此降低了合作医疗保险制度的吸引力。

表4-13 重庆市2019年医保政策调整前后报销比例及金额对比

	低于20万部分报销	高于20万部分报销	合计报销	自付费用
政策调整前	(20-1.7)×0.5=9.15万	(25-20)×0.6=3万	12.15万	12.85万
政策调整后	(20-1.3)×0.6=11.22万	(25-20)×0.6=3万	14.22万	10.78万

②便捷性

贫困户和非贫困户对于合作医疗保险便捷性评价基本一致,总体看来超过七成的居民均对其便捷性表示满意。在参保方面,与基本养老保险类似,农村居民可在户口所在地参加城乡居民合作医疗保险,带上身份证明材料到所在乡镇社保所办理;针对常年在外务工的农村居民,部分地区在实际操作中可由亲属代为填写申请表进行办理。

在报销方面,门诊凭发票、处方,住院凭发票、处方、加盖医疗机构印章的住院病历首页复印件、住院费用清单即可报销。深度贫困乡镇都有当地的医保定点药店,所在区县也有一级、二级、三级医保定点医院。老百姓表示,平时一般疾病能在县城内解决,小病就在乡镇买药解决,使用医保卡支付和报销很方便。

随着异地就医全国联网工作的展开，农村外出务工人员异地就医结算更加方便，以前重庆人到外地看病，需要自己先垫付，然后凭票据到参保地的社保部门办理报销，如果哪个单子忘记带了，还要多跑一次，而现在重庆作为医保跨省异地就医全国联网结算平台首批上线运行省市之一，2017年2月就有首批医院正式接入国家平台运行，目前已有数十家三甲医院接入，同时每年有数以千例的重庆外出务工人员享受到异地就医结算的便利。

表4-14　城乡居民合作医疗保险便捷性满意度评价

便捷性	非常不满意	比较不满意	比较满意	非常满意
贫困户	2.4%	22.7%	46.6%	28.3%
非贫困户	2.3%	26.3%	40.1%	31.3%

③持续性

数据显示深度贫困乡镇被访居民对合作医疗保险制度持续性的评价总体较高，均超过80%。不过贫困户中表示非常不满意和比较不满意的比例略高于非贫困户。满意的原因有以下几点：

第一，居民可带病投保居民合作医疗保险。投保商业医疗险有一定门槛，对于健康异常居民并不容易。与商业医疗保险不同，居民合作医疗保险制度具有很强的公共品属性，就算是患了癌症也是可以投保的，而且投保前就有的既往症，也可以按规则报销。第二，合作医疗保险制度能够保证续保。绝大多数商业医疗保险是不能保证续保的，保险公司会根据大众健康环境变化和参保者个体健康风险评估给出续保的苛刻条件，如果发现风险过高就不会为参保者续保。居民合作医疗保险则可以每年续保，只要居民按时缴纳医保费用，就可以一直投保。第三，合作医疗保险的保障水平稳步提高。重庆市居民医保财政补贴从2015年每人每年380元增加到2019年每人每年520元。与此同时，合作医疗保障水平不断提高。2017年，重庆市将12类大病医疗保险病种纳入医保救助范围。2018年重庆市将农村贫困人口大病专项救治范围扩大到21种，大病报销比例也提升至80%以上。重庆市还计划到2019年将救治病种扩大到25种，到

2020年达到30种，力争农村贫困人口大病救治和兜底保障制度基本建立。

不满的理由包括如下几点：

一是深度贫困乡镇被访居民反映医保个人缴费增长较快，可能削弱未来参保意愿。数据显示，2015至2019年，重庆市居民医保个人缴费一档从80元上升到220元，二档从200元上升到550元，上涨了175%，缴费金额年均上涨约44%。按照三口之家计算，农村居民一年参保费用将在660元至1650元，对于一年到头仅花几十元买药的大部分农村居民而言，保费显得高昂。二是贫困户不确定政府是否会一直出台补贴政策让他们免费享受居民合作医疗保险，而且还有不少贫困户担心一旦自己家的贫困帽子摘掉以后就会损失这样一笔福利。他们可能习惯了由政府替他们缴纳医保费用，当摆脱贫困后，“自己承担医保缴费”这种正常履责却被他们视为自己经济利益的一种损失。

表4-15　城乡居民合作医疗保险持续性满意度评价

持续性	非常不满意	比较不满意	比较满意	非常满意
贫困户	16.8%	26.6%	30.5%	26.1%
非贫困户	4.4%	11.7%	51.3%	32.6%

图4-9　重庆市个人医保缴费与财政补贴发展情况

④均衡性

调查数据显示，深度贫困乡镇被访居民对合作医疗保险制度均衡性的评价总体较高，均超过60%。不过贫困户中表达非常满意和比较满意的比例远高于非贫困户。

调查数据显示，深度贫困乡镇贫困户居民超过八成、非贫困户超过六成对医疗保险的均衡性表示满意，大多数居民认为自己公平或非常公平地享受了合作医疗保险待遇。绝大部分居民表示愿意缴费参保，也有超过半数居民同意政府减免贫困户医保参保费用。

对合作医疗保险均衡性持不满态度的主要原因有以下三点：

第一，受访对象倾向于将居民医保和职工医保制度做粗略比较，简单对比职工医疗保险报销比例较居民医保报销比例平均高出20%，但是他们忽略了两种医疗保险制度缴费上的巨大差距。

第二，受访对象认为就近在一、二级医疗机构就诊确实越来越方便，但是面对重大疾病只能前往城市的三级医院，这会造成诸多麻烦，如住院起付线较高、报销比例较低、交通住宿等方面的成本以及误工成本等，因此对于大病重病的治疗不如城市居民方便。

第三，重庆市城乡之间、地区之间医疗资源分布不均。深度贫困乡镇乃至县城医疗机构技术薄弱，治疗条件和资源有限，很多时候居民得病去当地医院久治不愈不得不转往主城区的大医院就诊，耽误病情之余还会造成更高的经济和时间成本。

表4-16　城乡居民合作医疗保险均衡性满意度评价

均衡性	非常不满意	比较不满意	比较满意	非常满意
贫困户	3.8%	15.4%	51.2%	29.6%
非贫困户	14.4%	18.7%	47.3%	19.6%

3.贫困人口最低生活保障

(1)深度贫困乡镇最低生活保障基本情况

在1070个样本中，享受最低生活保障待遇的有88户，共计229人，其中分布情况如下表所示：

表4-17　样本地区低保发展情况

乡镇名称	行政村名称	低保户数量(户)	享受低保人数(人)
石柱县中益乡	光明村	8	17
	华溪村	4	18
黔江区金溪镇	金溪村	7	20
	岔河村	7	19
丰都县三建乡	红旗寨村	10	20
	绿春坝村	8	22
武隆区后坪乡	中岭村	11	15
	高坪村	6	19
酉阳县车田乡	清明村	9	23
	古树村	5	17
万州区龙驹镇	灯台村	2	21
	梧桐村	11	18

(2)享受低保项目和年限

农村最低生活保障每年申请一次,审批一次。符合低保条件的贫困户能享受低保待遇,当贫困户脱贫之后,收入增长超出了低保认定范围,则应退出低保。调查结果显示,近三年间,重庆市深度贫困乡镇低保户中,超过半数的居民(57.5%)享受低保时间为一年,接近三成(29.8%)的居民享受时间为两年,只有3%的居民连续三年享受了低保。如图4-10所示:

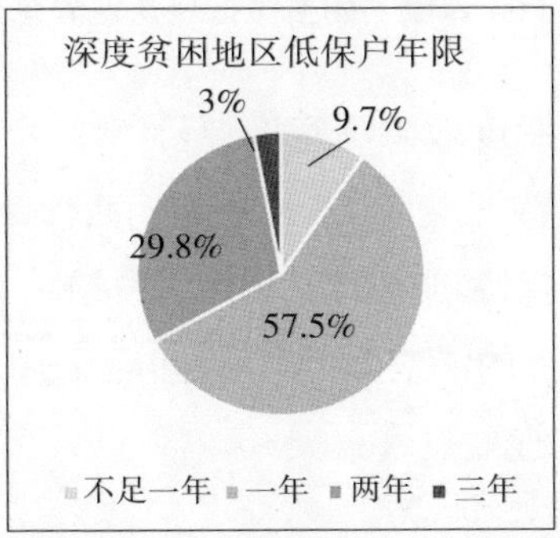

图4-10　深度贫困地区低保户享受低保年限情况调查

(3)低保认定准确性

深度贫困乡镇贫困户由低保户、五保户和一般贫困户组成。五保户相对固定,低保户不仅享受建档立卡贫困户的学生资助全覆盖以及“智力扶贫工程”“危房改造工程”“健康脱贫工程”等扶贫攻坚的“十大工程”,而且与一般贫困户相比又多享受了一份国家定期给付的低保补助金。对于困难群众而言,低保金就是保命钱;对于普通居民来说,低保金这块政府免费发放的“香饽饽”同样具有很强的诱惑力。

调查显示,当地居民对深度贫困乡镇低保认定的准确性存疑。有56%的居民认为当地低保认定存在关系保(人情保),有32%的居民认为存在轮流坐庄的轮流保,有28%的居民认为存在人人有份的平均保,有65%的居民认为存在权力保,还有19%的居民认为存在拆户保。如图4-11所示:

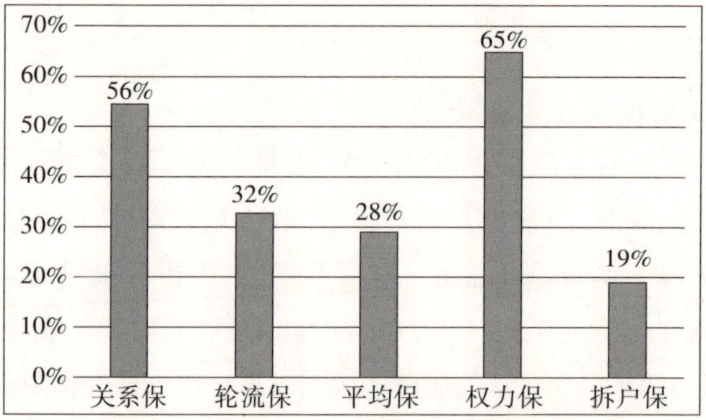

图4-11 深度贫困乡镇低保认定异化形式

(4)最低生活保障制度效果满意度评价

课题组使用《李克特五点量表》对最低生活保障制度实施效果进行测量,具体是从最低生活保障制度的充足性、便捷性、持续性、均衡性四个方面反映当地居民对制度的满意度水平。问题采用《李克特五点量表》统计,计分方式和含义与前文一致。

表4-18 农村最低生活保障满意度调查量表

最低生活保障满意度		态度
充足性	您满意当前农村最低生活保障标准	
	您满意当前农村特困人员的救助供养标准	
	您满意当前农村残疾人的救助标准	
	您满意患有重大疾病人员的救助标准	
	您满意农村低收入家庭老人的救助标准	
	您满意农村低收入家庭学龄前儿童和在校学生的救助标准	
便捷性	您清楚地知道享受农村最低生活保障资格	
	您认为申请农村最低生活保障手续简便	
	您认为农村低保金发放及时	
	您认为农村低保金领取简单便捷	
持续性	您认为农村最低生活保障标准覆盖持续提高	
	您认为农村最低生活保障覆盖对象范围不断扩宽	
	您认为低保金能够持续满足您未来的基本生活需求	
均衡性	您所在的村(社)低保瞄准不存在错保现象	
	您所在的村(社)低保瞄准不存在漏保现象	
	您认为低保政策应该向贫困户倾斜	
	您认为农村低保待遇与城市低保待遇的差距合理	

①充足性

表4-19显示了深度贫困乡镇居民对最低生活保障制度及其配套救助制度安排的满意度。表中数据显示：第一，针对低保户的家庭救助，比较满意和非常满意的比例合计达到65.8%，比较不满意和非常不满意的比例合计为34.2%；第二，针对低收入家庭的个人救助，比较满意和非常满意的比例合计达到73.8%，比较不满意和非常不满意的比例合计为26.2%；第三，在各项具体个人救助制度中，满意度较高的是老人救助、学

生救助和特困人员救助三项，满意比例分别为87.1%、83.2%和83.1%，重大疾病人员救助的满意度最低，仅为42.8%。由此可知，当前重庆市深度贫困地区居民对最低生活保障制度中的个人救助部分更加满意。

表4-19　城乡居民最低生活保障充足性满意度评价

充足性	非常不满意	比较不满意	比较满意	非常满意
家庭最低生活保障救助	9.8%	24.4%	49.5%	16.3%
个人救助	6.7%	19.5%	49.6%	24.2%
特困人员救助	3.2%	13.7%	55.4%	27.7%
残疾人员救助	6.8%	15.1%	46.8%	31.3%
重大疾病人员救助	18.5%	38.7%	30.4%	12.4%
低收入家庭老人救助	2.5%	10.4%	68.3%	18.8%
低收入家庭学生救助	5.2%	11.6%	49.8%	33.4%

根据重庆市统计局、国家统计局重庆调查总队联合发布的《2018年重庆市国民经济和社会发展统计公报》显示，重庆农村居民人均可支配收入13781元，恩格尔系数为34.9%，按此计算2018年的人均食物消费为4800元，每月每人食物消费为400元。实际上，课题组在走访深度贫困乡镇过程中发现，由于当地居民的食物商品化率较低，部分食物消费属于自家生产、自给自足，因此普通居民每月食物消费一般为每人200至400元。按此标准计算，2018年重庆市农村低保标准能够覆盖农村居民日常食物开支，因此大部分居民对低保的充足性表示满意。对低保充足性表示不满的居民，他们内心也感谢党和政府的这项惠民措施，但认为当前低保标准较低，主要原因有二：一是他们家中存在老人患病、小孩上学、家人残疾丧失劳动力或者其他生活方面的长期性开支（尤其是重大疾病或慢性病开支），一个月几百元的低保金杯水车薪；二是他们认为低保金虽解决了吃饭问题，但是当前的就业、交通、通信等各种活动的成本不断升高，低保金无力提供他们后续的发展机会。

②便捷性

当前重庆市农村低保申请的规则是清晰的，2017年《重庆市最低生活保障条件认定办法（修订）》详细列举出重庆市城乡居民申请最低生活保障的具体条件，包括家庭成员、家庭收入、家庭财产、家庭消费支出四个方面。对于文化程度较低的贫困户，村干部一般都主动代为填写低保申请书，申请书中须注明共同生活家庭成员及其月收入、家庭财产调查、家庭月开支情况等。在申请时，一般要求带上户口本上所有家庭成员的收入证明（很重要），有的地方还要带家庭成员的合影和无车证明，有残疾证的带上残疾证，有大病的带上医院开的诊断书，近期住过院的带上出院时的收据（发票）。办理低保从本人书面申请，到民政部门审批，一般需要三个月（民政部门每季度集中办理一次）。

调查显示：深度贫困地区受访居民对申请资格的知晓度较高（比较满意54.2%，非常满意23.9%），表明当地低保政策宣传工作得到有效开展。深度贫困地区受访居民中对农村低保申请材料便捷性的满意度为44%，而比较不满意的比例为33.6%，非常不满意的比例也达到了22.4%。大部分居民认为低保申请手续繁杂，对申请便捷性评价较低。

部分居民不了解农村低保申请要求和办理流程，对于如何申请和领取低保金没有相应的知识和信息，因此对低保便捷性评价较低。也有群众认为，办理低保提供的各种证明材料较多，如需要出具共同生活家庭成员的户口簿、居民身份证、收入状况证明等材料，并根据需要提供失业、求职登记、参加保险、伤残、退休、婚姻状况等证明材料。这在无形之中加大了他们申请低保的时间成本、交通成本等。

表4-20　城乡居民最低生活保障便捷性满意度评价

便捷性	非常不满意	比较不满意	比较满意	非常满意
知晓农村最低生活保障申请资格	6.3%	15.6%	54.2%	23.9%
申请农村最低生活保障手续简便	22.4%	33.6%	29.2%	14.8%
农村低保金发放及时	3.5%	11.5%	65.4%	19.6%
农村低保金领取简单便捷	2.6%	8.6%	48.3%	40.5%

重庆市最低生活保障申请书

__________乡镇人民政府(街道办事处):

我家现居住在________________,家庭生活困难,申请最低生活保障(城市低保、农村低保)。家庭成员、家庭财产、家庭收入等相关情况申报如下:

一、共同生活的家庭成员情况

姓名	户籍性质	与申请人关系	性别	年龄	婚姻状况	健康状况	残疾等级	从事职业及单位	月收入(元)
合计									

说明:"户籍性质"填列城市或农村;"与申请人关系"填列申请人、配偶、父子、母子、兄妹、儿媳、女婿、祖孙等;"婚姻状况"填列已婚、未婚、离异、丧偶;"健康状况"填列健康、多病、重病;"残疾等级"填列残疾证登记的等级;月收入包括工资性收入、基本生活费、养老金、赡(抚、扶)养费等所有收入。

二、家庭财产情况

1.机动车辆、船舶、工程机械○;两套以上住房或门面○;2.大型农机具○;注册公司或企业○;
3.存款及证券、券○;
(说明:有以上情况的在"○"处画"√ ",无则在"○"处画"×"。)

三、家庭月开支情况

1.水费:____元;电费:____元;燃料费:____元。
2.通信费:________元;
3.物业管理费:________元;
4.半年内购买大宗非基本生活必需品支出:____元(物品品名:____________)。

四、与低保工作人员和村(居)委会干部有近亲属关系声明

有近亲属关系的家庭成员	近亲属人员姓名	近亲属人员工作单位及职务	近亲属人员与家庭成员的关系	备注

承诺:1.本人所提供的家庭基本情况和相关证明材料属实,如有虚报、对已领的低保金全部退回,并承担双倍的罚款。
2.本人授权并配合低保管理部门对本人及家庭成员的收入、住房和财产等相关情况进行调查。(后附《重庆市最低生活保障家庭经济状况核查授权书》)

申请人:

年 月 日

重庆市最低生活保障申请审批流程图

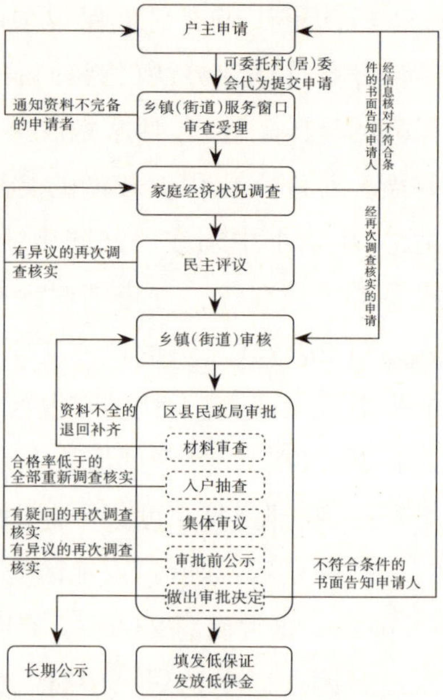

图4-12 重庆市最低生活保障申请表及申请审批流程

③持续性

从调查数据上看,大部分农村居民对于农村低保标准持续上涨呈现乐观态度。无论是低保户还是非低保户居民普遍认为低保标准会随着经济发展和物价上涨等因素不断提高。对于农村低保标准持续提高的满意度达到了74.9%,其中比较满意58.2%,非常满意16.7%。事实上,2015年至2018年,重庆市农村居民低保标准从220元/人增长到410元/人,年均增长率达28%。同期,重庆市农村居民人均月收入从875元增长到1148元,年均增长约10%;人均月消费支出从745元增长到998元,年均增长约10%。

表4-21 城乡居民最低生活保障持续性满意度评价

持续性	非常不满意	比较不满意	比较满意	非常满意
农村低保标准持续提高	5.5%	19.6%	58.2%	16.7%
最低保障对象范围不断扩宽	6.6%	15.4%	52.5%	25.5%
低保金满足未来基本生活	15.5%	30.5%	41.6%	12.4%

对于农村低保金能否满足农村居民未来基本生活需求，有46%的居民持悲观看法，他们认为低保只能维持基本生存，但是除了吃饭穿衣的基本生活需要，低保对象的其他需要主要集中在医疗健康方面。如果把医疗健康需要视为基本生活需要的话，那么对于一部分低保家庭而言，低保金则很难满足其需要。此外，即便低保金在逐年上涨，也难以抵消未来子女教育、老人赡养、住房改造等方面的开支成本。

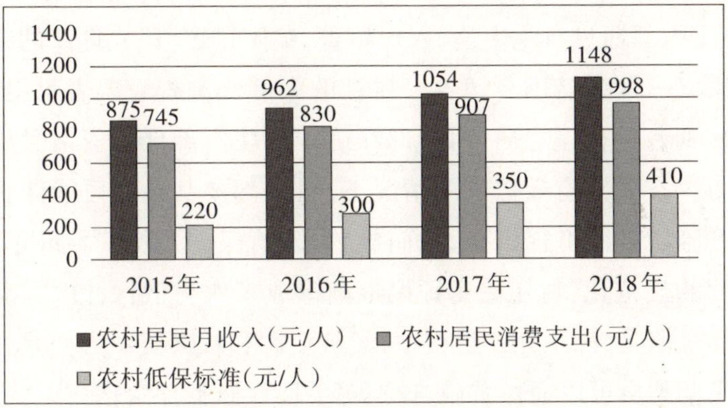

图4-13　2015—2018年重庆市农村居民收入及低保标准

④均衡性

均衡性的评价主要来自两个方面：一是农村社区内部居民是否公正平等地享受了低保制度，主要依靠错保、漏保指标反映；二是农村社区的低保制度与城市社区低保制度之间的水平差距。这种差距不是简单依靠城乡低保金的绝对数量反映，而是要综合考量城乡之间的物价水平、收入水平、生活成本、消费习惯等一系列因素。

表4-22　城乡居民最低生活保障均衡性满意度评价

均衡性	非常不满意	比较不满意	比较满意	非常满意
低保不存在错保漏保现象	31.5%	39.6%	19.2%	9.7%
低保政策应该向贫困户倾斜	8.3%	18.5%	46.4%	26.8%
农村低保水平与城市一致	22.4%	41.2%	20.6%	15.8%

从调查数据上看，大部分农村居民对于农村低保均衡性给出了较低的满意度。在错保、漏保方面，有超过七成的被访者（非常不满意占31.5%，比较不满意占39.6%）认为在当地低保制度执行过程中存在错保和漏保现象。错保，即不应该享受低保的对象错误地享受了低保待遇；漏保，即应该享受低保的对象没有被纳入低保制度待遇范围。

当前，重庆市农村低保名额的确定主要分为两个阶段。第一阶段，上级政府逐层分配低保资金或名额至村庄；第二阶段，低保指标下达至村庄之后，村庄内部通过自主申请、入户核查、贫困排序、民主评议的方式来确定低保家庭。深度贫困乡镇各个村社的大部分调查对象表示：当低保资源被分配到各个村庄之后，村干部在确定村庄内部低保资格时具有很大的影响力。在欠缺有效监管的情况下，村干部及其亲友可能俘获本应该分配给贫困农户的低保资金，从而导致“人情保、关系保”。近年来，随着低保制度的规范化，村庄民主评议逐渐形成了农村低保社区瞄准机制的重要环节。但是，民主评议过程中，经济资源和社会资本方面具有优势地位的村庄精英也可以通过游说、拉票等手段俘获低保资格。

深度贫困乡镇中，超过六成的被访者认为农村低保水平与城市不一致（非常不满意22.4%，比较不满意41.2%），即农村居民享受的最低生活保障水平低于城市居民水平。从制度上看，农村低保标准是根据农村的平均年收入的比例进行测算，城镇低保是按照城镇平均工资的比例测算，所以在不同的地区城乡差别很大。被访者反映，随着近年来农村地区食品商品化率的提高，现在农村生活成本已与城市相差无几，甚至部分商品在农村市场的售卖价格还要高出城市价格，因此城乡之间低保标准不应该有所差别。

事实上，重庆市一直在努力缩小城乡之间低保标准差距。2015年重庆市城市居民低保标准为每人每月420元，农村居民低保标准为每人每月220元，两者相差几近一倍。到2018年，重庆城乡低保标准分别提高到每人每月546元、410元，城乡差距缩小至1∶0.76，未来将逐步实现城乡统筹。如图4-14所示：

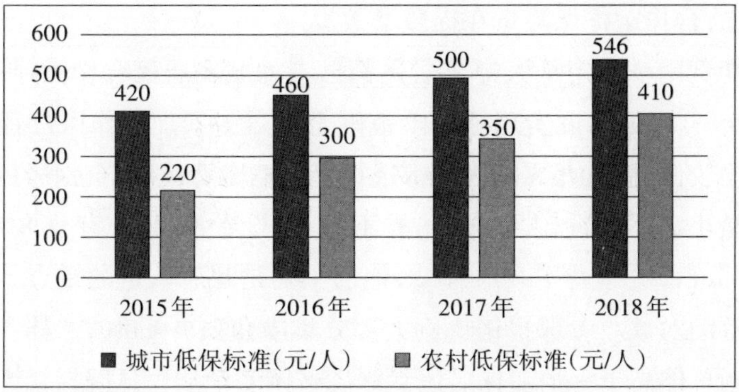

图4-14　2015—2018年重庆市城乡低保标准对比图

四、小结

受地方经济发展水平、财政水平、社保投入水平、居民自身因素等多重影响，深度贫困乡镇社会保障发展较为滞后，社会保障的覆盖水平、保障效果及其稳定性等方面较其他地区还有不小差距，主要矛盾集中在以下三个方面：

其一，基本养老保险亟待扩面升级。

深度贫困乡镇居民参加城乡居民基本养老保险的比例较低，商业养老保险在该地区的发展几乎空白。60岁及以上的居民参保特点：一是参保比例较年轻人更低；二是参保者大多数采用的是趸缴方式；三是居民参保档次普遍较低，八成以上居民都是选择最低档参保。参保年限调查显示，60岁以下居民仅有极少数拥有连续参保缴费记录，多数居民在年满60岁的时候都没有满足缴纳15年保险费用的条件，这就造成了60岁及以上的参保居民75%都是采用的趸缴方式。大多数深度贫困乡镇被访者认为居民基本养老保险参保缴费对其生活构成压力。在未参加养老保险的人员中，有48.6%的被访者表示不愿参加基本养老保险，直接原因是不想缴费。待遇方面，领取养老金人群中，超过半数居民表示对养老金数量不满意，参保但还未领取养老金人群绝大多数(92.8%)都表示对自己未来能够领取多少养老金并不清楚。

其二,合作医疗保险重在提质增效。

深度贫困乡镇中绝大部分居民都已参加城乡居民合作医疗保险,比例高达99.7%,可以说实现了保险范围全覆盖。参加合作医疗保险的缴费档次比较低,接近九成的居民都选择了一档缴费标准,个别居民未参保的理由是小病不用看,大病“农村看不好、城里看不起”。有16.8%的参保居民全部或部分享受了政府补贴,他们主要是政府认定的重点救助对象和临时救助对象。参保报销比例大部分集中在21%~60%,二档参保居民报销比例总体高于一档参保居民。深度贫困乡镇居民住院报销人次结构中,到二级、三级医院就医报销人次占比较大,在一级及以下当地医疗机构住院就诊比例不高,一方面反映出他们“不愿花钱治疗小病”的心态,另一方面折射出深度贫困地区群众对高质量医疗服务的迫切需求和当地滞后的医疗发展水平之间的矛盾。深度贫困地区贫困户普遍面临灾难性医疗支出问题,而该地区非贫困户面临这样的风险概率则小很多。这突显出大病保险对于分散贫困家庭医疗支出风险的突出重要性。

其三,低保脱贫关键在于精准发力。

重庆市深度贫困乡镇居民对当地低保认定的准确性存疑,相当比例的居民反映政府在低保户认定过程中摸底不清、调查不明,导致低保存在人情保、关系保、轮流保、平均保、权力保、拆户保等异化形式,大大降低了低保深度脱贫的精确性和有效性。深度贫困乡镇的农村低保民主评议在当地始终是群众关注的焦点。尽管资格审查、入户核查、张榜公示程序是严格的,村民代表会议无记名投票的方式也是公开的,但是这种方法对家庭观念仍然很浓厚的乡村而言,人口多的家庭无疑占绝对优势,一些小姓家庭和“单门独户”则明显吃亏,造成了“源头不公”。此外,部分村干部优亲厚友,镇干部甚至市、区工作人员还有“打电话”“带口信”“打招呼”等人为干扰的情况,从而使农村低保户评定工作的公平性大打折扣,拉低了扶贫“精准度”。

课题组在对重庆市深度贫困乡镇社会保障质量满意度调查时发现,当地居民对于各项制度的充足性、便捷性、持续性和均衡性评价存在较大差异。从整体上看,深度贫困地区各项社会保障制度的充足性发展较好,贫困户和非贫困户对各种制度安排的保障水平都给予了较高评价;各项社会保障制度的便捷性、持续性和均衡性发展水平存在较大差异,一是表现在贫困户和非贫困户对制度发展水平的差异评价方面,二是表现在具体某项制度内部出现了水平分化情况。

第一,充足水平。

图4-15至4-17显示了重庆市深度贫困乡镇居民对当地城乡居民基本养老保险、城乡居民合作医疗保险和农村最低生活保障制度充足性的满意度评价。从结果上看:

总体看来,重庆市深度贫困乡镇被访对象对农村社会保障各项制度充足性水平评价较高。贫困户居民对医疗保险充足性评价(62.8%)水平高于对养老保险充足性评价水平(52.8%)。在享受低保的居民评价中,针对家庭救助和个人救助的充足性满意度都超过六成,但针对个人救助的满意度水平更高(73.8%)。如图4-15和图4-16所示。

在针对贫困户提供的救助项目中,受访者对老人救助、学生救助和特困救助的评价水平较高,满意度分别达到了87.1%、83.2%和83.1%。而满意度水平最低的是重大疾病救助,满意比例为42.8%,未超过半数。如图4-17所示。

养老保险方面,多数居民对基本养老保险充足性表现出满意态度,不满的原因主要集中在养老金水平难以达到他们的预期。这当中既有基础养老金本身设定水平较低的原因,也有居民自身缴费责任不足、档次不高、年限不够等因素的影响,居民对养老金水平较低的预期也形成了深度贫困地区养老保险制度扩面的主要障碍。

医疗保险方面,贫困户对医疗保险满意最主要的原因是他们能够几乎无偿地享受到医疗服务,而非贫困户认为当地医疗资源匮乏和大病就医、异地就医报销比例过低是造成居民不满医疗保险的主要原因。此外,被访者表示由于治疗过程中常常出现比例较大的自费药和非报销的医疗服务,因此病人就医后实际报销比例与医保政策宣传的效果相去甚远,由此降低了合作医疗保险制度的吸引力。

农村低保方面，专项救助制度缓解了贫困家庭养老、子女上学、就医等压力，因此居民表示出了较高的满意度，但也有部分对社会救助充足性不满意的居民反映，农村低保金仅仅能使人“不饿死”，但对于解决贫困户的精神、健康、劳动技能、社会参与等方面的复杂困境则显得无能为力。

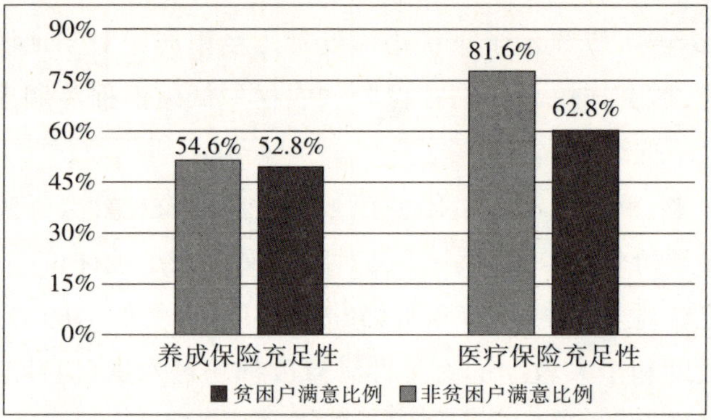

图4-15 深度贫困乡镇城乡居民基本养老保险和合作医疗保险充足性满意度

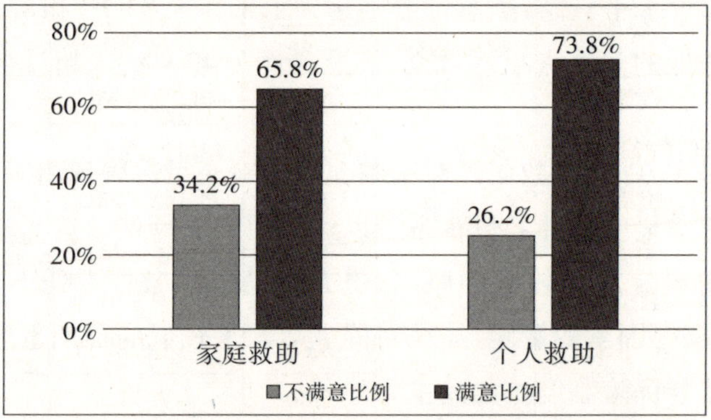

图4-16 深度贫困乡镇农村最低生活保障充足性满意度

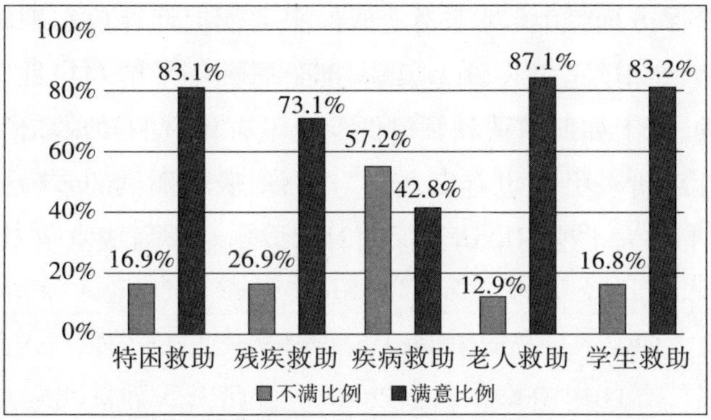

图4-17　深度贫困乡镇居民对个人救助项目满意度评价

第二,便捷水平。

图4-18至4-19显示了重庆市深度贫困乡镇居民对当地城乡居民基本养老保险、城乡居民合作医疗保险和农村最低生活保障制度便捷性的满意度评价。从结果上看:

居民对基本养老保险的便捷性评价水平普遍较高,81.9%的贫困户和81.4%的非贫困户均对养老保险制度的便捷性表示满意;居民对合作医疗保险的便捷性评价水平比较高,有74.9%的贫困户和71.4%的非贫困户均对医疗保险制度的便捷性表示满意;居民对农村最低生活保障的便捷性评价存在较大内部差异,对政策知晓、低保金发放和领取等环节的便捷性评价水平较高,但对低保申请流程便捷性的评价较低。

养老保险方面,除个别居民表示因为自己文化程度不够或身体原因无法便捷享受基本养老保险服务以外,绝大部分居民对于城乡居民基本养老保险的参保手续、缴费流程和养老金领取等方面的满意度均比较高。

医疗保险方面,贫困户和非贫困户对于合作医疗保险便捷性的评价基本一致,总体看来超过七成的居民均对其便捷性表示满意,大部分居民对于城乡居民合作医疗保险的参保、报销、异地就医等服务流程均表示理解和支持,并认为医保制度的改革将越来越方便群众的就医问诊,只有个别居民表示对看病报销手续感到烦琐,尤其是对于异地就医的医保流程陌生或感到不方便。

农村低保方面，居民对于当地低保服务便捷性评价水平较低的直接原因是认为低保申请过程较为烦琐，部分居民不了解农村低保申请要求和办理流程，对于如何申请和领取低保金没有相应的知识和信息，因此对低保便捷性评价较低。也有群众认为，办理低保提供的各种证明材料较多，无形之中加大了他们申请低保的时间成本和交通成本。

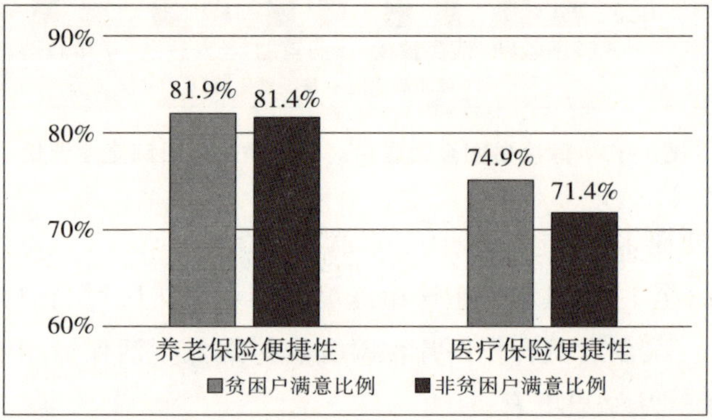

图4-18 深度贫困乡镇城乡居民基本养老保险和合作医疗保险便捷性满意度

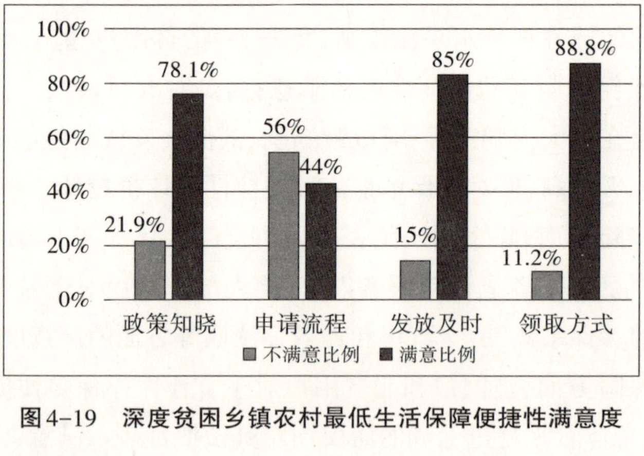

图4-19 深度贫困乡镇农村最低生活保障便捷性满意度

第三，持续水平。

图4-20至4-21显示了重庆市深度贫困乡镇居民对当地城乡居民基本养老保险、城乡居民合作医疗保险和农村最低生活保障制度持续性的满意度评价。从结果上看：

居民对基本养老保险制度和合作医疗保险制度的持续性评价在贫困户和非贫困户中存在较大差异。养老保险方面，贫困户对其持续性的满意度比例达到了84.6%，而非贫困户的满意比例只有61.9%，二者相差约23个百分点。医疗保险方面，贫困户对其持续性的满意度比例为56.6%，而非贫困户的满意比例高达83.9%，二者相差约27个百分点。

被访者对深度贫困乡镇农村最低生活保障制度的持续性评价也存在内部分化，居民对养老金持续增长和低保对象范围不断扩大这两个方面的发展充满信心，满意度分别为74.9%和78%，但是对于未来养老金能否满足自己基本生活需求则不太肯定，仅有54%的居民对此表示满意。

非贫困户对于养老保险持续性评价较低的原因包括：第一，他们当中还有相当比例没有参加城乡居民基本养老保险，即便是非贫困户中的参保人群，由于缴费年限较短、缴费档次较低等因素，所以他们对于未来能领取多少养老金不清楚，也不抱太大希望；第二，非贫困户本身的生活水平预期较高且有子女供养等养老方式可供选择，因此普遍认为未来领取的养老金相对主要生活收入来源而言微不足道，只是一种聊胜于无的感受。

贫困户对医疗保险持续性评价较低的原因包括：第一，深度贫困乡镇被访居民反映医保个人缴费增长较快，贫困户对于政府能否长期为自己购买医疗保险存疑；第二，担心一旦自己家的贫困帽子摘掉以后就会损失这样一笔福利，他们可能习惯了由政府替他们缴纳医保费用，当摆脱贫困后，“自己承担医保缴费”这种正常履责却被他们视为自己经济利益的一种损失。

对于农村低保金能否满足农村居民未来基本生活需求，有46%的居民持悲观看法，他们认为低保确实能够维持其最基本的生存，但是除了吃饭穿衣的基本生活需要，低保家庭还存在各个方面的资金需要，如健康、教育、文化娱乐等。对于享受低保待遇的贫困家庭而言，低保金很难满足其健康生活、全面发展的需要。即便低保金在逐年上涨，但是也难以抵消未来的子女教育、老人赡养、住房改造等方面的开支成本。可以说，深度贫困居民对未来生活成本高企的预期大大降低了他们对最低生活保障制度持续性满意度的评价水平。

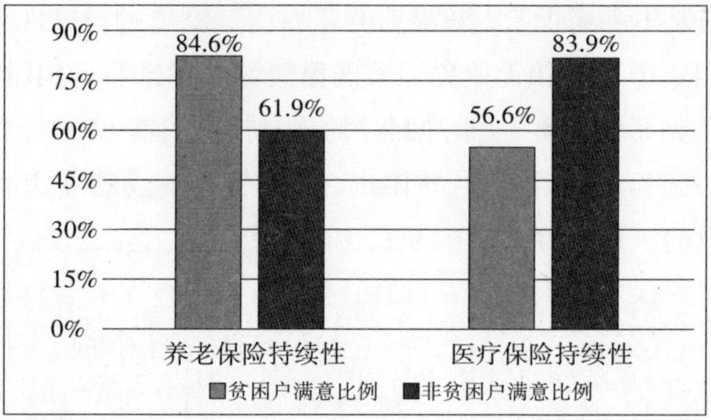

图4-20 深度贫困乡镇城乡居民基本养老保险和合作医疗保险持续性满意度

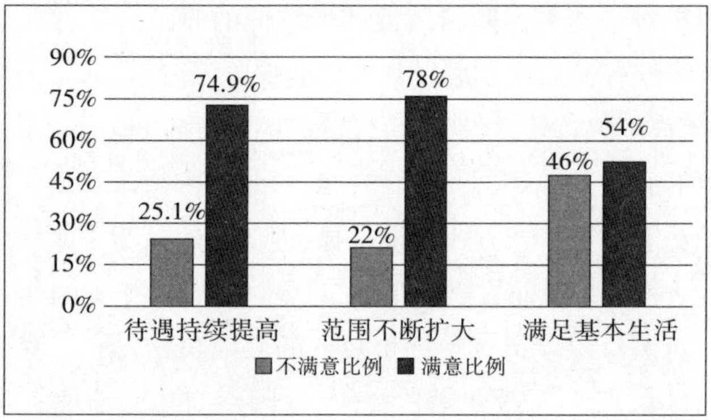

图4-21 深度贫困乡镇农村最低生活保障持续性满意度

第四，均衡水平。

图4-22至4-23显示了重庆市深度贫困乡镇居民对当地城乡居民基本养老保险、城乡居民合作医疗保险和农村最低生活保障制度均衡性的满意度评价。从结果上看：

深度贫困乡镇居民对基本养老保险的均衡性评价存在人群分化，贫困户对此满意比例高达90.8%，而非贫困户满意比例仅为44.3%，二者相差约一倍。非贫困户评价水平较低的原因是他们对政府给予贫困户养老保险参保缴费全额或部分补贴的做法有所不满，虽然在调查中诸多非贫困户表示支持政府将各种帮扶照顾政策向贫困户倾斜的做法。这种不满意究其根源在于非贫困户认为当地政府在评选贫困户的时候有失公允，导致部分生活不算贫困的家庭享受到了贫困户待遇。

深度贫困乡镇居民对合作医疗保险的均衡性评价同样存在人群分化，贫困户对此满意比例高达81%，而非贫困户满意比例仅为66.9%，二者相差约14个百分点。非贫困户对于合作医疗保险均衡性评价较低的原因与上述养老保险情况类似。此外，农村合作医疗保险报销比例过低以及当地医疗服务质量较差都是造成他们对于制度均衡性评价较低的重要影响因素。

受访居民对农村低保制度均衡性给出了较低的评价，71.1%的居民认为当地的低保户认定存在错保（即不应该享受低保的对象错误地享受了低保待遇）和漏保（即应该享受低保的对象没有被纳入低保制度待遇范围）现象。此外，63.6%的被访者认为农村低保水平与城市待遇差距不合理。被访者反映，随着近年来农村地区食品商品化率的提高，现在农村生活成本已与城市相差无几，甚至部分商品在农村市场的售卖价格还要高出城市价格，因此城乡之间低保标准不应该有所差别。

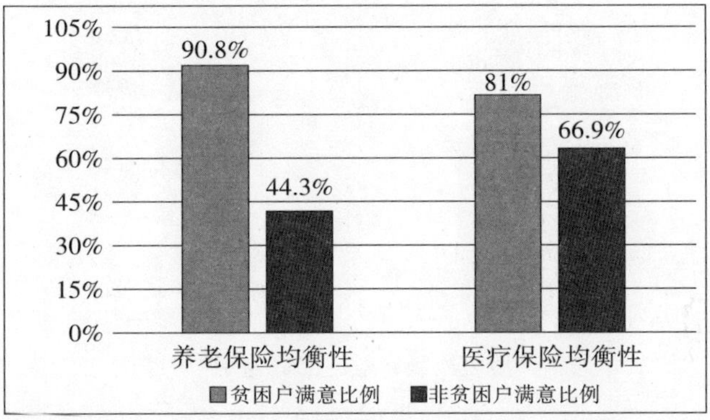

图4-22　深度贫困乡镇城乡居民基本养老保险和合作医疗保险均衡性满意度

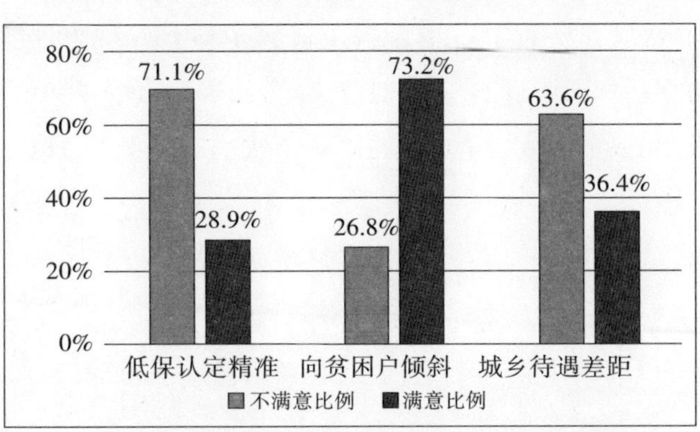

图4-23　深度贫困乡镇农村最低生活保障均衡性满意度

第四章

重庆市社会保障深度脱贫的效果测度

我国的反贫困制度设计实际上是同时存在两套不同的功能互补的制度体系的，其中，扶贫政策重在环境建设，重点是为贫困地区有劳动力的农户增收创造环境条件。贺雪峰(2018)认为，社会保障政策则是为所有缺少劳动力因而缺少响应市场条件能力的农户家庭提供基本生活保障。[①]党的十九大报告强调，完善公共服务体系，使人民获得感、幸福感、安全感更加充实，更有保障，更可持续。报告论述不仅体现出新时代人民美好生活需要的层次递进，更彰显党和政府以人民为中心、擘画幸福蓝图的使命自觉。社会保障面向全体社会成员，保障所有居民生存和发展的基础条件，集中体现政府作为，更是增进深度贫困地区民众福祉和让人民生活得更加幸福的重要基础。本章内容通过构建社会保障深度脱贫理论模型，运用SEM方法检验重庆市社会保障深度脱贫的作用路径与结构差异。

一、社会保障深度脱贫机制分析

获得感、幸福感、安全感的提出，是我国社会前进到一定阶段，适应新时代发展的需要而提出的民生新目标，与新时代我国社会主要矛盾的转化相呼应。在党的十九大报告中，习近平总书记首次将“民生三感”并列提出，深化了党和政府对改革目的和发展归宿的认识，体现了“以人民为中心”的根本立场。“民生三感”是辩证统一的有机整体，合理解构三者的逻辑关联是检验社会保障影响居民生活水平的理论前提，也是进一步揭示作用路径和结构差异的实证思路。

扶贫是最大的民生。党的十八大以来，习近平总书记站在全面建成小康社会、实现中华民族伟大复兴中国梦的战略高度，把脱贫攻坚摆到治国理政突出位置。社会保障面向全体社会成员，保障所有居民生存和发展的基础条件，集中体现政府作为。对于深度贫困居民而言，社会保障不仅是他们获得生存发展基本物质条件的重要制度安排，更是增强他们脱贫信心和能力的重要制度保障。

---

① 贺雪峰:《中国农村反贫困战略中的扶贫政策与社会保障政策》,《武汉大学学报》(哲学社会科学版)2018年第3期。

"民生三感"是辩证统一的有机整体，合理解构三者的逻辑关联是检验社会保障对深度脱贫作用影响的理论基础。立足民生三感、社会保障及深度脱贫三者之间的理论关联，课题组对社会保障与深度脱贫之间的作用机制做出如下理论阐释：

其一，社会保障获得感能够提高深度脱贫效果。

"获得感"是建立在客观获得基础上的一种主观感受，不管是物质层面还是精神层面的获得感，都强调实实在在的"得到"。十九大报告强调："按照兜底线、织密网、建机制的要求，全面建成覆盖全民、城乡统筹、权责清晰、保障适度、可持续的多层次社会保障体系。"社会保障制度是提高我国城乡居民获得感的有效工具。在我国加快经济体制改革，完善社会主义市场经济体制进程中，以市场为基础配置资源，全面调动市场主体积极性和创造性，以市场竞争机制为核心提高经济运行效率，给社会注入巨大的发展活力，但是也因市场制度的自身缺陷导致分配不均、贫富悬殊等社会问题。社会保障制度伴随着商品经济来到人类社会，在弥补市场经济缺陷中发挥着重要的作用，目前实行市场经济体制的国家均十分重视社会保障制度工具的运用。

社会保障属于社会再分配范畴，该制度既尊重了以市场为基础、以效率为核心的资源配置和初次分配法则，又能够通过以政策为手段、以公平为核心的公共资源优化配置，使国民收入再分配能够将经济发展成果惠及全体社会成员，是一种既注重公平又保护效率的制度工具。广义的社会保障体系由社会救助、社会保险、社会福利三个部分组成，以社会互助、慈善事业、商业保险为补充。由于各国的国情和历史条件不同，在不同的国家和不同的历史时期，社会保障制度的具体内容不尽一致。但有一点是共同的，那就是为满足社会成员的多层次需要，相应安排多层次的保障项目。因此，社会保障获得感可被理解为居民个体或群体从政府主导的社会保障服务项目供给中获得能够满足其基本生产和生活需要的物质和精神条件以后产生的主观感受。它以个体的实在获得为前提，以客观满足为基础，以主观评价为标准。这种主观评价既要强调个体对社会保障质量的总体感受，又应考量各个具体项目对于居民工作生活基本需求的满足程度。

深度脱贫反映在居民生活的方方面面：最低生活保障制度维系深度贫困居民的基本生活需求；养老、医疗保险制度帮助他们减轻生活负担，解除后顾之忧；社会福利系统帮助他们发展自身能力和技能，为巩固脱贫效果奠定坚实基础。因此，深度脱贫就其自身形态来说是一个统一的有机整体，是人们对客观生活的主观反映，它既同人们生活的客观条件密切相关，又体现了人们的需求和价值。我国政府历来主张生存权和发展权是首要的基本人权，更将实现人民美好生活需要作为民生重要目标。2016年12月1日国务院新闻办公室发表的《发展权：中国的理念、实践与贡献》白皮书强调："中国有13亿多人口，是世界上最大的发展中国家。发展是中国共产党执政兴国的第一要务，是解决中国所有问题的关键。中国立足基本国情，坚持走中国特色社会主义道路，坚持发展是硬道理，坚持将人权的普遍性原则与本国实际相结合，既努力通过发展增进人民福祉，实现人民的发展权，又努力通过保障人民的发展权，实现更高水平的发展。"政府主导下的公共教育、医疗卫生、住房保障、劳动就业、社会福利等社会保障服务为全体社会成员提供实在的物质和精神获得，起到了满足个体各层次需要和释放主体潜能的作用。深度贫困乡镇居民从社会保障各个项目服务的实在获得中催生的主体获得感将从主观上引发个体的积极情感体验，帮助他们增强脱贫信心和能力。

其二，安全感是社会保障获得感与深度脱贫之间的中介。

社会保障获得感是脱贫的条件，但是这种效果必须具有稳定的前提，因此安全感应该在二者中间发挥中介作用。"安全感"是心理学研究的一个重要领域，是指个体对自身安全状态的一种主观认知和评价，它强调个体对所处社会环境可靠性的感受。根据马斯洛需求层次理论，个体在最基本的生存需要得到满足后，会进一步追求包括人身安全、财产安全、家庭安全、职业安全等要素在内的安全上的需要。类比该理论，个体在教育、医疗、养老、住房等领域社会保障服务获得感得到满足的基础之上，进而为这些实在获得谋求稳定，安全感就是个体对自身获得是否处于稳定可靠状态的主观评价，它是随个体需求层次递进发展而来的。在社会保障获得感与深度脱贫之间，安全感的中介效应表现为：

首先,个体的社会保障获得感程度能够增强其安全感体验。社会保障服务中的教育、医疗、养老、住房等为居民生活提供必要的物质基础和能力储备,同时政府在社会救助和社会福利等公共领域发挥职能,有助于协调社会关系、规范社会行为、解决社会问题、化解社会矛盾,为居民的财产和人身安全保护,保障程序正义和社会公平,创造基于"程序效用"的主体安全感,进而激发个体更高层次的需要。[①]其次,个体对自己所处内外环境的安全感知会影响其生活满意度水平。如果生活朝不保夕,环境厝火积薪,人们缺乏最基本的安全感,何谈精准脱贫和深度脱贫?

其三,个体社会地位在社会保障获得感与深度脱贫之间发挥调节作用。

社会保障政策与福利对贫困人口生活满意度的影响在不同经济社会特征的人群之间存在显著差异。[②]社会地位是社会成员在社会分层制度中的排列位置、权力、声望、职业、财富的综合表征,较低社会地位者不仅表现为较低的经济收入,还包括其享有的社会福利和潜在机会等领域的相对不足。许多研究均证明了较低社会地位或者说出于相对剥夺状态会对个体的脱贫信心和能力产生抑制。一般来说,较高社会地位拥有者往往具有更强的政治行动力,能更好地反映公共需求,监督公共服务,对政府行为施加影响以满足自身服务需求。[③]与此同时,社会地位较高者拥有较好的个人或家庭经济条件,也会使其拥有更多元的生活方式、更高的服务诉求和强大的消费能力,他们可能更倾向于通过市场购买而非享受政府供给的公共服务来获得物质和精神满足,由此亦可导致他们较低的社会保障获得感。个体社会地位体现了个体与社会整体的关系及个体在与社会整体互动关系中的社会身份,集中反映出个体的相对剥夺或相对优势状态。它既会影响个体对自身生活总体状态的认知,又能影响个体对

---

① Stutzer A., Frey B.S., "Political participation and procedural utility: An empirical study," *European Journal of Political Research* 3(2010):391–418.

② Steele L.G., Lynch S.M., "The pursuit of happiness in China: Individualism, collectivism, and subjective well-being during China's economic and social transformation," *Social Indicators Research* 2(2013):441–451.

③ Ramke J., Zwi A.B., Lee A.C., Blignault L., Gilbert C.E., "Inequality in cataract blindness and services: moving beyond unidimensional analyses of social position," *British Journal of Ophthalmology* 4(2017):395–400.

其获取社会保障服务机会及结果的满意度评价。因此,本文将引入个体社会地位作为调节变量观察其在社会保障中获得感与深度脱贫的促进或抑制作用,以审视二者之间可能存在的非线性关系。

二、研究框架与变量选择

(一)基本分析框架

社会保障深度脱贫作用机制检验的核心目的包括三点:第一,明晰社会保障对深度贫困乡镇居民脱贫的具体影响,分为减少贫困的作用评价和预防贫困的作用评价;第二,明确社会保障深度脱贫的作用路径,主要是研究社会保障功能的传导机制以及约束条件;第三,根据前文分析内容,判断社会保障服务的充足性、便捷性、持续性、均衡性各维度对于深度脱贫的作用差异。因此,本部分实证分析的基本框架如图5-1所示:

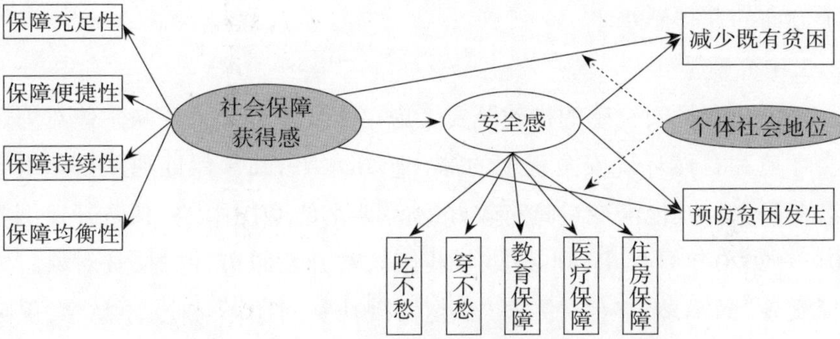

图5-1　社会保障深度脱贫机制检验分析框架

(二)变量的操作化

1.因变量

“小康不小康,关键看老乡。”深度脱贫效果必须强调贫困地区居民对自身生活总体满意度的主观感受。围绕本课题研究目的,笔者将深度贫困居民的生活满意度与其脱贫程度以及返贫可能性联系起来,为研究深度贫困乡镇社会保障制度在减少和预防贫困发生领域的区别作用,我们选择建立两个主要因变量：

(1)减少既有贫困

对于减少已发贫困效果的评价，利用调查问卷中的“您认为您和您的家庭现在已经摆脱了贫困”，利用《李克特五点量表》搜集答案，1代表非常不满意，2代表比较不满意，3代表一般，4代表比较满意，5代表非常满意。

(2)预防贫困发生

对于预防贫困发生的评价，利用调查问卷中的“您认为未来三年您或您的家庭陷入生活贫困或者返贫的可能性有多高?”，利用《李克特五点量表》搜集答案，计分方式和含义与上文相同。

2.自变量

在明确社会保障获得感对深度脱贫的整体影响基础上，可以利用因子载荷指标进一步反映不同基本公共服务项目影响的结构差异。具体方法是选择表5-6、表5-11、表5-18中的题项，分别反映深度贫困乡镇居民在城乡居民基本养老保险、城乡居民合作医疗保险和农村最低生活保障三个方面的获得感水平。

3.中介变量

对中介变量安全感的构建既要考虑该潜变量能充分反映主体对周边社会环境和自然环境安全程度的综合感知水平，又须保证观测指标组成的潜在概念与其他潜变量具有较好的区别效度。《中国农村扶贫开发纲要(2011—2020年)》提出，到2020年我国扶贫开发政策针对扶贫对象总体目标实现“两不愁、三保障”，即“稳定实现扶贫对象不愁吃、不愁穿，保障其义务教育、基本医疗和住房”。我们利用调查对象关于自身生活不愁吃、不愁穿、义务教育保障、基本医疗保障和住房保障五个方面的评价指标，综合反映深度贫困乡镇居民的安全感水平。

4.调节变量

个体社会地位是社会成员个体的社会状态、价值、影响力、认同度等多种社会属性的集中反映，评价涉及的维度广泛、内容复杂。我们使用调查问卷中“您认为您自己目前在哪个社会阶层等级上?”的评分(反映居民的主观社会阶层评价)作为个体社会地位替代变量用作模型的调节变量。[①]诚然，使用主观社会阶层认知作为替代变量可能存在偏差，但对个体社会地位评价本身就具有相对性和主观性，评价主体的价值取向差异和评价客体的复杂状态属性均导致对个体社会地位的评价难以形成客观统一的标准法则。故使用的替代变量也可被看作是主客体同一性前提下个体基于有限理性做出的更贴近自身现实的社会状态评价，以此作为机制分析模型的调节变量。

5.控制变量

除社会保障获得感自变量因素以外，检验过程还应将影响深度脱贫效果的收入因素、人口统计学特征等因素作为控制变量纳入分析，以明确因变量与自变量的准确关系。受相关文献启发，我们选择个体收入水平、性别、年龄等观测指标作为控制变量组加入分析模型并讨论计算结果。

（三）实证模型选择

本部分实证使用的模型是结构方程模型（SEM）。由于在评价深度贫困乡镇社会保障充足性、便捷性、持续性、均衡性等自变量的时候，这几个概念较为复杂，难以使用单一指标直接测量，因此将它们视为潜变量，并通过一系列外显指标进行观测。传统的线性回归分析容许因变量存在测量误差，但是要假设自变量是没有误差的。因此，这里不适用传统回归分析模型，应该使用便于潜变量分析的结构方程模型。结构方程模型具有同时处理多个因变量、容许自变量和因变量含测量误差、同时估计因子结构和因子关系、容许更大弹性的测量模型、估计整个模型的拟合程度等方面的优势。

三、深度脱贫作用检验

（一）基本养老保险作用机制检验

1.数据描述性统计

本部分使用的数据来自课题组调查问卷收集的样本数据。对各变量

① 调节变量分析中使用的“主观社会阶层评价”指标在原始问卷中选项得分从1~10，本文利用等距方法进行了五等分转换。

数据的定义及基本描述性统计如下表所示：

表5-1　因变量与控制变量描述性统计

因变量	变量解释	平均值	标准差
减少既有贫困	家庭贫困程度改善情况	3.474	0.563
预防贫困发生	家庭预期遭遇贫困概率	3.905	0.718
控制变量	**变量解释**	**平均值**	**标准差**
收入	被访者年收入的自然对数	9.392	0.854
性别	1代表男性，2代表女性	1.685	0.136
年龄	被访者年龄周岁	50.75	8.576
家庭规模	被访者家庭成员人数	3.60	1.21
教育程度	被访者最后学历	1.95	0.865
中介变量	**变量解释**	**平均值**	**标准差**
吃不愁	基本食品需求满足程度 1代表完全不能满足，5代表完全能满足	4.333	0.595
穿不愁	基本衣着需求满足程度 1代表完全不能满足，5代表完全能满足	3.878	0.687
教育保障	基本教育需求满足程度 1代表完全不能满足，5代表完全能满足	3.855	0.592
医疗保障	基本医疗需求满足程度 1代表完全不能满足，5代表完全能满足	2.632	0.735
住房保障	基本住房需求满足程度 1代表完全不能满足，5代表完全能满足	3.026	0.856
调节变量	**变量解释**	**平均值**	**标准差**
个体社会地位	个体主观社会阶层评价 1代表最底层，5代表最高层	1.85	0.504

表5-2　各潜变量的观测指标数据描述性统计

自变量		平均值	标准差
充足性	养老金数量能够支撑您的基本生活开销	2.63	0.537
	您对已经发放或将要发放的养老金替代率非常满意	2.91	0.590
	您认为本镇的公共养老服务的数量充足	2.1	0.537
	养老金增长幅度比物价上涨速度更高	2.35	0.653
便捷性	您清楚地知道城乡居民基本养老保险参保程序	2.36	0.654
	参加城乡居民基本养老保险流程方便快捷	2.64	0.738
	政府能够及时发放足额的养老金	3.91	0.355
	领取养老金的方式简单快捷	3.68	0.275
	变更养老金缴费档次简单快捷	3.05	0.699
	养老金接续手续办理简单快捷	2.26	0.748
持续性	自己或家人能坚持缴纳基本养老保险费用	3.29	0.815
	参加城乡居民基本养老保险的人数会不断增加	3.63	0.437
	每年发放的养老金数量能够持续增长	3.16	0.506
	政府发放的养老金替代率水平能保持增长	3.19	0.308
均衡性	同意履行城乡居民养老保险的缴费义务	2.91	0.890
	同意减免贫困户养老保险缴费义务	3.32	0.817
	与缴费数量相比,您领取的养老金数量合理	3.42	0.623
	对比缴费数量,城乡居民养老保险待遇差距合理	3.62	0.736

进行SEM分析之前,需要对自变量各指标数据进行去中心化处理并进行验证性因子分析以确定数据信效度,结果如表5-3所示:深度贫困地区居民基本养老保险获得感与安全感的标准因子载荷量均大于0.7,表示较好的指标信度;Cronbach α 系数和CR系数均大于0.8,表明两个潜变量均具有较高的内部一致性;各潜变量的平均方差抽取量(AVE)均大于0.5,表明具有较好的收敛效度。同时,注意到两个潜变量两两相关的标

注化系数均在0.5左右,远小于各自的$\sqrt{AVE}$值,表明两两之间具有较好的区别效度。CFA结果表明潜变量建模数据具有较高的信效度,适合进一步分析。

表5-3　各潜变量的观测指标数据信效度检验结果

自变量		标准因子载荷	信效度指标
充足性	养老金数量能够支撑您的基本生活开销	0.912	平均因子载荷=0.800 Cronbachα=0.942 CR=0.943 AVE=0.649
	您对已经发放或将要发放的养老金替代率满意	0.723	
	您认为本镇的公共养老服务的数量充足	0.895	
	养老金增长幅度比物价上涨速度更高	0.681	
便捷性	您清楚知道城乡居民基本养老保险参保程序	0.885	平均因子载荷=0.781 Cronbach α=0.912 CR=0.905 AVE=0.713
	参加城乡居民基本养老保险流程方便快捷	0.796	
	政府能够及时发放足额的养老金	0.742	
	领取养老金的方式简单快捷	0.798	
	变更养老金缴费档次简单快捷	0.702	
	养老金接续手续办理简单快捷	0.763	
持续性	自己或家人能坚持缴纳基本养老保险费用	0.852	平均因子载荷=0.800 Cronbach α=0.830 CR=0.841 AVE=0.592
	参加城乡居民基本养老保险的人数会不断增加	0.847	
	每年发放的养老金数量能够持续增长	0.863	
	政府发放的养老金替代率水平能保持增长	0.756	
均衡性	同意履行城乡居民养老保险的缴费义务	0.769	平均因子载荷=0.803 Cronbach α=0.811 CR=0.882 AVE=0.681
	同意减免贫困户养老保险缴费义务	0.752	
	与缴费数量相比,您领取的养老金数量合理	0.854	
	对比缴费水平,城乡居民养老保险待遇差距合理	0.838	

续表

自变量		标准因子载荷	信效度指标
安全感	基本食品需求满足程度 1代表完全不能满足,5代表完全能满足	0.956	平均因子载荷=0.875 Cronbach α=0.896 CR=0.824 AVE=0.753
	基本衣着需求满足程度 1代表完全不能满足,5代表完全能满足	0.922	
	基本教育需求满足程度 1代表完全不能满足,5代表完全能满足	0.852	
	基本医疗需求满足程度 1代表完全不能满足,5代表完全能满足	0.911	
	基本住房需求满足程度 1代表完全不能满足,5代表完全能满足	0.746	

2.中介和调节模型

构建下列方程表明安全感对社会保障获得感和深度脱贫之间的中介关系,以减少既有贫困为因变量:

减少既有贫困=b_1×基本养老保险获得感+e_1　　式1

安全感=b_2×基本养老保险获得感+e_2　　式2

减少既有贫困=b_3×基本养老保险获得感+b4×安全感+e_3　　式3

依次检验上述方程b_1到b_4的系数显著性,如果都显著则说明基本养老保险获得感对减少既有贫困的影响至少有一部分是通过中介变量安全感实现的。对中介效应的进一步分解可推出本文使用的模型中总的中介效应为$b_2 \times b_4$,中介效应占总效应的比例为$(b_2 \times b_4)/(b_2 \times b_4+b_3)$,中介效应与直接效应之比为$(b_2 \times b_4)/b_3$。

同理,可推知以预防贫困发生为因变量的中介效应模型,不再赘述。

对调节效应检验通常使用调节变量与自变量的交互项,同样以因变量为减少既有贫困为例:

减少既有贫困=b_5×基本养老保险获得感+b_6×(基本养老保险获得感×个体社会地位)+e_4　　式4

上式中交互项(基本养老保险获得感×个体社会地位)的回归系数 b_6 显著则说明存在调节效应。由于基本养老保险获得感为潜变量,因此对调节效应的检验可通过构建潜变量调节效应模型和两种方法实现:其一是利用传统的乘积指标法,将个体社会地位与自变量各个观测指标进行乘积配对后生成新的调节变量 *intx*,将它们引入结构方程模型形成新的潜调节变量进行方差分析;其二是利用无须均值结构的交互效应建模方法构建潜调节结构方程,由此克服了乘积项非正态分布产生的估计偏差问题或可能出现自变量与交互项的共线性问题。为给出标准化结果,本课题使用乘积配对法计算调节效应。

同理,可推知以预防贫困发生为因变量的调节效应模型,不再赘述。

3.结果分析

结构方程模型的计算拟合过程采用MPLUS7.0软件完成,结果及模型拟合效果如表5-4。为使结果更加简明清晰,图5-2和图5-3仅给出标准化系数,隐去了系数标准差、观测变量误差项及控制变量。

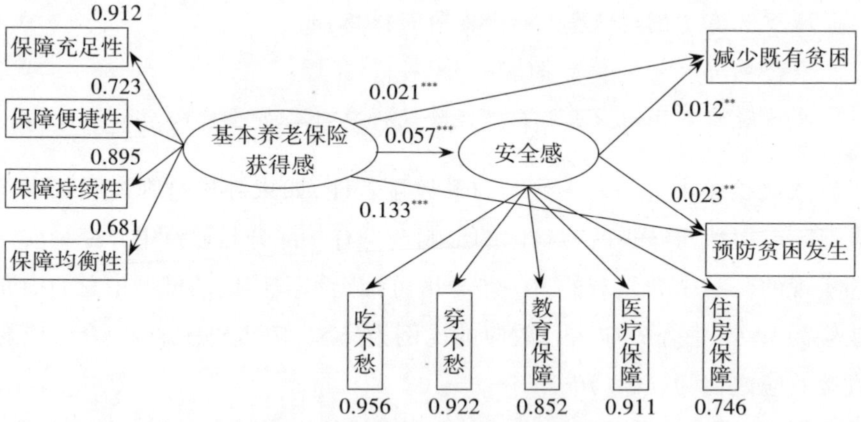

图5-2 中介效应检验结果图

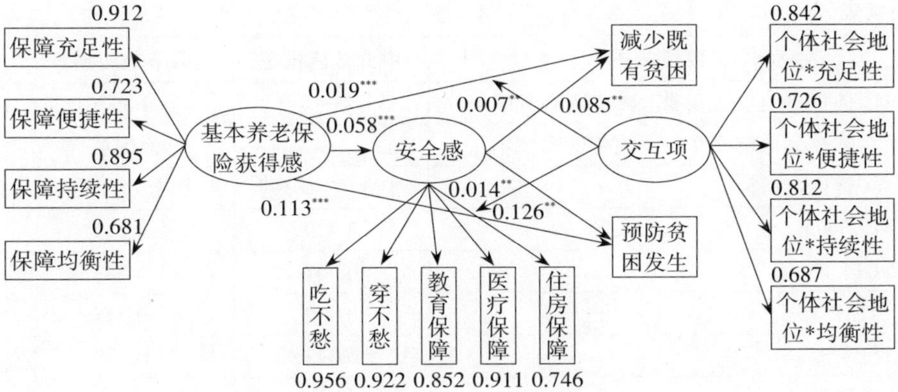

图5-3 调节效应检验结果图

(1)中介效应结果

结果显示,基本养老保险获得感对安全感、减少既有贫困、预防贫困发生均有显著正向作用,安全感对减少既有贫困发生、预防贫困发生均有显著正向作用。由此可知,安全感确实在基本养老保险获得感和深度脱贫之间发挥了部分中介作用。各个变量系数值详见表5-4。

(2)调节效应结果

图5-3的结果显示交互项平均因子载荷大于0.7,系数显著。个体社会地位对基本养老保险获得感和深度脱贫的调节效应为正,即随着个体社会地位的提高,基本养老保险获得感能更大程度地提高或降低既有贫困效果和预防贫困发生效果。各个变量系数值详见表5-4。

下表显示了各个模型的拟合优度,从中介和调节效应模型各个拟合指标数值上看,均达到了拟合优度的标准,可知模型稳定。

表5-4 中介和调节效应模型结果与拟合度检验

变量关系	中介效应模型	调节效应模型
基本养老保险获得感→安全感	0.057***	0.058***
基本养老保险获得感→减少既有贫困	0.021***	0.019***
基本养老保险获得感→预防贫困发生	0.133***	0.113***
安全感→减少既有贫困	0.012**	0.085**
安全感→预防贫困发生	0.023**	0.126**

续表

变量关系	中介效应模型	调节效应模型
个体社会地位交互项→减少既有贫困	—	0.007**
个体社会地位交互项→预防贫困发生	—	0.014**
关键拟合指标	中介效应模型	调节效应模型
CMIN/df	3.779	4.229
GFI	0.961	0.943
TLI	0.962	0.945
SRMR	0.023	0.038
RMSEA	0.056	0.074

注：***表示 $p < 0.01$，**表示 $p < 0.05$，*表示 $p < 0.1$。模型拟合值参考标准包括：CMIN/df 小于5，GFI大于0.9，TLI大于 0.9，SRMR小于0.05，RMSEA小于0.1

表5-5 各潜变量的观测指标数据描述性统计

自变量		平均值	标准差
充足性	您对本镇的医疗机构服务质量满意	2.232	0.623
	您对本区县的医疗机构服务质量满意	2.990	0.684
	您对重庆市主城区医疗机构服务质量满意	3.182	0.623
	您对到本乡镇医疗机构住院报销比例满意	3.575	0.757
	您对到本区县医疗机构住院报销比例满意	2.980	0.759
	您对到重庆市主城区医疗机构住院报销比例满意	2.404	0.856
便捷性	您清楚地知道参加医疗保险的程序和手续	2.485	0.412
	您认为办理医疗保险的手续简单便捷	2.697	0.319
	您认为更改医疗保险参保档次的手续简单便捷	3.767	0.811
	您到本乡镇医疗机构住院报销手续简单便捷	3.788	0.868
	您到本区县医疗机构住院报销手续简单便捷	3.990	0.945
	您到异地就医住院报销手续简单便捷	2.182	0.507
持续性	自己或家人能坚持缴纳城乡合作医疗保险费用	3.070	0.587
	参加城乡居民合作医疗保险的人数会不断增加	3.515	0.357
	到本乡镇医疗机构医疗费用报销比例能够持续增长	2.727	1.032
	到本区县医疗机构医疗费用报销比例能够持续增长	2.464	0.948
	异地就医费用报销比例能够持续增长	2.131	0.723

续表

自变量		平均值	标准差
均衡性	同意履行合作医疗保险的缴费义务	3.596	0.854
	同意减免贫困户合作医疗保险缴费义务	3.555	0.603
	与缴费数量相比,您的就医费用报销比例合理	3.969	1.018
	您与重庆市城市居民享受合作医疗保险待遇一致	2.101	0.372

(二)合作医疗保险作用机制检验

1.数据描述性统计

本部分使用的因变量及控制变量与上节数据一致,故本节中略去对它们的描述性统计分析,仅展示自变量数据。进行SEM分析之前,需要对自变量各指标数据进行了去中心化处理和信效度检验,结果如表5-6所示。深度贫困地区居民合作医疗保险获得感与安全感的标准因子载荷量均大于0.7,表示较好的指标信度;Cronbach α系数和CR系数均大于0.8,表明两个潜变量均具有较高的内部一致性;各潜变量的平均方差抽取量(AVE)均大于0.5,表明具有较好的收敛效度。同时,注意到潜变量两两相关的标注化系数均在0.5左右,远小于各自的$\sqrt{AVE}$值,表明两两之间具有较好的区别效度。CFA结果表明潜变量建模数据具有较高的信效度,适合进一步分析。

表5-6　各潜变量的观测指标数据信效度检验结果

自变量		标准因子载荷	信效度指标
充足性	您对本镇的医疗机构服务质量满意	0.906	平均因子载荷=0.824 Cronbach α=0.882 CR=0.841 AVE=0.694
	您对本区县的医疗机构服务质量满意	0.909	
	您对重庆市主城区医疗机构服务质量满意	0.837	
	您对到本乡镇医疗机构住院报销比例满意	0.713	
	您对到本区县医疗机构住院报销比例满意	0.843	
	您对到重庆市主城区医疗机构住院报销比例满意	0.733	

续表

自变量		标准因子载荷	信效度指标
便捷性	您清楚地知道参加医疗保险的程序和手续	0.778	平均因子载荷=0.816 Cronbach α=0.798 CR=0.823 AVE=0.744
	您认为办理医疗保险的手续简单便捷	0.775	
	您认为更改医疗保险参保档次的手续简单便捷	0.897	
	您到本乡镇医疗机构住院报销手续简单便捷	0.789	
	您到本区县医疗机构住院报销手续简单便捷	0.853	
	您到异地就医住院报销手续简单便捷	0.803	
持续性	自己或家人能坚持缴纳城乡合作医疗保险费用	0.697	平均因子载荷=0.782 Cronbach α=0.754 CR=0.864 AVE=0.768
	参加城乡居民合作医疗保险的人数会不断增加	0.709	
	到本乡镇医疗机构医疗费用报销比例能够持续增长	0.824	
	到本区县医疗机构医疗费用报销比例能够持续增长	0.803	
	异地就医费用报销比例能够持续增长	0.876	
均衡性	同意履行合作医疗保险的缴费义务	0.692	平均因子载荷=0.741 Cronbach α=0.803 CR=0.905 AVE=0.766
	同意减免贫困户合作医疗保险缴费义务	0.787	
	与缴费数量相比，您的就医费用报销比例合理	0.733	
	您与重庆市城市居民享受合作医疗保险待遇一致	0.751	

2.中介和调节模型

构建下列方程表明安全感对社会保障获得感和深度脱贫之间的中介关系，以减少既有贫困为因变量：

减少既有贫困=b_1×合作医疗保险获得感+e_1　　式1

安全感=b_2×合作医疗保险获得感+e_2　　式2

减少既有贫困=b_3×合作医疗保险获得感+b_4×安全感+e_3　　式3

依次检验上述方程b_1到b_4的系数显著性，如果都显著则说明合作医疗保险获得感对减少既有贫困的影响至少有一部分是通过中介变量安全感实现的。对中介效应的进一步分解可推出本文使用的模型中总的中介效应为$b_2 \times b_4$，中介效应占总效应的比例为$(b_2 \times b_4)/(b_2 \times b_4 + b_3)$，中介效应与直接效应之比为$(b_2 \times b_4)/b_3$。

同理，可推知以预防贫困发生为因变量的中介效应模型，不再赘述。

对调节效应检验通常使用调节变量与自变量的交互项，同样以因变量为减少既有贫困为例：

减少既有贫困$=b_5\times$合作医疗保险获得感$+b_6\times$(合作医疗保险获得感$\times$个体社会地位)$+e_4$　　式4

上式中交互项(合作医疗保险获得感×个体社会地位)的回归系数b_6显著则说明存在调节效应。为给出标准化结果，本部分仍然使用乘积配对法计算调节效应。

同理，可推知以预防贫困发生为因变量的调节效应模型，不再赘述。

3.结果分析

结构方程模型的计算拟合过程采用MPLUS7.0软件完成，结果及模型拟合效果如图5-4、图5-5和表5-7。为使结果更加简明清晰，图5-4和图5-5仅给出标准化系数，隐去了标准差、观测变量误差项及控制变量。

(1)中介效应结果

图5-4的结果显示合作医疗保险获得感对安全感、减少既有贫困、预防贫困发生均有显著正向作用，安全感对减少既有贫困发生、预防贫困发生均有显著正向作用。由此可知安全感确实在合作医疗保险获得感和深度脱贫之间发挥了部分中介作用。各个变量系数值详见表5-7。

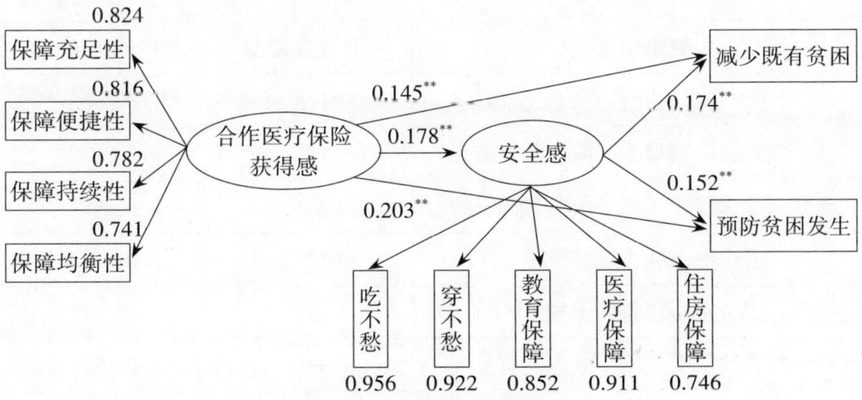

图5-4　中介效应检验结果图

(2)调节效应结果

图5-5的结果显示交互项平均因子载荷大于0.7,系数显著。个体社会地位对合作医疗保险获得感和深度脱贫的调节效应为正,即随着个体社会地位的提高,合作医疗保险获得感能更大程度地提高或降低既有贫困效果和预防贫困发生效果。各个变量系数值详见表5-7。

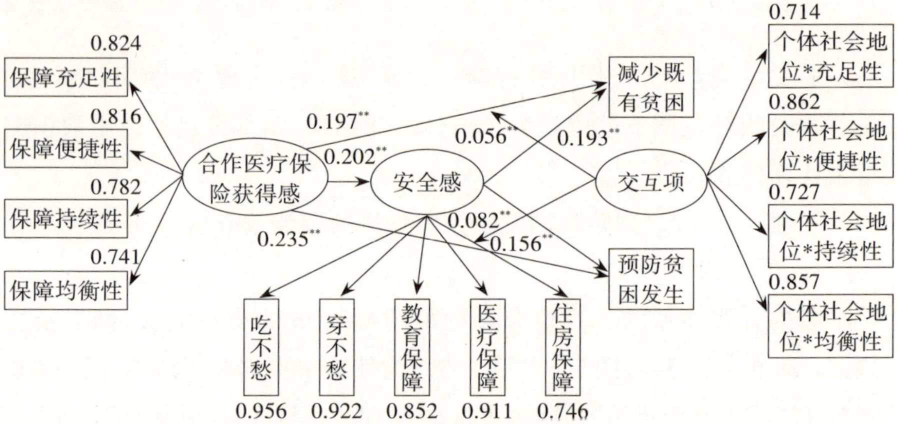

图5-5 调节效应检验结果图

下表显示了各个模型的拟合优度,从中介和调节效应模型各个拟合指标数值上看,均达到了拟合优度的标准,可知模型稳定。

表5-7 中介和调节效应模型结果与拟合度检验

变量关系	中介效应模型	调节效应模型
合作医疗保险获得感→安全感	0.178**	0.202**
合作医疗保险获得感→减少既有贫困	0.145**	0.197**
合作医疗保险获得感→预防贫困发生	0.203**	0.235**
安全感→减少既有贫困	0.174**	0.193**
安全感→预防贫困发生	0.152**	0.156**
个体社会地位交互项→减少既有贫困	—	0.056**

续表

变量关系	中介效应模型	调节效应模型
个体社会地位交互项→预防贫困发生	—	0.082**
关键拟合指标	中介效应模型	调节效应模型
CMIN/df	5.563	5.025
GFI	0.859	0.921
TLI	0.902	0.936
SRMR	0.034	0.041
RMSEA	0.053	0.068

注：***表示$p<0.01$，**表示$p<0.05$，*表示$p<0.1$。模型拟合值参考标准包括：CMIN/df小于5，GFI大于0.9，TLI大于0.9，SRMR小于0.05，RMSEA小于0.1。

（三）最低生活保障作用机制检验

1.数据描述性统计

本部分使用的因变量及控制变量与上节数据一致，故本节中略去对它们的描述性统计分析，仅展示自变量数据。对自变量各指标数据进行了去中心化处理和信效度检验，结果如表5-9所示。最低生活保障获得感与安全感的标准因子载荷量均大于0.7，表示较好的指标信度；Cronbach α系数和CR系数均大于0.8，表明两个潜变量均具有较高的内部一致性；各潜变量的平均方差抽取量（AVE）均大于0.5，表明具有较好的收敛效度。同时，注意到潜变量两两相关的标注化系数均在0.5左右，远小于各自的$\sqrt{AVE}$值，表明两两之间具有较好的区别效度。CFA结果表明潜变量建模数据具有较高的信效度，适合进一步分析。

表5-8 各潜变量的观测指标数据描述性统计

自变量		平均值	标准差
充足性	您满意当前农村最低生活保障标准	3.151	0.712
	您满意当前农村特困人员的救助供养标准	3.485	0.782
	您满意当前农村残疾人的救助标准	2.434	0.712
	您满意患有重大疾病人员的救助标准	3.717	0.865
	您满意农村低收入家庭老人的救助标准	2.576	0.867
	您满意农村低收入家庭学龄前儿童和在校学生救助标准	3.626	0.978
便捷性	您清楚地知道享受农村最低生活保障资格	2.202	0.471
	您认为申请农村最低生活保障手续简便	2.172	0.365
	您认为农村低保金发放及时	3.202	0.927
	您认为农村低保金领取简单便捷	3.788	0.992
持续性	您认为农村最低生活保障标准会持续提高	3.878	1.080
	您认为农村最低生活保障覆盖对象范围会不断扩宽	2.899	0.579
	您认为低保金能够持续满足您未来的基本生活需求	2.071	0.671
均衡性	您所在的村(社)低保瞄准不存在错保现象	2.141	0.408
	您所在的村(社)低保瞄准不存在漏保现象	2.262	1.179
	您认为低保政策应该向贫困户倾斜	3.485	1.083
	您认为农村低保待遇与城市低保待遇的差距合理	2.545	0.826

表5-9 各潜变量的观测指标数据信效度检验结果

自变量		标准因子载荷	信效度指标
充足性	您满意当前农村最低生活保障标准	0.888	平均因子载荷=0.841 Cronbach α=0.852 CR=0.896 AVE=0.644
	您满意当前农村特困人员的救助供养标准	0.871	
	您满意当前农村残疾人的救助标准	0.809	
	您满意患有重大疾病人员的救助标准	0.829	
	您满意农村低收入家庭老人的救助标准	0.844	
	您满意农村低收入学龄前儿童和在校学生救助标准	0.806	

续表

自变量		标准因子载荷	信效度指标
便捷性	您清楚地知道享受农村最低生活保障资格	0.750	平均因子载荷=0.785 Cronbach α=0.827 CR=0.854 AVE=0.699
	您认为申请农村最低生活保障手续简便	0.743	
	您认为农村低保金发放及时	0.800	
	您认为农村低保金领取简单便捷	0.847	
持续性	您认为农村最低生活保障标准会持续提高	0.870	平均因子载荷=0.804 Cronbach α=0.811 CR=0.833 AVE=0.669
	您认为农村最低生活保障覆盖对象范围会不断扩宽	0.725	
	您认为低保金能持续满足未来基本生活需求	0.818	
均衡性	您所在的村（社）低保瞄准不存在错保现象	0.735	平均因子载荷=0.807 Cronbach α=0.932 CR=0.889 AVE=0.703
	您所在的村（社）低保瞄准不存在漏保现象	0.766	
	您认为低保政策应该向贫困户倾斜	0.891	
	您认为农村低保与城市低保待遇的差距合理	0.836	

2.中介和调节模型

构建下列方程表明安全感对社会保障获得感和深度脱贫之间的中介关系，以减少既有贫困为因变量：

减少既有贫困=b_1×最低生活保障获得感+e_1　　式1

安全感=b_2×最低生活保障获得感+e_2　　式2

减少既有贫困=b_3×最低生活保障获得感+b_4×安全感+e_3　　式3

依次检验上述方程b_1到b_4的系数显著性，如果都显著则说明最低生活保障获得感对减少既有贫困的影响至少有一部分是通过中介变量安全感实现的。对中介效应的进一步分解可推出本文使用的模型中总的中介

效应为 $b_2 \times b_4$，中介效应占总效应的比例为 $(b_2 \times b_4)/(b_2 \times b_4 + b_3)$，中介效应与直接效应之比为 $(b_2 \times b_4)/b_3$。

同理，可推知以预防贫困发生为因变量的中介效应模型，不再赘述。

对调节效应检验通常使用调节变量与自变量的交互项，同样以因变量为减少既有贫困为例：

减少既有贫困 $= b_5 \times$ 最低生活保障获得感 $+ b_6 \times$（最低生活保障获得感 $\times$ 个体社会地位）$+ e_4$　　　式4

上式中交互项（最低生活保障获得感×个体社会地位）的回归系数 b_6 显著则说明存在调节效应。为给出标准化结果，本部分计算仍然使用乘积配对法计算调节效应。

同理，可推知以预防贫困发生为因变量的调节效应模型，不再赘述。

3.结果分析

结构方程模型的计算拟合过程采用MPLUS7.0软件完成，结果及模型拟合效果如图5-6、图5-7和表5-10。为使结果更加简明清晰，图5-6和图5-7仅给出标准化系数，隐去了标准差、观测变量误差项及控制变量。

（1）中介效应结果

结果显示最低生活保障获得感对安全感、减少既有贫困、预防贫困发生均有显著正向作用，安全感对减少既有贫困发生、预防贫困发生均有显著正向作用。由此可知，安全感确实在最低生活保障获得感和深度脱贫之间发挥了部分中介作用。各个变量系数值详见表5-10。

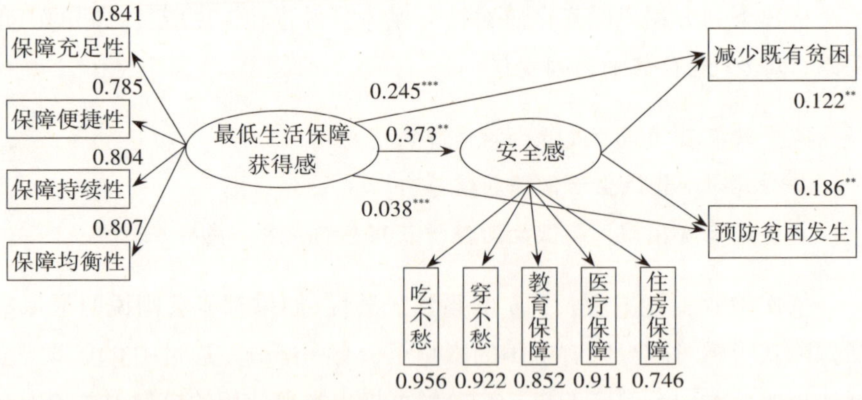

图5-6　中介效应检验结果图

(2)调节效应结果

结果显示交互项平均因子载荷大于0.7,系数显著。个体社会地位对最低生活保障获得感和深度脱贫的调节效应为负,即随着个体社会地位的降低,最低生活保障获得感能更大程度地提高或降低既有贫困效果和预防贫困发生效果。

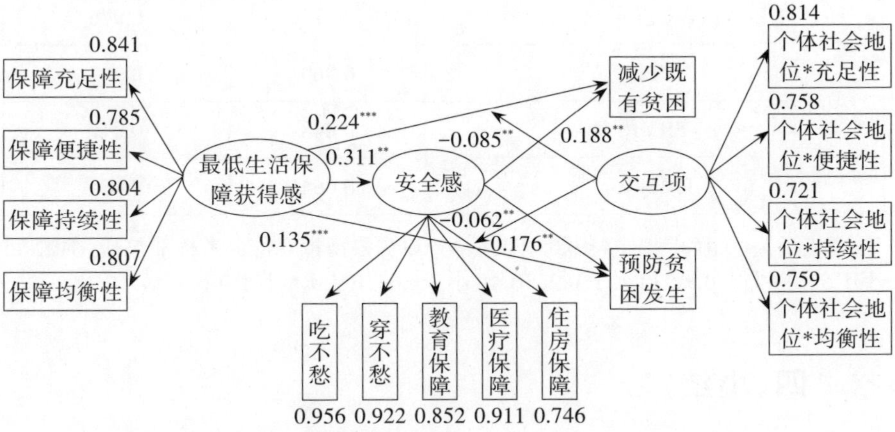

图5-7　调节效应检验结果图

下表显示了各个模型的拟合优度,从中介和调节效应模型各个拟合指标数值上看,均达到了拟合优度的标准,可知模型稳定。

表5-10　中介和调节效应模型结果与拟合度检验

变量关系	中介效应模型	调节效应模型
最低生活保障获得感→安全感	0.373**	0.311**
最低生活保障获得感→减少既有贫困	0.245***	0.224***
最低生活保障获得感→预防贫困发生	0.038***	0.135***
安全感→减少既有贫困	0.122**	0.188**
安全感→预防贫困发生	0.186**	0.176**
个体社会地位交互项→减少既有贫困	—	-0.085**

续表

变量关系	中介效应模型	调节效应模型
个体社会地位交互项→预防贫困发生	—	−0.062**
关键拟合指标	中介效应模型	调节效应模型
CMIN/df	4.442	4.033
GFI	0.977	0.976
TLI	0.969	0.967
SRMR	0.048	0.047
RMSEA	0.064	0.065

注：***表示 $p < 0.01$，**表示 $p < 0.05$，*表示 $p < 0.1$。模型拟合值参考标准包括：CMIN/df 小于5，GFI大于0.9，TLI大于 0.9，SRMR小于0.05，RMSEA小于0.1。

四、小结

通过上述三节内容的分析，数据向我们直观地展示了因变量、自变量、中介变量和调节变量之间的关系。最后，我们要计算汇总城乡居民基本养老保险、城乡居民合作医疗保险和农村最低生活保障三项制度对深度贫困乡镇居民摆脱既有贫困和预防贫困发生的最终影响作用。计算过程使用的数据和参数均以带有中介和调节效应的整合模型为依据。

以城乡居民基本养老保险的减少既有贫困效果评价为例，充足性、便捷性、持续性、均衡性等各项维度的直接效应等于城乡居民基本养老保险获得感与减少既有贫困之间的系数乘以各维度标准因子载荷，间接效应等于城乡居民基本养老保险获得感与安全感之间的系数乘以安全感与减少既有贫困之间的系数最后再乘以各维度标准因子载荷。

以养老保险充足性的效应评价作为说明。它的直接效应为0.019×0.912=0.017，间接效应为0.058×0.085×0.912=0.004，总效应为0.017+0.004=0.021。

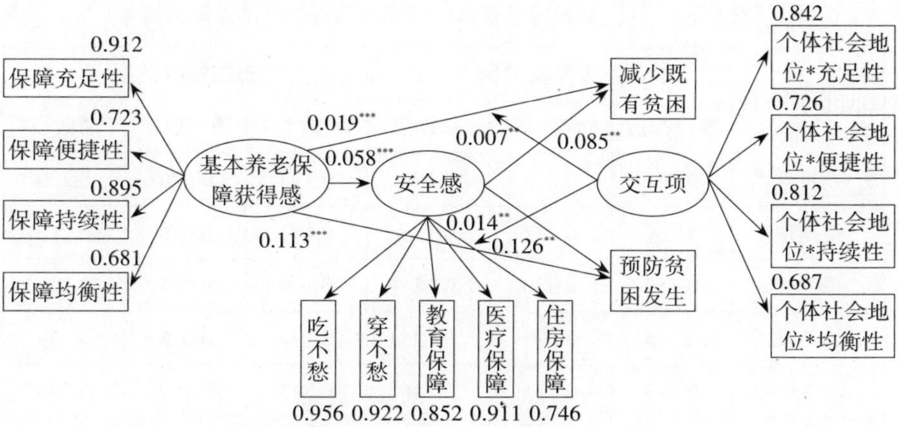

图5-8　直接效应、间接效应计算示例图

对于城乡居民基本养老保险预防贫困发生的效应评价与上述方法一致，不再赘述。由此便可计算出城乡居民基本养老保险深度脱贫效应，如表5-11所示：

表5-11　深度贫困地区基本养老保险深度脱贫的各类效应

基本养老保险	减少既有贫困			预防贫困发生		
	直接效应	间接效应	总效应	直接效应	间接效应	总效应
充足性	0.017	0.004	0.021	0.103	0.007	0.110
便捷性	0.014	0.004	0.018	0.082	0.005	0.087
持续性	0.017	0.004	0.021	0.101	0.007	0.108
均衡性	0.013	0.003	0.016	0.077	0.005	0.082
合计	0.061	0.016	0.077	0.363	0.023	0.386

根据同样的思路和方法，计算出城乡居民合作医疗保险和农村最低生活保障两项社保制度的深度脱贫效应，如表5-12和表5-13所示：

表5-12　深度贫困地区合作医疗保险深度脱贫的各类效应

合作医疗保险	减少既有贫困			预防贫困发生		
	直接效应	间接效应	总效应	直接效应	间接效应	总效应
充足性	0.162	0.032	0.194	0.194	0.026	0.220
便捷性	0.161	0.032	0.193	0.192	0.026	0.218
持续性	0.154	0.030	0.184	0.184	0.025	0.209
均衡性	0.146	0.029	0.175	0.174	0.023	0.197
合计	0.623	0.123	0.746	0.743	0.100	0.843

表5-13　深度贫困地区最低生活保障深度脱贫的各类效应

最低生活保障	减少既有贫困			预防贫困发生		
	直接效应	间接效应	总效应	直接效应	间接效应	总效应
充足性	0.188	0.049	0.237	0.029	0.046	0.075
便捷性	0.176	0.046	0.222	0.027	0.043	0.070
持续性	0.180	0.047	0.227	0.028	0.044	0.072
均衡性	0.181	0.047	0.228	0.028	0.044	0.072
合计	0.725	0.189	0.914	0.113	0.177	0.290

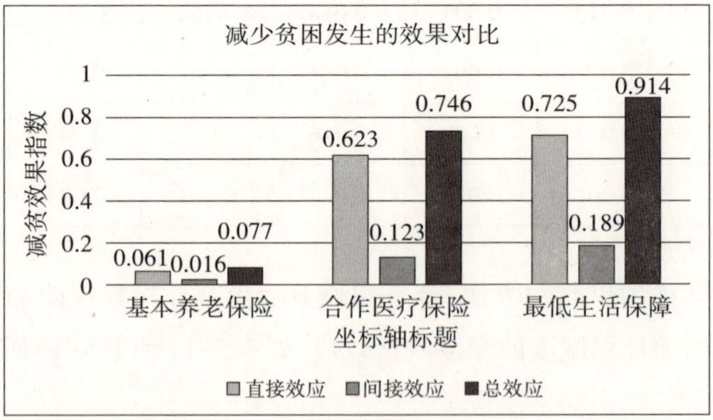

图5-9　深度贫困地区社会保障减少既有贫困效果对比图

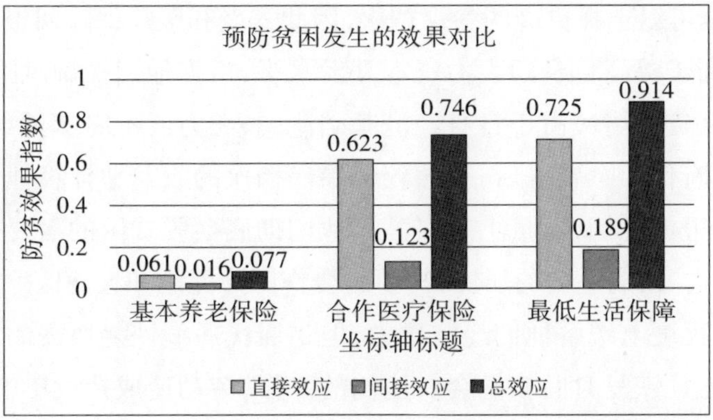

图5-10　深度贫困地区社会保障预防贫困发生效果对比图

社会地位是社会成员在社会分层制度中的排列位置、权力、声望、职业、财富的综合表征，较低社会地位者不仅表现为较低的经济收入，还包括其享有的社会福利和潜在机会等领域的相对不足。实证分析表明个体社会地位的调节效应显著，但在不同的保障项目中存在异质性。

表5-14　个体社会地位的调节效应

调节效应	养老保险	医疗保险	最低生活保障
减少既有贫困	0.007** （0.002）	0.056** （0.013）	−0.185** （−0.054）
预防贫困发生	0.04** （0.001）	0.082** （0.015）	−0.162** （−0.048）

注：括号内为标准差，***表示$p < 0.01$，**表示$p < 0.05$，*表示$p < 0.1$。

图5-11和图5-12显示了个体社会地位对基本养老保险和合作医疗保险的深度脱贫作用呈现正向调节作用，而图5-13则显示出个体社会地位对最低生活保障深度脱贫作用呈现负向调节作用。这种分化的根本原因是养老和医疗保险都是具有缴费责任的社会保障项目，而最低生活保障则不需要个人承担缴费责任。个体社会地位较高者往往具有较好的就业条件和较高的收入，按照基本养老保险和合作医疗保险制度设计“多缴多得、长缴多得”的原则，个体社会地位较高的居民有能力长期负担缴费

责任，甚至可以选择更高的参保档次，因此养老和医疗保险回报率相对较高，更有利于提高自身的人力资本开发水平，增强他们抵御风险的能力。相反，深度贫困居民由于自身经济基础薄弱，无力或不愿支付参保费用，即便在政府代为缴费以后，按照较低参保档次的收益率计算他们的养老金和医疗报销比例，数量上难以满足他们彻底摆脱贫困的需要。尤其对于因病致贫、因病返贫的居民，当前的合作医疗保险和大病医疗救助虽然能够很大程度上缓解他们经济压力，但是居民后续恢复所需的经济花费依然较高，且恢复时间较长会对他们的工作、劳动造成持续影响，因此并没有从根本上消除致贫诱因。

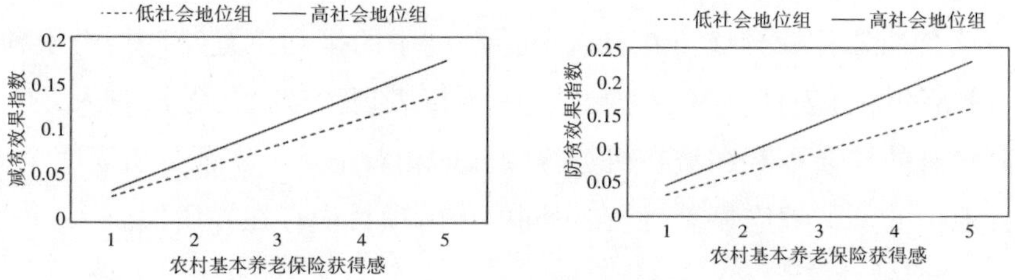

图5-11　个体社会地位对农村基本养老保险深度脱贫效果的调节效应

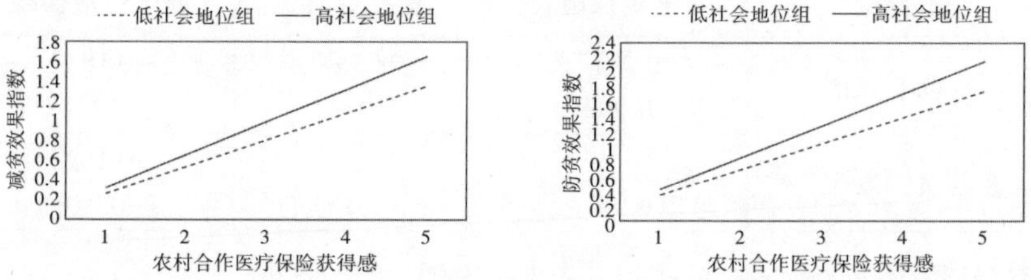

图5-12　个体社会地位对农村合作医疗保险深度脱贫效果的调节效应

个体社会地位对最低生活保障减贫效果呈现负向调节作用，体现出该制度亲贫性特点。从减少既有贫困方面看，社会地位较低（低于平均值一个标准差）的居民，其减贫效果对最低生活保障获得感的标准化回归系数为0.109，远大于社会地位较高（高于平均值一个标准差）的居民标准化系数（0.023）。从预防贫困发生方面看，社会地位较低（低于平均值一个标准差）的居民，其预防效果对最低生活保障获得感的标准化回归系数为

0.051，远大于社会地位较高（高于平均值一个标准差）的居民标准化系数（–0.011）。

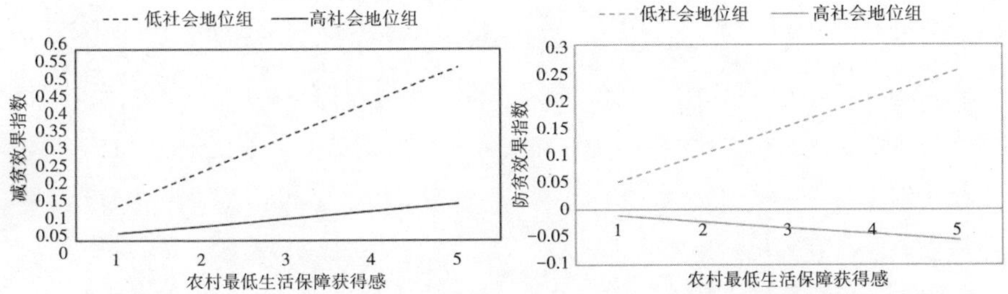

图5–13　个体社会地位对农村最低生活保障深度脱贫效果的调节效应

综上，对于社会保障深度脱贫效果测度可以得出如下结论：

其一，最低生活保障减贫效果最好。实证结果显示：深度贫困乡镇社会保障项目对于减少既有贫困的效果差异较大。总体看来，最低生活保障和合作医疗保险的减贫作用最大，两者标准化系数分别为0.914和0.746，而基本养老保险的减贫作用最小，标准化系数为0.077。

其二，基本养老保险防贫效果最佳。实证结果显示：深度贫困乡镇社会保障项目对于预防贫困发生的效果差异同样较大。总体看来，合作医疗保险和基本养老保险的减贫作用最大，两者标准化系数分别为0.843和0.386，而最低生活保障的减贫作用最小，标准化系数为0.29。

其三，合作医疗保险综合效果突出。从脱贫要素上看，居民个体健康水平是影响当前和未来劳动力资本的关键内因，医疗卫生水平是巩固和发展居民身心健康的核心保障。城乡居民合作医疗保险在减少既有贫困过程中的总效应系数是0.746，而在预防贫困发生过程中的总效应系数是0.386，可以说它在深度脱贫攻防两端都起到了明显的积极作用。

其四，实证分析表明个体社会地位的调节效应显著，但在不同的保障项目中存在异质性。具体来说，个体社会地位对基本养老保险和合作医疗保险的深度脱贫作用呈现正向调节作用，而对最低生活保障深度脱贫作用呈现负向调节作用。这种分化的根本原因是养老和医疗保险都是具有缴费责任的社会保障项目，而最低生活保障则不需要个人承担缴费义务。个体社会地位对最低生活保障减贫效果呈现负向调节作用，体现出该制度亲贫性特点。

第五章

重庆市社会保障深度脱贫成绩与问题

2019年重庆市五届人大常委会第十二次会议顺利召开，会上《重庆市人民政府关于全市民族地区和深度贫困乡镇脱贫攻坚工作情况的报告》显示，截至2019年7月，重庆18个深度贫困乡镇累计减少贫困人口22810人，实现85个贫困村整村销号，贫困发生率从2015年的18.24%下降到2.13%。“吃穿不愁”问题已普遍得到解决，深度贫困地区农村安全饮水保障率达到100%，贫困人口基本医疗保险参保率达到100%，在校贫困学生资助政策全部落实到位。虽然深度贫困乡镇脱贫攻坚工作推进有序，但仍然不同程度地存在产业发展、项目建设、政策落实、统筹协调等方面的问题。

一、深度脱贫主要成绩

重庆市社会保障制度经历了改革、推进、扩面、深化等系列发展阶段。按照立法先行、结合实情、协调发展、多头并进的发展思路，重庆市的城乡居民基本养老保险、城乡居民合作医疗保险和城乡居民最低生活保障等社保制度建设取得了长足进步，为巩固发展民生、精准扶贫、精准脱贫做出了突出贡献。

（一）保障制度不断均衡

改革开放以来，伴随社会保障制度整体转型，特别是近10年来的快速发展，重庆市养老保险参保人群数量不断增加，城乡覆盖面不断扩大。已经从主要面向城镇居民提升为全民共享的福利制度。不仅如此，计划经济时期城乡分割的格局也已被完全打破，城乡居民的养老保险、医疗保险、社会救助等基本实现了一体化。

1.养老保险制度发展为全民共享的福利制度

2009年9月，国务院启动了新型农村社会养老保险的试点工作。根据该文件相关精神，重庆市结合本市经济社会发展的实际情况出台了《重庆市城乡居民社会养老保险试点实施意见》，选取15个区县启动了城乡居民社会养老保险的试点探索。将具有重庆市户籍且年满16周岁及以上的农村居民、城镇灵活就业人员、城镇年满60周岁以上且没有享受基本养老保险(退休)待遇的人员,一并纳入城乡居民社会养老保险框架之中,统一各类人员参保缴费标准、补助标准、给付标准,探索实现城乡居民养老保险制度统筹。2010年,为帮助农民工融入城市,解决农民工养老保险在转移接续中遇到的难题,重庆市决定将农民工养老保险并入城镇职工养老保险中,并对缴费比例进行适度调整,提升农民工的退休待遇,实现农民工和城镇职工养老保险并轨。2014年重庆市进一步调整并完善了城乡居民养老保险制度,出台了《重庆市城乡居民基本养老保险实施意见》,文件进一步明确了参保范围和对象、参保方式、变更缴费档次方法等,同时规定了十二个档次的个人缴费标准和政府补贴标准,确定了养老金按月领取条件及支付时间、基本养老金待遇、增发养老待遇等内容,尤其强调了个人账户的建立与管理、养老保险关系转移接续等方面政策,新意见将覆盖重庆市1119万城乡养老保险参保人员,其中约368万老年人将直接受益。

2.医疗保险制度改革价值取向注重公平

公平性是社会保障的基本特征,也是社会保障的基本原则,重庆市在其医疗政策的制定中也一直贯彻着此项原则。重庆市经过多年的努力已经建立起了覆盖全民的医疗保险制度,各居民不论性别、职业、年龄、民族、地位都可以享受医疗保险待遇,实现了政策覆盖对象的公平性。在医疗保险待遇方面,重庆市于2007年开展了城乡居民合作医疗保险,对城镇居民与农村居民实行统一的管理、统一的筹资,致力于缩小城乡居民医疗保险待遇差别。但受我国社会保险发展的历史因素影响,城镇职工医疗保险与城乡居民合作医疗保险在待遇方面还存在较大的差距。政策注重公平性并非以牺牲效率为条件,只有最大程度发挥医疗保险资源的效率才能更好地实现公平性。在逐渐扩大医疗保险覆盖范围,缩小医疗保险待遇差别的同时,重庆市也在制定各项政策,例如实行总额预算制度、完善基本医疗保险基金收支预算管理制度、合理确定全区总额控制目标、推进付费方式改革等,致力于提高医疗保险资源的使用效率。

3.社会救助制度融入社会治理整体框架

从独立运行到融入社会治理的整体政策框架。政策的制定应具有全局性,全面考虑各项政策之间的联系。因此,社会救助政策制定过程中不单单只考虑对于困难人群的生活救助,同时要与社会其他政策和发展方向相符。政策制定过程在坚持以人为中心的同时应兼顾发展,使得社会救助在社会发现过程中的作用更为凸显。重庆市社会救助制度改革和政策发展体现出对于弱势群体的关心帮助与社会整体治理政策框架紧密联系的特点。从最初向城乡低收入家庭提供现金和实物帮助,发展到与养老政策、医疗政策、教育政策、扶贫政策、产业开发政策等一系列经济社会发展和民生福祉增进措施的衔接融合,针对深度贫困地区和深度贫困人口适时推出了家庭救助和全面的个人救助,包括特困救助、重大疾病救助、五保户救助、残疾人救助、学龄儿童救助、农民工救助等多门类专项救助制度。通过重庆市民政、扶贫、社保、教育、医疗等相关部门的通力配合,打造出深度贫困地区社会治理的整体制度框架和政策库,充分发挥出制度合力,有效帮助深度贫困人口全方位提升救助和福利水平。

(二)保障内容全面发展

社会保障作为脱贫的重要手段,也受到重庆市相关政府部门的重视,先后颁布了多项具有反贫效用的社会保障政策,主要体现在社会保险和社会救助政策中,社会福利也有所涉及。

1.养老覆盖范围由窄变宽

城乡居民基本养老保险制度的发展,帮助深度贫困地区贫困人口解决老有所养问题做出了积极贡献。为保障贫困人口的养老权益,重庆市政府全面支持贫困人口参加城乡居民养老保险。先后出台了两大支持贫困人员参加城乡居民基本养老保险的政策。一是建立了代缴政策。对截至上年年底认定的未标注脱贫建档立卡贫困人员、低保对象、特困人员参加城乡居民基本养老保险实施代缴政策。代缴对象按最低档次标准参加城乡居民基本养老保险的,对特困人员按照最低档次标准全额代缴,对其余代缴对象按最低档次标准的70%代缴;代缴对象自愿选择按其他档次标准参保的,仍按照最低档次标准的代缴金额进行代缴。二是将超龄贫困人员纳入参保,直接享受待遇。将超龄人员中的建档立卡贫困人员、低保对象、特困人员直接纳入城乡居民基本养老保险制度。

2. 医疗保障内容由点及面

重庆市医疗保险最早建立了城镇职工医疗保险，其早期的覆盖人群只包括城镇职工，后来在渝工作的外籍人士、港澳台人员、城镇灵活就业人员、失业人员、无单位退休人员都纳入其覆盖范围。随后，建立了城镇居民医疗保险和新型农村合作医疗保险（后合并为城乡居民合作医疗保险），这使得基本医疗保险实现了覆盖城镇职工到面向全民的历史性进程。同时，早期的医疗保险只保障居民基本的门诊和住院需求，但随着其不断发展完善，居民的大额医疗费用、特殊疾病以及长期失能人员的护理需求都得到了保障。由此可以看出，医疗保险政策的覆盖人群和保障内容是一个由点到面的发展过程，政府力求所有居民的各种医疗需求都得到保障。目前，重庆城乡居民合作医疗保险特殊疾病范围已经扩大到26种，其中包括了重大疾病12种、慢性病14种。为解决贫困群众“基本医疗有保障”突出问题，2019年国家规定了农村贫困人口大病专项救治的25个病种，目前重庆市农村贫困人口大病专项救治病种已达30个。贫困居民医疗保险报销比例和保险病种不断增多，切实减轻了深度贫困地区重大疾病患者的健康和经济风险。

3. 社会救助政策丰富完善

作为最有效的社会保障脱贫手段——农村居民最低生活保障制度直接为生活在最低生活保障线下的居民提供最低生活水平所需的费用，保障其生活。与之作用相似的还有特困人员救助供养制度和农村五保户救助制度。重庆市社会救助政策由笼统地针对社会低收入人群生活问题到推出针对残疾人、困难型支出家庭等多样的救助政策，使得社会救助范围得到有效扩大，政策救助功能更加显著。2016年出台的《重庆市最低生活保障动态管理规范》将农村建档立卡贫困人口全部纳入重特大疾病医疗救助范围，并重点强调了对因病致贫家庭重病患者及时给予资助参保、普通疾病和重特大疾病医疗救助；将低收入救助对象和因病致贫家庭重病患者的重特大疾病救助比例提高到不低于60%，重点救助对象重特大疾病救助比例不低于70%；对因病、因学造成家庭长期刚性支出过大，影响家庭基本生活的低收入家庭，强化无人监护、无户籍、失学辍学、残疾、患病等重点对象的干预帮扶工作;依法依规将符合社会福利或社会救助政策的农村留守儿童纳入社会保障范围。除此之外,重庆市还实施教育帮扶工程,为建档立卡贫困户学生免费提供教科书(仅限高中阶段),对接受中等职业教育的还提供3000元的助学金,切实保障学生接受教育的权利。农村危房改造工程的实施大大改善了贫困人口的居住条件。重庆市脱贫相关的社会保障政策涵盖社会保险、社会救济、社会福利三个方面,从养老、医疗、教育和住房等多个方面对贫困人口的生活进行保障,内容全面,综合脱贫效应明显。

(三)保障措施调整灵活

1.养老保险

建立之初的社会保障立足于应急性地解决灾民与失业工人的生存危机,计划经济时期的社会保障在城镇可以勉强维持居民温饱。随着经济社会快速发展和地方财政实力不断提高,重庆市始终贯彻中央关于养老保险和养老金相关政策的调整方针,满足人民日益增长的物质生活水平要求。《关于2019年调整退休人员基本养老金的通知》明确从2019年1月1日起,为2018年年底前已按规定办理退休手续并按月领取基本养老金的企业和机关事业单位退休人员提高基本养老金水平,总体调整水平为2018年退休人员月人均基本养老金的5%左右。重庆市企业离退休人员的养老金已实现连续15年增长,从2006年的人月均500多元提高到2018年的2800多元;城乡居民养老金也从2009年试点的人月均55元增长到100多元。

2.医疗保险

重庆市深度贫困地区医疗保障制度坚持适度原则,回应人民美好生活需要。社会保障是国家用经济手段来解决经济发展中的社会问题进而达到特定目标的制度安排。因此,社会保障的发展亦必须坚持与社会经济发展相适应。重庆市医疗保险政策的发展变化也很好地贯彻了这一原则。重庆市医疗政策的制定出台符合医疗扶贫、医保脱贫的现实和时代要求。从2001年的《重庆市城镇职工基本医疗保险市级统筹暂行办法》到2013年的《重庆市城乡居民大病保险暂行办法》,再到后来的《重庆市关于开展城乡居民合作医疗保险基层医疗机构普通门诊费用统筹的通知》《重庆市生育保险和职工基本医疗保险合并实施试点方案的通知》《重庆市长期护理保险制度试点意见的通知》,可以看出为了适应社会主义市场经济体制改革和发展的需要,重庆市城乡居民合作医疗保险制度经历了一系列灵活调整和完善,从最初解决贫困地区看病贵、看病难等问题,发展到致力于全面缓解深度贫困居民大病治疗支出负担、生育负担、长期护理负担等医疗健康问题。医疗保险政策随着人民群众日益增长的美好生活需要进行不断深化改革,力求通过医疗保障政策的灵活调整满足贫困人口的健康需求。

3.社会救助

重庆市社会救助政策调整体现出开放性和及时性。政策的灵活性是决定其能否长期有效实施、发挥作用的重要条件。政策的制定和实施并不是一成不变的,应是与时俱进的。通过分析发现,社会救助政策是随着社会发展的需要,或者说是随着不同阶段的社会问题在不断调整、变动,特别表现在推出社会救助和保障标准与物价挂钩的联动机制。救助标准要保证困难人群的基本生活就必须与实时的物价水平相适应,否则无法发挥社会救助的作用。重庆市于2008年和2014年分别制定了《重庆市城乡居民最低生活保障条例》《重庆市人民政府关于贯彻落实国务院〈社会救助暂行办法〉的实施意见》。2016年,《重庆市城乡居民最低生活保障条例》正式发布。2018年,又出台了《关于提高城乡低保标准和特困人员救助供养标准的通知》。伴随重庆市城乡居民最低生活保障制度的灵活调整,城乡居民最低生活保障水平不断提高,农村低保标准从2015年的每人每月220元提高到2018年每人每月410元,特困人员救助供养标准提高到每人每月710元。专项救助中,残疾人员每人每月40元,一至二级重残人员、患有重大疾病人员和70岁以上老人每人每月60元,学龄前儿童和在校学生每人每月100元。重庆市社会救助政策随着社会发展的需要,或者说随着不同阶段的社会问题在不断调整、变动,特别表现在推出社会救助和保障标准与物价挂钩的联动机制,体现了政策的开放性、灵活性、及时性和有效性。

(四)保障能力逐步增强

党的十八大以来,重庆市不断加快农村社会保障制度建设步伐,紧扣深度脱贫、乡村振兴、全面建成小康社会等战略目标,不断完善农村社会救助、社会保险和社会福利等制度,并不断加大相关的财政投入力度,有效地提升了深度贫困地区的社会保障能力。

1.财政投入逐年增长

重庆市通过各种渠道增加社会保障事业资金投入量,其中财政资金是社会保障事业发展的主要资金来源。统计数据显示,2012年重庆市社会保障与就业财政支出403亿元,医疗卫生财政支出167亿元,住房保障支出177亿元。2017年,重庆市社会保障与就业财政支出703亿元,较2012年增长了75%;医疗卫生与计划生育支出354亿元,较2012年增长了112%;住房保障支出113亿元,较2012年有所下降。党的十八大以来,重庆市社会保障与就业的财政投入超过2700亿元,在医疗卫生事业财政投入超过1300亿元,在住房保障领域的财政投入700亿元,如此大规模的财政投入水平对于保障深度贫困地区各项社会制度运行起到了关键作用。

2.社会力量作用显现

社会扶贫是扶贫"三驾马车"中最具潜力、最有活力的部分,重庆市历来高度重视发挥社会力量参与深度脱贫的作用。观察重庆深度脱贫"朋友圈",可谓交友广泛。水利部、中国农业银行、中国进出口银行等9家中央单位为深度贫困乡镇带来了资金、政策、技术帮扶,解决了贫困地区发展的资金短缺、劳动力技能缺口等问题。在东西部协作扶贫方面,近年来山东省累计支持重庆市财政援建项目959个,援助资金总额逾13亿元。其中仅2019年就援助重庆市6.32亿元,援建项目429个。在社会扶贫方面,集团式帮扶是重庆独具特色的帮扶形式之一。由437家成员单位组建的18个市级帮扶集团对口帮扶贫困区县,2019年投入的帮扶资金超过6000万,捐赠各类物资2万余件,落实帮扶项目400余个。

3.精准救助效果突出

作为一种解决农村贫困的补救机制,农村低保制度是以保障贫困群体基本生存权利为主要目标的社会救助制度。根据重庆市民政局、重庆市财政局联合发文《市民政局市财政局关于提高城乡低保标准和特困人员救助供养标准的通知》，其中城市低保标准提高到每人每月546元，农村低保标准提高到每人每月410元，全市特困人员救助标准提高到每人每月710元。农村最低生活保障待遇相比于2017年的350元增加了60元，增长17.1%。近年来，重庆市多次调整农村低保待遇标准，致力于提高农村低保待遇，切实保障处于最低生活保障线下农村居民的待遇。2017年，重庆市农村低保救助力度系数与生活救助系数都高于临界值，说明政府对低保的救助力度是足够高的，能够有效地维持低保人群的基本生活，实现低保户尤其是丧失劳动力贫困户"两不愁"的目标。2017年，重庆市修订了《最低生活保障条件认定办法》，从2017年5月1日起正式实施，实施后全市将新增低保对象3.2万人左右，同时减少4000人左右，实际增加2.8万人左右，每年将增加支出1亿元左右。通过调整最低生活保障条件认定办法，在适度的范围内扩大低保的覆盖人群，把原来处于低保边界的人群纳入低保，最大程度上实现了应保尽保。

根据重庆市民政局发布的《2019年3季度重庆民政统计分析》资料显示，2017至2019年，重庆市农村最低生活保障的救助人数出现了下降态势，但低保救助资金规模总体却上浮明显，表明人均救助水平在逐年增强。根据表6-1的数据计算，重庆市农村居民最低生活保障水平从2017年的人均2646元增长到2019的年人均3356元，增长了近30%。

表6-1 2017—2019年重庆市第三季度农村居民最低生活保障变化情况

年度	人数(万人)	户数(万户)	支出(万元)
2017年第3季度	59.49	32.03	157417.00
2018年第3季度	59.39	32.15	193154.60
2019年第3季度	57.47	31.15	192845.90

4.医保脱贫成绩斐然

深度脱贫战略实施以来，重庆市针对深度贫困人口，尤其是针对因病致贫、因病返贫的人群已经建立起一套完整的城乡居民合作医疗保险、城乡居民大病医疗保险、精准脱贫医疗保险大病保险、扶贫医疗基金和医疗救助“五位一体”的保障体制。城乡居民医疗保险和大病医疗保险给予了深度贫困人口基本医疗需求保障。精准脱贫医疗保险大病保险、贫困户大病医疗补充保险能够帮助贫困户解决基本医疗保障层次以外的医疗费用报销问题。扶贫医疗基金对农村建档立卡贫困人口和民政医疗救助对象产生的医保目录外的自费费用给予补助。健康扶贫医疗基金对医保目录内的医疗费用给予救助，进一步降低了贫困人口的医疗自付比例。当前，重庆市财政全额资助深度贫困人口参加合作医疗保险费用的政策已经实现了全覆盖。此外，对于低收入群体和因病致贫人员参加一档医保还给予了70%费用资助。同时，政府出台了一系列措施旨在降低深度贫困人口门诊和住院治疗费用，提高他们治疗费用报销比例，切实减轻该类人群医疗支出压力。新华网报道中提到了重庆市医保扶贫的突出成绩，仅2020年上半年共惠及27.8万人次，医保政策范围内医疗费用10.13亿元，基本医保、大病保险、医疗救助三项制度为贫困人口报销医药费用8.24亿元，占比81.34%。①

5. 教育扶贫斩断穷根

提高地区教育水平，提升居民受教育程度是扶贫扶智的重要任务，更是阻断贫困代际传递的重要途径。重庆市在深度脱贫过程中高度重视学龄人口教育、贫困劳动者职业技能教育问题，通过一系列手段帮助当地教育事业健康快速发展。2017年《深化18个深度贫困乡镇教育脱贫攻坚工作的通知》采取了一系列措施，推进落实深度贫困乡镇“学生上好学、农民懂技能、校校结对子、致富有希望”的目标。目前，18个深度贫困乡镇建档立卡贫困家庭学生从入学到毕业已经获得全程资助，地区基础教育、职业教育在人才、资金、基础设施、物资设备、信息网络等领域的投入有了长足进步，在提高当地人口综合素质、革新人们思想观念、引导乡风文明建设等方面的作用十分显著。

① 数据来源于新华网，2020-08-31：http://www.xinhuanet.com/health/2020-08/31/c_1126432773.htm

二、主要经验

(一)坚持党的领导

重庆市紧扣中央的统一部署和要求,深入学习贯彻习近平总书记扶贫开发重要战略思想和在深度贫困地区脱贫攻坚座谈会上重要指示精神,在深度脱贫攻坚战中充分发挥党组织和党员干部的领导作用,始终坚持党对深度贫困地区扶贫开发和深度贫困人口脱贫致富各项工作的绝对领导地位。

一是在深度脱贫攻坚战中全面发挥党的领导核心作用。中国共产党是人民的政党,中国共产党执政是为人民谋幸福。党的十八大以来,全国精准扶贫、精准脱贫战略取得的伟大成就是党带领全国各族人民撸起袖子踏实苦干出来的,根本原因是中国共产党始终把人民的利益摆在首位。党的十八大以来,重庆市党委和政府把深度脱贫纳入地方总体发展战略,不断出台有利于深度贫困人口脱贫致富的经济发展政策和社会福利政策,让社会弱势群体也能参与改革利益分配,也能共享社会发展成果。

二是在脱贫攻坚过程中,党中央提出了"中央统筹、省负总责、市县落实"的工作机制,重庆市各级党委和政府积极响应中央号召,快速展开行动,层层签订脱贫攻坚军令状,明确了目标任务和责任分工,让重庆市深度脱贫有了坚实的组织基础和顺畅的工作机制,保证了各项部署准确快速地上传下达,确保了各类扶贫资源统筹安排、协调有序,促进了各级、各部门扶贫干部队伍建设和人才培养使用,如在深度贫困乡镇建立驻村工作队、选派驻村干部担任"第一书记"等,通过党员干部对贫困群众的教育引导,使贫困户树立起艰苦奋斗、自力更生的观念,消除个别居民"等靠要"的思想,使党对深度脱贫工作的领导深入基层,深入民心。

三是创新"党建+产业"精准扶贫新模式。产业扶贫是改变以往"输血式"扶贫、形成"造血式"扶贫的主要推动力量。重庆市深度脱贫探索出了一条"党建引领产业发展、党建促进产业脱贫"的道路,通过在深度贫困乡镇实施党建扶贫+产业扶贫的方式提升深度脱贫效果。在深度贫困地区产业发展过程中,当地党委、政府积极开展支部建设活动,探索出深度贫困地区"党建+专业合作社+农业生产基地+贫困农户"的扶贫模式，把支部建在田间地头和农家院落，利用基层党组织的领导使产业扶贫策略更好地适应深度贫困地区的需要，提升深度脱贫的精准性和长效性。

（二）强化政府主导

重庆市深度脱贫攻坚战不断强化政府主导，把扶贫脱贫纳入地方总体发展战略和各级政府考核体系，强化了各级政府的扶贫责任，对各级扶贫干部、扶贫部门和地方主要领导的扶贫工作起到了激励鞭策的效果。

第一，政府主导是重庆深度脱贫的基本特征。重庆市深度脱贫坚持政府主导、部门支持、全社会共同参与，努力构建专项扶贫、行业扶贫和社会扶贫"三位一体"的大扶贫格局。其中，以政府为主导的专项扶贫，在深度扶贫攻坚战中起着中流砥柱的作用。近年来，重庆市坚持将每年新增财政收入大部分用于基层，重点向贫困地区倾斜，优先保障脱贫资金。各个贫困县也制定了脱贫规划，组织动员当地各行各业的资源投入扶贫工作，做到了扶贫项目优先安排，扶贫资金优先保障，扶贫工作优先对接，扶贫措施优先落实。

第二，各级政府把深度脱贫纳入地方发展总体规划和绩效考核目标体系。自开展深度脱贫工作以来，重庆市政府在制定地方经济社会发展总体规划过程中，将农村扶贫开发时间表和线路图摆在更加显眼的位置，各级政府在制定"十三五"规划和年度发展目标时，都将防贫、减贫作为政府责任写进地方工作文件。

第三，各级政府都签订了扶贫军令状，将责任分解落实，并充分发挥考核"指挥棒"、督查"丈量尺"、整改"衣帽镜"作用，通过跟踪调查、蹲点督导、分片包干、三方评估等形式将"回头看"的责任落实到人，确保了深度脱贫效果和问题的及时反馈，对于在扶贫领域出了问题的部门和干部采用"一票否决制"。同时，各级政府强化考核结果运用，将扶贫考核与干部个体考核挂钩，更与区县经济社会发展绩效考核挂钩，通过明确扶贫干部个人和脱贫任务地区的考核结果的奖惩机制，激发深度贫困地区干部的内生动力。总之，注重加强考核和监督，是确保重庆市深度脱贫成果经得起实践和历史检验的关键。

（三）更新保障理念

在建设人民满意的政府的方针指引下，重庆市在社会保障深度脱贫工作中始终坚持“以人民为中心”的服务宗旨，不断深化对社会保障反贫、脱贫的理论认识，坚持革新社会保障发展理念，用新思想武装干部队伍，提升社会保障深度脱贫成效。

一是对社会保障功能的认识从单纯的困难救助上升到全面的福利保障。重庆市各项社会保障制度改革发展体现出政府相关部门、社会保障工作者和社会大众对于社会保障制度功能的认识正在全面提升。以往对社会保障制度的认识和实践多是停留在对社会弱势群体、困难群众物质生活条件的满足保障方面。随着人们对贫困概念、性质、成因等问题的深入理解，对于收入贫困概念向多维贫困、权利贫困等概念的纵深发展，社会保障反贫困工作也被赋予了新的内涵，从以往单纯保障贫困人口基本生活需求转向对他们食物、健康、教育、文化、劳动技能、社会融入等多领域全方位的福利分享，体现了经济社会发展成果由全体社会成员共享的理念。

二是对社会保障投入责任的认识从以往单纯依靠政府发展到动员全社会力量广泛参与。社会保障的实质是对社会成员的收入再分配，从这个意义上说，每一位社会成员都有责任和义务参与社会保障深度脱贫的事业。以往社会保障资金、人才、物资、信息等要素多是依靠政府部门动用公共资源进行单渠道投入，随着全社会对现代国家治理、贫困综合治理等概念的认识逐步深入，越来越多的企业、社会团体和个人都主动意识到参与社会保障人人有责，帮助深度贫困人口摆脱窘迫的生活状态是大家应尽的义务。而且，随着现代社会高风险特征的加剧，人们也认识到防范并化解风险需要依靠集体的力量，任何个人在应对巨大社会风险的时候都显得苍白无力。因此，养老保险、医疗保险等制度实施进程得以提速，城乡居民越来越乐于投入社会保障这种和衷共济、风险分担的社会保护制度中。

（四）重视制度建设

重庆市重视社会保障深度脱贫的制度建设，由过去临时性、随意性的政策安排转向了稳定的、正式的规章制度，提高了社会保障的脱贫效果。

重庆市社会保障深度脱贫过程中，特别重视对各项社会保障工作建章立制，在城乡居民基本养老保险、城乡居民合作医疗保险、城乡居民最低生活保障等每一个领域都出台了数十项地方性的法规、条例、实施办法，正是通过这样的制度建设，每一项社会保障措施都于法有据、有法可依，促进了各项政策出台、执行的规范性、合意性，有效降低了制度磋商成本和执行成本，提高了社会保障资源利用效率，这是对深度贫困人口基本社保权益的有效保护。此外，在深度脱贫攻坚战中，中共重庆市委、市政府、相关职能部门也积极通过沟通协调和制度建设，综合发挥产业扶贫、就业扶贫、教育扶贫、医疗扶贫、养老扶贫、低保兜底、住房保障、生态扶贫等一系列专项扶贫手段的经济效益、社会效益和生态效益，将深度贫困乡镇扶贫开发、深度贫困人口脱贫需求纳入当地经济社会发展和综合治理的整体制度设计之中，依靠顶层设计加大各项社会保障制度和扶贫开发制度的衔接水平，有助于统筹安排各个社会保障项目和扶贫开发项目的人才、资金、信息要素，提高资源整合度，更有利于项目的执行管理。

（五）创新资金使用

创新可以说是重庆市深度脱贫在不同阶段发展的一个共同主题。正如前文所述，各类扶贫资金在筹措、分配及使用上均有创新的举措，以提高资金使用的绩效。以财政专项扶贫资金为例，石柱县中益乡试行“先建后补”的措施，有利于建立激励机制，鼓励贫困户根据自己的需求开展生产活动。扶贫资金使用通过相关部门验收合格后，直接补发到贫困户，在一定程度上避免了贫困资金养懒汉的现象，从而提高了资金使用的效率。在扶贫资金监测方面，重庆市“扶贫云”的建立，结合大数据的优势，以更高效及透明的方式，动态管理扶贫资金使用信息。再如，金融扶贫资金的设置中新元素的产生也层出不穷，包括半金融机构的产生及其在金融筹资中的作用。又如，村级微型担保平台模式的推出，有效降低了扶贫贷款的风险，增加了贫困农户的信用额度。

三、存在问题

(一)地方财政实力薄

社会保障制度建设由于受制于地方财政能力严重不足,重庆市农村大部地区社会保障项目的保障水平在相当长一段时间内让位于制度覆盖面的推进。深度贫困地区(包括区县和乡镇)地方政府自身财政能力不足的问题更为严重。

重庆市渝东北和渝东南片区的县级政府的财政收入十分有限,财政收入来源渠道单一,自身创造财政收入的能力很低。《重庆统计年鉴(2018)》数据显示,2017年重庆市主城片区财政收入为619亿元、渝西片区为491亿元,而渝东南片区的财政收入为227亿元,渝东北片区财政收入仅为90亿元。由此可以看出重庆市区域经济结构失衡的矛盾尚未得到有效解决,渝东南和渝东北地区财政收入水平和财政平衡能力(财政自给系数均低于0.3)较弱。深度贫困区县多位于渝东南和渝东北两个片区,数据显示2017年深度贫困地区财政收入仅19亿元,财政自给系数仅为0.28,属于典型的“吃饭财政”。许多深度贫困乡镇财政运行需要市级和区县财政大量转移支付和专项经费维持,而它们自身能够为社会保障投入的资金很少,这导致诸多社会保障项目的落实因为资金瓶颈陷入尴尬境地。

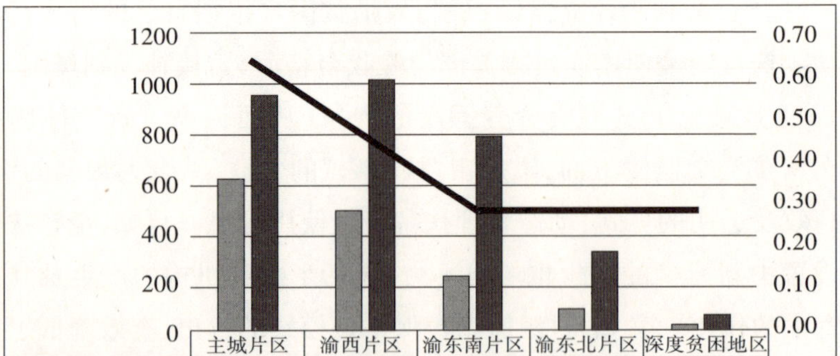

	主城片区	渝西片区	渝东南片区	渝东北片区	深度贫困地区
财政预算收入	619	491	227	90	19
财政预算支出	965	1019	790	324	66
财政自给系数	0.64	0.48	0.29	0.28	0.28

财政预算收入 财政预算支出 财政自给系数

图6-1 2017年深度贫困地区(区县)财政收支能力对比 单位:亿元

深度贫困地区用于社会保障支出(统计口径为医疗、社保和就业支出之和)的数量远低于主城、渝西等片区,但支出占比(社会保障支出与一般财政预算收入之比)则远远高于其他地区。《重庆统计年鉴(2018)》的数据显示,深度贫困地区医疗支出仅7.9亿元,社保和就业支出仅7.4亿元,合计15.3亿元;支出比例上,深度贫困地区的社保和就业支出比例为11%,与其他地区基本保持一致,但是医疗支出占比高达43%,二者合计达到51%。如果缺少中央和市级财政资金扶持,深度贫困地区养老、医疗的财政支出压力将更大。受制于地方财力薄弱因素,深度贫困乡镇在针对贫困人口的各项社会救助、社会保险和社会福利等方面政策缺乏自主性、主动性,多是依靠上级财政安排资金办事,无法调动地区社会保障深度脱贫的积极性和创造性。相应地,深度贫困乡镇在农村低保、特困救助、大病救助、养老和医疗保险、文化教育福利等方面的发展均较为滞后,社会保障总体水平不高。

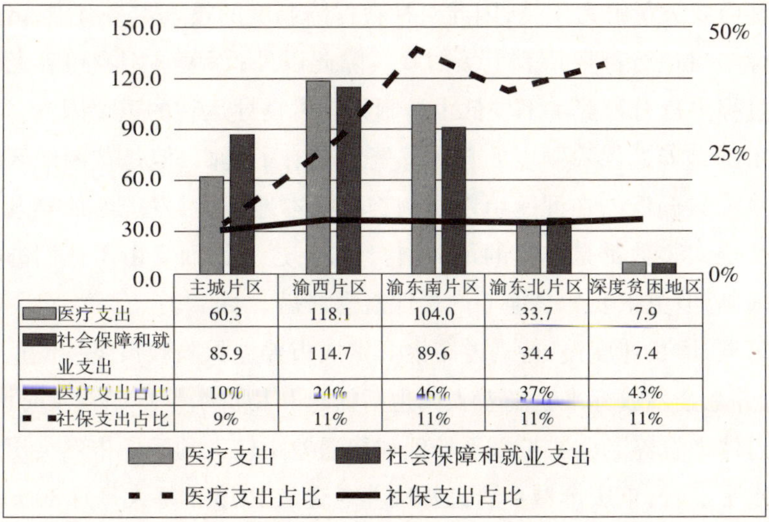

	主城片区	渝西片区	渝东南片区	渝东北片区	深度贫困地区
医疗支出	60.3	118.1	104.0	33.7	7.9
社会保障和就业支出	85.9	114.7	89.6	34.4	7.4
医疗支出占比	10%	24%	46%	37%	43%
社保支出占比	9%	11%	11%	11%	11%

图6-2　2017年深度贫困地区(区县)医疗和社会保障支出情况　单位:亿元

(二)养老保险困难多

第一,尚未实现人群全覆盖。实现城乡居民基本养老保险全覆盖不仅是重庆市社会保障发展的基本目标,更是在深度脱贫地区大力推行的政策措施。实证研究结果表明,城乡居民基本养老保险虽然对解决当前贫困的效果较其他两项制度较弱,但是它在预防贫困发生领域的作用最大。因此,实现深度贫困乡镇养老保险全覆盖对预防地区贫困发生有积极作用。但是当前重庆市深度贫困乡镇居民参加养老保险缴费比例较低,除了政府对于贫困人口给予了参保缴费补助使得大多数贫困居民参加了城乡居民基本养老保险以外,当地很多非贫困家庭参加养老保险的积极性并不高。课题组在石柱县中益乡、武隆区后坪乡、万州区龙驹镇等地调查发现,非贫困人口中参加城乡居民基本养老保险的比例不足50%,参加养老保险缴费的居民,大多数的缴费年限都比较短,很多人抱着"缴满15年就够了"的态度,甚至还有个别居民因为多种原因断缴或放弃缴纳费用。

第二,筹资水平低,财政资金投入不足。前文已经分析了深度贫困地区由于自身财政收入能力和自给能力较低,在脱贫攻坚战中面临的多重任务都需要大量财力支持,因此对社会保障制度的投入水平有限,诸多社会保障项目运行都要依靠上级财政。除此以外,深度贫困乡镇养老保险发展过程中自身筹资水平较低也是制约制度良性运转的重要因素。尽管重庆市基本养老保险制度的总体筹资水平有了提高,但是贫困地区的筹资水平依然偏低。在课题组走访调查的样本地区中,发现参加养老保险的居民绝大多数都是选择的最低缴费档次,这一方面是由于他们的收入水平限制,但更重要的是他们的参保观念滞后。

第三,增长速度慢,待遇差距大。重庆市养老保险政策坚持注重与时俱进,养老金发放标准也随着人民生活需求和物价水平等因素及时调整,但是总体来看养老金增长水平较低和待遇差距较大的问题依然突出。从增长水平上看,重庆市城乡居民基础养老金从2013年每人每月80元调整到2018年115元,5年时间标准上涨了44%,年均增长8.7%。同期,重庆市人均GDP从43599元增长到63689元(2017年数据),年均增长约11%;重庆市人均可支配收入从16569元增长到24153元(2017年数据),年均增长约12%。由此可见,基础养老金增长速度较人均GDP和人均收入增长明显较慢。从待遇差距来看，虽然2018年重庆市城乡居民的基础养老金调整到每人每月115元，但是和经济发达地区相比仍有不小差距。同样以2018年为例，上海市城乡居民基础养老金每人每月1010元，北京市基础养老金每人每月800元，天津市基础养老金每人每月295元，武汉市基础养老金每人每月270元。由于基数较小的原因，上涨幅度依然不能掩盖农村居民养老待遇水平较低的现实，所以重庆的基础养老金在四个直辖市之中垫底。

第四，劳动力流出对社会保险缴费造成冲击。国家统计局《2018年农民工监测调查报告》显示，我国2018年农民工总量为28836万人，其中西部地区输出农民工7918万人，比上年增加104万人，增长1.3%，占农民工总量的27.5%。重庆是西部地区主要的农民工输出地之一，重庆市深度贫困地区的产业主要以第一产业为主，多为农业或畜牧业。因此，农村有大量的剩余劳动力需要外出务工，其中以跨省流动为主。由于当前我国城乡居民基本养老保险、城乡居民合作医疗保险尚未真正实现全国统筹，各省、自治区、直辖市对行政辖区内所有劳动者的基本养老保险资金负有征缴义务，因此造成了劳动力流出地的养老保险参保对象充实了劳动力流入地养老保险筹资能力。重庆市农村人口中，相当比例的青壮年劳动力常年外出务工，他们要么不参加养老保险缴费，要么在外省就业地参加养老保险缴费，这就导致了劳动力流出对重庆市养老保险缴费水平的冲击。

（三）医疗保障水平低

1.基层医疗资源不足

城乡居民合作医疗制度是当前重庆市社会保障制度好评度较高的项目之一，实证分析表明城乡居民合作医疗保险综合减贫效果突出，尤其是在减少既有贫困和预防贫困发生两个维度上都起到了较大作用。重庆市城乡居民合作医疗保险制度的发展缓解了人民群众“看病贵、看病难”的问题。合作医疗必须借助医疗卫生软硬件条件。当前，重庆市深度贫困乡镇基层医疗卫生资源不足，医疗水平不高，服务质量较低，抑制了合作医疗保险制度的减贫效果。课题组在调查中发现，部分农村地区高素质的基层卫生医疗技术人员严重缺乏，乡镇医疗卫生机构数量和村卫生室医疗硬件条件严重不足。根据调研数据估算，重庆市深度贫困乡镇每千人执业医师数量低于1人，注册护士数量也低于1人，水平不到全国平均水平的一半。随着农村人口流出速度加快，农村空心化现象导致了村里的乡村医生队伍也在不断萎缩。

2.基本医疗保险门诊待遇水平过低

以2018年为例，重庆市城乡居民普通门诊报销限额为每人每年80元，这远不能保障贫困人群的基本门诊医疗需求。贫困人口本身收入较低，一般都选择在乡镇医院或者村卫生室进行就医，未经住院的费用只能通过门诊费用来进行报销。对于低保人员和特困人员来说，单次门诊就医的费用达不到扶贫医疗基金的起付线，而基本医疗保险门诊报销限额又过低。这一部分的自费费用，对于贫困人口来说是一笔不菲的开支，对于身体状况差或者年老体弱的人来说也会带来巨大的经济压力。

3.分级诊疗制度待完善

重庆市各级医疗机构在职能划分和责任分工方面还有待进一步深入。目前，大型三级医院尚未摆脱繁重的门诊负担，基层一级医院、乡镇医院还不具备承接三级医院诊疗分流的基础条件和资源保障。三级诊疗制度虽然初步建立，但是各方利益协调联动机制尚未建立，因此未能从根本上推动分级诊疗制度框架和政策体系的改革落实。受制于此，深度贫困人口还有相当比例存在“小病不想看、大病看不起”的情况，究其根源是针对贫困地区的医疗资源配置失衡，贫困人口医疗保障提质降费工作进展缓慢所造成。

（四）救助瞄准存偏差

当前，重庆市农村低保水平虽然较经济发达地区尚有一定差距，但是就农村居民基本生活而言，低保金确实起到了保障贫困户“吃穿不愁”的基本作用，而且由于低保金发放对象的权利和义务的非对等性，免费领取使领到低保金的农村居民并无多少不满，矛盾的关键集中在对于低保户的认定是否公平、公正、精准。调查中发现，大部分居民都反映了深度贫困乡镇、村社在评选低保户过程中存在失准的问题，由此造成群众不满和社会矛盾。

1.信息搜集、审核难度较大

在民政部、重庆市民政局等部门的指导下，深度贫困乡镇建立了社会救助家庭经济状况核对机制，按照制度规定明确了低保对象认定的主要条件。但是在实践中由于诸多原因常常造成低保对象认定偏差：一是对于贫困地区劳动力外出务工、灵活就业等收入难以准确核实；二是对于当地农民务农劳动、家庭赡养劳动等劳动价值难以准确折算为现金收入；三是由于缺乏全国层面统一的劳动信息统计平台，当地政府对于农村居民在外地获得的工资性、经营性等各项收入难以掌握。因此，客观上造成了深度贫困乡镇低保认定审核工作的困难，工作中也无法根除低保对象瞒报收入的“骗保”和经济状况认定不准导致的“错保”问题。

2.农村基层经办能力不足

农村社会救助逐步扩展到居民低保、特困救助、医疗救助、残疾人救助、五保户救助、临时救助等，涉及千千万万基层广大困难群众的切身利益。除此以外，乡镇社保所（有的地方叫社会事务办公室或乡镇便民服务中心）还要办理养老、医疗、失业、工伤等各种社会保险登记和社会保险费申报缴纳。因此，基层社保机构的经办能力事关农村社会救助、社会保险等各项政策落地的效果。基层社保工作面宽而大，而乡镇社保所工作任务繁多、人员队伍不足的现象十分严重，大部分乡镇都只有1到2名工作人员，除低保工作外，还要负责特困供养、临时救助、福利事务、社会组织管理等工作，甚至负责残联、红十字会等工作，难以做到逐一入户核查低保对象家庭经济状况，这也容易导致农村低保认定、发放工作失准。鉴于乡镇工作阶段性、季节性、综合性较强，且编制人员有限，上级政府也很难强调机构单设和人员专职问题。

3.民主评议流于形式

根据低保评定办法，申请低保的流程大致可概括为群众申请、审查受理、家庭调查、民主评议、审核审批、资金发放、动态管理。村民代表投票是决定低保申请结果的关键环节。实践中,一方面部分基层干部出于私利干涉民主投票,篡改评议结果,导致低保户认定失准;另一方面,个别村民通过拉关系、通路子,拉拢部分村民代表,使民主评议环节失真。因此,"人情保""关系保"在深度贫困地区屡见不鲜。

(五)农户脱贫能力弱

1.缺乏就业能力

重庆市深度贫困地区劳动力的数量和素质较低是造成地区贫困和个人贫困的重要内因。调查结果显示:从地区人口年龄结构上看,样本地区45岁以上人口比例占到了85%左右,60岁以上的人口比例占到了45%,地区人口老龄化现象十分突出;从教育程度上看,样本地区小学及以下的人口占到了75.3%,其中未受过任何教育的人口比例高达33.8%,受过高中及以上教育的人口比例仅为6.3%。由此可知,深度贫困地区劳动力身体素质和就业能力都明显较差,这不仅影响他们的脱贫能力,更会影响他们的脱贫观念。

2.陷入精神贫困

深度贫困人口年龄偏大,受教育程度较低,这不仅使他们缺乏就业能力和机会,更会影响他们的思想观念和精神状态。深度贫困乡镇个别贫困人口缺乏脱贫志向,思想观念落后,认为脱贫是干部们的事情,与自己无关,自己只需"坐在门口晒太阳,等着政府送小康",甚至一些"贫困老赖"不愿意摘掉"穷帽子",隐瞒实际收入,不配合脱贫甚至抗拒脱贫。长此以往,贫困户精神意志萎靡不振,生活作风懒散放纵,彻底放弃了自主脱贫、主动脱贫的决心、信心和动力,陷入深度贫困循环。

3.加重福利依赖

常言道"救急不救穷",对于有劳动能力而拒绝劳动的困难户,该取消资格的就不应姑息,而对于那些真正困难的无劳动能力、重度伤残或重病人员,则应该加大社会保障兜底扶贫的力度。但长期的政府扶持与补助,会让贫困人口产生福利依赖。这种福利依赖深受贫困文化和宿命论的影响。贫困人口通常有这样一种心态:"反正自己家庭条件差,政府不会不管。”长期处于贫困状态以及由此带来的挫败感会严重影响人的积极性，对自我努力改变现状缺乏信心，容易投向宿命论怀抱。自身的贫困不可避免，而政府可以提供维持基本生活的补助，贫困户的自我脱贫意识更低，对政策的依赖性强。此外，由于贫困户、低保户身份背后裹挟的附带福利，有的人因为贫困身份的改变，尤其是低保户或特困户，改变的不仅仅是他们的生活补助，还有相应的附带待遇，比如说较高的医疗报销比例或者政府代缴医疗、养老保险费。贫困户身份本身附带的这些福利解决了本应由贫困户自行解决的问题，一旦身份改变，就意味着自我责任的增加和家庭承担风险能力的降低。因此，贫困户愿意通过自身努力来实现脱贫的可能性降低。

四、小结

自2014年深度脱贫工作开展以来，重庆市18个深度贫困乡镇的基础设施条件、产业发展基础、乡村人居环境、生态保护治理等方面取得了长足进步，地区脱贫能力和脱贫环境建设稳步推进，也为当地贫困居民的就业、教育、医疗、养老、住房条件改善奠定了坚实的经济基础和物质条件。深度贫困地区社会保障事业发展在为贫困居民提供兜底保障、养老医疗压力和风险分担，以及教育、文化、卫生、体育等社会福利发展等方面做出了巨大贡献，切实减小了深度贫困地区居民家庭支出型贫困概率，也增强了深度贫困人口的脱贫能力。

与此同时，我们也应正视社会保障深度脱贫过程中存在的各种问题及其成因。导致社会保障深度脱贫效果打折的原因是多方面的。这当中既有各项社会救助政策、扶贫开发政策理念滞后、目标失准、内容重叠以及相关责任部门多头管理、资源分散、衔接失调、配合不够等体制、机制原因，又有扶贫干部态度、能力、责任心不足等队伍、组织因素；既有深度贫困地区自身区位条件、资源禀赋、发展基础等客观因素制约，又有贫困对象自身劳动技能不足、思想认识不高、主动性自觉性不够等主观障碍。

第六章

重庆市社会保障深度脱贫路径选择

2017年6月23日，习近平总书记在山西太原主持召开深度贫困地区脱贫攻坚座谈会并发表重要讲话，要求各级党委务必深刻认识深度贫困地区如期完成脱贫攻坚任务的艰巨性、重要性、紧迫性，确保深度贫困地区和贫困群众同全国人民一道进入全面小康社会。这次座谈会是在打赢脱贫攻坚战决战决胜关键时期召开的一次十分重要的会议，标志着脱贫攻坚工作进一步向纵深发展。习近平总书记的重要讲话，立意深远、主题鲜明，是总书记扶贫开发重要战略思想的最新成果，对于我们统筹做好脱贫攻坚全局工作和重点破解深度贫困问题具有重要指导意义。

一、重庆市社会保障深度脱贫制度设计

（一）社保脱贫的制度目标

1.总目标

“十四五”期间，在深度贫困地区全面、健康、快速、高效地发展现代社会保障制度，充分发挥社会救助、社会保险、社会福利等各项社会保障制度在重庆市深度贫困的农村地区促进经济增长、调节收入分配、增进人民福利的作用，使社会保障减少既有贫困和预防贫困发生的综合效益得到充分释放。

2.具体目标

（1）城乡居民基本养老保险实现地区人口全覆盖，稳步提高深度贫困地区居民养老待遇，防止老年贫困发生。

（2）城乡居民合作医疗保险实现地区人口全覆盖，大病医疗保险实现贫困人口全覆盖，着力提升地区医疗保障水平，防止因病致贫、因病返贫。

（3）最低生活保障实现深度贫困人口应保尽保，适度提高最低生活保障标准，逐步扩大专项救助对象范围，防止各类支出型贫困发生。

（4）教育救助实现贫困家庭全覆盖，逐步提高贫困地区义务教育水平和贫困学生救助水平，防止义务教育学生因贫失学、辍学。

（5）住房救助实现贫困家庭全覆盖，实现五保户、低保户、困难户分级救助，确保每一户贫困人口的住房安全保障。

(二)各项制度的改革方向

1.坚持社会救助普惠兜底

当前,重庆市社会保障体系针对深度贫困人口分别实施最低生活保障、医疗、教育、住房、就业以及地方特色的救助措施,其中城乡居民最低生活保障是实现深度脱贫的基础制度。在最低生活保障制度关联基础上,重庆市还出台了多项专门救助制度,以此落实中央《"十三五"脱贫攻坚规划》关于推动专项救助在保障低保对象的基础上向低收入群众适当延伸,逐步形成梯度救助格局,为救助对象提供差别化的救助精神。在重庆市进一步深度脱贫工作中,必须明确各项社会救助制度在深度脱贫中的定位分工,低保主要解决贫困人口的"两不愁、三保障"中的"两不愁"问题,教育、住房和医疗救助主要解决的是贫困人口的"两不愁、三保障"中的"三保障"问题,并充分发挥专项救助措施的作用,与低保制度打好配合战,形成社会保障制度对深度贫困人口的全方位兜底。

2.推动养老保险扩面升级

深度贫困地区养老保险扩面是增加地区养老保险筹资能力、提高养老保障水平、实现养老保险可持续发展的重要途径。当前,重庆市深度贫困地区医疗保险已经实现全覆盖,但是养老保险参保率尚有较大提升空间。为缓解重庆市深度贫困人口参保缴费支付压力,各级政府应加大养老保险宣传力度,继续鼓励贫困地区居民积极参加养老保险,通过产业扶贫、就业扶贫等方式帮助深度贫困人口脱贫致富并主动购买养老保险,对于丧失劳动能力的贫困居民,可以采用增加政府补贴比例的方式吸引他们提高参保档次,达到贫困人口"早参保、多缴费、不断保"的目的,不断扩大地区养老保险制度覆盖率。

3.加快合作医疗提档增效

为打赢深度脱贫攻坚战,防止医疗支出型贫困的蔓延,重庆市医保部门、财政部门、医疗卫生部门应加大力度促进贫困地区合作医疗提档升级。一是加大深度贫困乡镇建档立卡贫困户参保补贴力度,通过财政补贴的方式鼓励他们参加二档医疗保险缴费;二是进一步提高深度贫困居民门诊和住院报销比例,通过按病种付费的方式切实减轻他们的医疗支出负担；三是扩大深度贫困居民的重特大疾病救助范围，加大救助，特别是加大深度贫困地区突发重大疾病导致基本生活严重困难的临时救助力度；四是对深度贫困人口重特大疾病出院以后进行跟踪关注，保证后续相关救助。

4. 大力开发公益扶贫岗位

在深度贫困地区就业扶贫中，可以通过大力开发深度贫困村的公益性岗位[①]，帮助建档立卡贫困家庭劳动力实现“就地、就近”就业，稳定增加贫困户收入，达到“就业一人，脱贫一户”的效果。一是保障公益性岗位待遇，各级财政和社会要加大投入保障深度贫困农村公益性岗位待遇，确保公益性岗位从业人员的基本工资、补贴和社会保险待遇足额及时发放；二是加强公益性岗位动态管理，人社、财政、扶贫、民政等部门要探索建立深度贫困地区公益性岗位管理联席会议，沟通公益性岗位开发计划，反馈公益性岗位运行情况，合力整治相关问题；三是创新公益性岗位设置，积极瞄准目前深度贫困地区留守老人看护、留守儿童照顾、农村居民精神文化生活等多方面需求，通过设置公益性岗位和培育专门人才，为当地居民提供多样化的公共服务。

5. 多路并进巩固脱贫效果

为了提升社会保障减贫效果，巩固深度脱贫成果，重庆市除了应加大养老保险、医疗保险和最低生活保障以外，还应该从就业、教育、文化、健康、住房等方面多路并进，丰富深度贫困人口的综合社会福利，在“两不愁、三保障”的基础上采取系列举措巩固脱贫成果。一是继续加大对贫困人口就业帮扶，尤其是对于有就业意愿和基础的贫困居民，要在职业技能培训、市场招工信息宣传、就业辅导和补助等方面给予优先照顾；二是在“两不愁、三保障”的目标基础上关注居民的精神文化需求，通过公共教育、公共文化体育服务丰富他们的精神文化生活，引导他们树立健康、积极、向上的生活态度和脱贫信心；三是保持对脱贫居民的跟踪服务，时时关注他们在就业、收入、健康、教育、居住条件、家庭生活等方面的状态变

① 农村公益性岗位是对通过市场渠道确实无法实现就业的农村就业困难贫困人员进行的过渡性安置，具体包括农村孤寡老人和留守儿童看护、社会治安协管、乡村道路维护、保洁保绿、社保协管、生态防护员等工作岗位。

化,做好充分预案防范返贫风险,做到“早准备、早介入、早反馈、早解决”。

二、重庆市社会保障深度脱贫基本路径

(一)养老保险:发展多层次保障体系

重庆市深度贫困地区青壮年劳动力流出、农村空心化、人口老龄化的问题突出。2020年,重庆市发布了《重庆市推进养老服务发展实施方案》,着力构建养老、孝老、敬老政策体系和社会环境,加快建设居家社区机构相协调、医养康养相结合的养老服务体系,建立健全高龄、失能老年人长期照护服务体系,强化以信用为核心、以质量为保障、放权与监管并重的服务管理体系。

1.加强养老制度顶层设计

重庆市应针对深度贫困地区养老保障需求和养老保险发展特点,合理确定多层次保障体系定位。进一步完善农村养老保险、农村养老服务、农村养老基础设施和人才队伍等方面的制度和政策,制定符合深度贫困地区贫困状况和人口结构的养老保障办法,把深度贫困地区的企业年金、就业人员职业年金、税收激励型养老保险以及其他补充保险形式均纳入法律框架下规范管理,为多层次保障体系构建提供纲领性依据。

2.加强贫困地区二三支柱

重庆市的《重庆市降低社会保险费率综合方案》将企业职工基本养老保险和机关事业单位基本养老保险单位缴费比例降至16%。即便16%的强制性基本养老保险的缴费率,对于深度贫困地区企业和居民而言也是比较高的,它会对养老金第二、三支柱产生挤占。建议在深度贫困地区进一步降低缴费费率,为当地企业尤其是小微企业的企业年金和个人养老金发展提供空间。建议:一是放宽深度贫困地区企业加入年金计划的限制条件,鼓励自动加入,企业职工在不签订拒绝协议的情况下,即可视为自动加入年金制度;二是放开年金投资的个人投资选择权,设立合格的标准化养老金投资产品;三是通过公共服务平台、移动互联网和智能终端应用程序等打造便捷的投资工具,为当地企业职工投资提供简化的投资产

品选项;四是加大深度贫困地区企业养老缴费和个人养老缴费的税收优惠力度,鼓励个人养老金发展,建议实行"双向税优"政策,即在实行"延税型"的同时开发"免税型"账户;五是加大深度贫困地区小型微利企业、养老机构对老年人提供日间照料、康复护理、助餐助行等服务的税收优惠政策,抓好养老机构用水、用电、用气的价格优惠。

3. 建设健康养老服务体系

全面放开健康养老服务市场,着力促进民办养老服务机构健康发展,探索对企业性质养老服务机构和居家养老服务中心的政策扶持。完善健康养老服务投资公私合作机制,建议将目前的政策文件加以细化和具体化,包括合作模式、权责关系、资产归属、管理架构、盈利空间和退出机制等,使各区县在具体工作中更加有章可循。

重庆市各级政府要把健康养老服务作为公共服务体系建设的重点,不断增加对健康养老服务的财政投入,允许各区县根据健康养老服务需求情况,差异性地制定符合地方实际的财政补贴政策,尤其是对民资参与健康养老服务的补贴政策。长期来看,财政补贴应逐步从补供方向补需方转变,逐步从补建设向补运营转变,探索奖补结合,以服务效果作为激励依据。

规范健康养老服务的运营管理机制,进一步转变政府职能,真正实现行政部门与健康养老服务机构的管办分离。鼓励和引导健康养老服务机构组建行业协会,在业务合作、资源共享和行业培训等方面充分发挥其纽带作用和行业自律功能。加强深度贫困地区养老服务人才保障,增加健康养老服务业公益性岗位(设立居家养老服务和机构养老服务),增强民办养老机构的人员稳定性。推进健康养老服务机构与各类护理院校的联系与合作,扩大养老服务人才培养渠道。

(二)医疗保险:资源配置和质量提升

1. 完善分级诊疗制度

提升深度贫困乡镇和村社卫生院服务能力。通过基层在岗医师转岗培训、全科医生定向培养、提升基层在岗医师学历层次等方式,多渠道培养全科医生,医生配备和医疗资源配备向深度贫困地区适当倾斜,实现每个深度贫困乡镇卫生院至少有2名以上全科医生。其次,打造县域内特色专科医疗机构,帮助乡镇卫生院具备熟练处理常见病、多发病的基本诊疗能力,让群众在当地医疗机构就医就能享受高质量的专科诊疗服务。

完善“双向转诊”制度,建立长效考核机制。明确上级医院为深度贫困地区医院和贫困居民预留一定比例门诊号和病床位,优先接诊基层和下级转诊患者。鼓励发展“上级医院制定方案,下级医院实施治疗”的模式。相关职能部门要强化对医院及社区卫生服务机构“双向转诊”工作的考查和督导,并将考核结果与财政拨款、下拨经费挂钩,避免“双向转诊”流于形式。

加强基层医疗机构信息化建设。统筹推进居民电子健康档案、电子病历和远程医疗等卫生信息系统建设,促进医疗信息资源高效快速流动,加快实现贫困地区居民“网上诊疗”,提高深度贫困地区对优质医疗资源的可及性,缓解贫困居民“看病难、看病贵、看病远”的问题。

提高深度贫困乡镇和村社医务人员待遇。要通过机制体制的改革使深度贫困地区农村留得住医生,使医生在当地能够有尊严地工作、生活,让合格的医生在当地创造性地开展工作。要适当提高深度贫困乡镇卫生服务机构医务人员薪资待遇,缩小行业内收入差距,探索实行贫困地区乡镇和村社卫生服务津贴以及偏远地区特殊津贴制度,给予当地卫生技术人员更多的培训和晋升机会。

加大宣传引导,促进群众合理就医。各级、各有关部门要充分调动新闻媒体广泛宣传分级诊疗制度建立的目的和作用,普及分级就诊、分级转诊、分级报销等相关政策,提高居民认识,转变群众就医观念,为构建分级诊疗制度营造良好氛围。

2.加快“医联体”建设

区域医疗联合体(简称“医联体”)是推动分级诊疗顺利实施的重要制度创新和执行载体。2019年,重庆市入选国家城市“医联体”建设试点名单,但医联体建设依然面临“管理体制理不顺”“信息平台联不通”“医疗资源下不去”“服务效率上不来”等问题。建议:

(1)加强顶层设计。中央和地方政府应尽快从法律层面明确“医联体”的法律定位,明确“医联体”的内部和外部责任、权利和义务,避免传统的通过行政手段“拉郎配”。重庆市“医联体”建设发展首先要从政策层面明确其发展方向和应遵循的原则,并从财政投入、人员流动、资源配置、绩效考核、管理体制等方面做出明确规定,使改革有法可依,有章可循。

(2)统筹运作管理。“医联体”的管理运作应以三级医院为核心、二级医院为纽带、一级医院和基层医疗机构为支点,建立辐射全域的全民医疗服务体系。做好各级医院在普通疾病和重病、特病、慢性病、高发病等治疗职能上的分工,在管理上则要实现市级统筹、区县合力、部门配合。建议设立“医联体”管理委员会,专门负责组建、指导、监督、考核重庆市各区域“医联体”,以“利益联系、资源联通、服务联动”为原则改革各级医院考核评价标准,将“医联体”内各级医院绩效分配实现统一和接轨,促进体系内要素充分自由流动,医疗资源普惠共享。

(3)强化纽带联结。充分发挥区县医院、二级医院在“医联体”中的枢纽作用,促进它们走专门化、特色化的发展道路。政府应制定相关政策引导区县医院、二级医院结合深度贫困地区的常见病种和高发人群等数据信息,集中力量发展符合当地需求的特色医疗服务。这样能有效疏解公立三级医院非核心诊疗功能,搭建优质医疗资源与一般医疗资源必要的衔接渠道,实现三级医院、基层医院和患者三方共赢。

(4)改革医保结算。利用既往医疗数据分析贫困地区常见病、高发病、慢性病的种类和治疗标准,尽快且合理合法地确立这些疾病的定额偿付标准,并在全市范围推行按病种付费的医保结算方式。这是防止医院小病大治、大医院治小病的有效途径,同时也是切实减轻深度贫困居民医疗支出负担的重要手段。

(5)线上线下合力。重庆市各地区的二级医院应主动积极寻求与线上医疗产品的合作,以求解决线上医疗产品落地的问题。实践中,三级医院和一级医院均不太可能实现这种线上线下合作。前者是因为自身业务早已饱和,无暇顾及;后者是因为自身条件受限,能力不足。这对于二甲医院来说,则是线上产品最理想的落脚点。通过线上线下的合作促进重庆市“互联网+医疗服务”在深度贫困地区快速发展。

3.促进医保与救助联动

如何实现相关政策的协调联动，发挥基本医保、医疗救助和补充保险等多层次的整体功能，应当成为当前和今后一段时间的研究重点。应该更加关注特定人群，如建档立卡贫困户中的重特大疾病患者。要以减轻患者及家庭的经济负担为首要政策目标，并厘清保险与福利的界限，注重建立与筹资机制相适应的医疗费用个人分担机制。

一是清晰定位基本医保和医疗救助的功能。要进一步理顺各自的职能边界，在深度脱贫进程中，既要发挥好医疗保险制度的互助共济功能，又要发挥好医疗救助制度对于贫困、低保、特困、残疾等各类重点人群兜底保障的作用。对于深度贫困居民，基本医疗保险、大病保险等保障制度只能发挥基础性作用，要帮助他们摆脱贫困压力，还要更多依靠大病救助、临时救助等制度的帮扶。

二是加强医疗保障和医疗救助制度协调衔接。重庆市深度脱贫中医疗保障和医疗救助都分别承担了各自的扶贫责任，并分属不同的职能部门。要加强医疗保障局、民政局、扶贫办等多部门的协调沟通，实现信息共建共享、扶贫政策协同、脱贫效果衔接，既要防止两项福利不必要的重叠发放，又要保证不漏掉一人。

三是加强对基本医保目录范围以外的费用补助。目前，各种新药、新技术、新设备的投入使用让医疗费用也不断增加，然而医保药品目录更新却具有时滞性。建议针对深度贫困居民，政府增加对他们使用基本医保目录以外的治疗费用的补助力度，切实提高他们的医治质量。

（三）社会救助：精准瞄准和分类施救

1.强化资格认定

如何准确核实社会救助申请家庭收入是确定低保资格的关键步骤，也是基层民政的工作重点。第一，农村家庭的收入核算一直是基层低保工作中的难点与重点。特别是农村自给自足的粮食、蔬菜、禽类产出和生产资料所产生的效益难以统一核算。第二，对于有重大疾病和残疾人的特殊家庭，陪护人的收入和支出难以核算。例如，残疾人员的务工收入是否应该计入家庭收入，陪护患重病人员的照料者的收入应当如何计算，等等，都是社会救助政策实施和执行中遇到的现实问题。

收入方面，家庭收入包括工资性收入、经营性收入、财产性收入、转移性收入和其他收入五类，乡镇（街道）将各类别村（居）社会救助申请家庭收入计算评估项目与标准报区县（市）民政局审核并备案。社会救助申请家庭收入计算评估项目与标准要根据经济社会发展变化情况进行适时调整，每年以乡镇（街道）为单位报区县（市）民政局审核并备案。收入计算评估工作中的基本原则包括：以户为单位，诚信申报；分类划片，制定计算评估标准；计算与评估家庭收入相结合。在制定评估标准的过程中，具有分类划片、确定科学标准和审核备案三个特点。

消费方面，重庆市深度贫困乡镇低保认定工作应该进一步强化消费支出的地位，让消费支出具有“一票否决权”。但在消费支出认定过程中，政府尤其是村一级干部要充分考虑深度贫困居民的基本物质消费和精神文化消费双重需求，不能简单认为贫困户进行文化消费就违背了低保认定资格。党的十九大报告提出：注重扶贫同扶志、扶智相结合。“扶志”，就是要把贫困农民自己主动脱贫的志气“扶”起来，增强他们脱贫增收的内生动力。“扶智”，就是政府从职业教育、农技推广、信息流通渠道等方面，培育有科技素质、有职业技能、有经营意识和能力的新型农民。只要贫困居民的精神文化消费是为了更好地增强自身脱贫能力，增加脱贫机会，就应当鼓励和支持。

2. 实施分级调整

目前，重庆市农村多地的低保救助实行差额补助，大多采取平均发放。但是低保户的困难不仅表现在家庭收入方面，还包括了家庭成员健康、支出负担和财政状况等方面。即便是收入程度相当的困难户，其在贫困程度上可能存在较大差异。因此，平均发放低保金的做法有失公允。建议在深度贫困乡镇建立低保户贫困指数调查，及通过家计指数调查、贫困程度评估、脱贫目标瞄准等一系列手段和程序确定每个低保户家庭的真实贫困程度和救助需求，对于家庭困难情况和救助金额实现由“片面考虑”到“全面考虑”、由“模糊状态”到“量化管理”的转变，根据家庭困难情况，将特困、中困、一般困难家庭低保救助金拉开差距，使救助金有差异地发放，因人施救。

3.加强经办能力

加强深度贫困乡镇低保申请、受理、认定、发放、监督、审核退出等一系列经办能力，是农村低保对象精准、效果合意的重要组织保障。当前，重庆市深度贫困地区社会救助基层经办能力不足也成为各种低保异化、效果失真的主要原因。建议：

(1)加强窗口建设。推动重庆市民政、社保、医疗、教育、就业、住房等跨部门救助项目协同，依托深度贫困乡镇的便民服务中心(或社保中心)，设立综合服务窗口，统一受理各类社会救助申请事项。(2)落实经办人员。综合考虑辖区内社会救助服务事项、服务范围、对象数量以及当地经济社会发展水平等因素，合理定编深度贫困县乡两级社会救助经办服务人员数量，尤其大力开发公益性岗位和社工队伍，鼓励社会力量承担相关工作。(3)加强人员培训。加强基层社会救助工作人员党性教育、责任教育、专业教育，增强乡镇社保工作人员对社会救助政策的理解力和执行力。

4.加大整治力度

当前，《重庆市城乡居民最低生活保障条例》规定了民政部门可根据申请者或低保户的请求、委托，通过户籍管理、税务、社会保险、不动产登记、工商登记、住房公积金管理、车船管理等单位和银行、保险、证券等金融机构代为查询、核对其家庭收入状况和财产状况。下一步，尽快建立全市范围内乃至全国范围内的低保家庭经济状况信息核对平台，促进上述各相关部门数据共建共享，以便掌握家庭外出务工人员收入情况、参保情况、缴费情况等信息，将骗保行为纳入征信系统，明确低保认定机构在信息核对、证明等方面的合法权利与责任，以及低保申请者、低保户配合进行低保信息核对、验证的法律义务。对于虚报、瞒报、伪造等手段骗取低保金的居民，三年内暂停低保申请资格或当即取消其低保享受资格，勒令退回已经领取的低保金，情节严重的处以罚款或追究刑事责任。

5.提升专项救助

(1)特困救助

尽管深度贫困乡镇特困人群的数量不多,比例不大,但他们在经济收入上赤贫,在家庭关爱上不完整,在身体生理上脆弱,因而是社会上最需要帮助的群体。与低保不一样,特困人员救助供养工作更为重要的部分是照料护理等供养服务的供给。

重庆市级部门要明确规定深度贫困乡镇特困供养机构的建设费用、供养人员的生活和照料费用、供养机构的运行费用、供养机构管理和服务的人员费用来源,并保证各级财政用于特困救助的专项经费足额拨付。对于承担一定分散供养责任的村社组织应该有一定的政府财政支持。

加强跨乡镇供养机构建设及人员流通。一些地方片面强调乡镇政府在五保老人供养中的责任,出现很多乡镇兴办养老院的情况,但实际入院的五保老人数量不足,远未达到合理的经营规模,也影响相关供养服务的效果,又进一步影响五保老人入院的意愿。实践中应该支持更多农村地区进行跨乡镇养老院建设,整合多地财政供养资金、资源和五保老人供养需求,扩大集中供养的规模效益,减少资源浪费,提高供养服务质量。

充分发挥农村社区和村委会在分散供养中的作用。深度贫困地区绝大多数供养对象是居家分散供养,未来这一形势也将延续。对于分散供养,按照我国现有的体制,村民委员会和村民小组应该承担一定的"监护"职责。但现实中这个职责没有具体明确化,也会造成事实上无人"监护"的状态,这可能会造成一些极端事故的发生。建议通过市级和区县两级财政安排适当资金,在村社增设供养巡查服务的公益性岗位,帮助分散供养的特困群众反映需求、解决问题。

(2)儿童救助

深度贫困儿童的基本生活保障、基本教育、基本医疗、替代性养护等需求,都远超出其所处社区的社会结构和经济基础所能承载的范围,需要集各级政府和社会合力进行帮助。首先是扩大救助范围:对于农村符合计划生育政策的贫困家庭儿童,要及时纳入低保制度,对于采取了补救措施的贫困家庭的超生儿童,也要全部纳入低保制度;对于未采取补救措施的,可采用临时救助方式。其次是明确救助标准。对于贫困儿童生活、学习的现金和物资需求,应该建立适度的补助标准,可以参照正常家庭儿童生活、学习成本,适度考虑特困儿童、残疾儿童的特殊需要。最后是实施家庭救助计划,对于寄养、领养家庭的孤儿群体给予大力支持,由政府承担深度贫困家庭全部儿童养护成本,以现金形式付给寄养家庭或提供给儿童,并且要在服务上帮助寄养家庭,加强对深度贫困乡镇儿童教育、医疗、文化、体育等各项基本公共服务的投入。

(3)残疾人救助

深度贫困地区的残疾妇女、男子和儿童在所有社会中总是最被边缘化的群体,在享有人权和摆脱贫困方面,他们面临独特的挑战。一方面,与残疾人社会保障相关的各项制度缺乏整体规划。另一方面,残联、民政、劳动和社会保障、卫生、教育、司法、建设和扶贫办等缺乏协调沟通。其一,重视残疾人的差异化需求。深度贫困地区残疾人的特殊困难不应被普遍化和平均化,现有针对残疾人的社会保障和服务体系要有针对性的内容和措施设计,并配备专业人员。其二,多元投入,合理保障。以残疾人的实际需求为调节杠杆,建立以政府为主导的多元化保障主体机制,积极引入民间慈善团体、民间非政府组织和私营机构,提高保障供给主体的竞争力,加强保障执行的社会监督,提升保障供给的效率。其三,加强保障制度统筹衔接。统筹规划与残疾人社会保障相关的各项制度,加强残联、民政、劳动和社会保障、卫生、教育、司法、住建和扶贫办等部门之间的协调沟通,避免重复建设和责任推诿。

(4)就业援助

就业援助是一项从根本上解决深度贫困地区就业困难人员家庭困难的措施。目前,重庆市已经出台相关政策,如《重庆市人力资源和社会保障局重庆市财政局关于印发打赢人力资源和社会保障脱贫攻坚战若干政策措施的通知》,促进深度贫困乡镇人员就业,也给予了贫困大学生、异地务工人员一定创业就业补贴,但并未从根本上解决稳定就业、稳步脱贫的问题。深度贫困乡镇人员就业的核心是“岗位+能力”的就业援助模式,地区层面应该以开发产业项目为中心扩大用人岗位需求,个人层面应该以发展职业技能为中心增强就业能力。建议:

第一,继续支持深度贫困地区推行种养业与二、三产业交叉融合发展,加大扶贫就业基地、扶贫车间和来料加工等项目建设力度,加大对深度贫困乡镇企业税收、社保等各项优惠力度,实现深度贫困村产业项目全覆盖,增加当地劳动力需求和小微企业就业吸纳能力。第二,加大深度贫困地区土地流转工作力度,加快推进电子商务进农村、乡村旅游提档升级。市级财政和区县财政安排专项资金,对具备发展潜力的深度贫困村集体经济给予扶持,加大对村里的专业合作社、新型农业经营主体、专业协会的指导和帮助,就近增加就业岗位。第三,根据深度贫困乡镇资源禀赋和发展特点,积极开展贫困人口的就业技能培训,通过种植、养殖、乡村旅游、观光农业、休闲农业等相关专业技能培训,挖掘和培育一批致富带头人,让一部分有能力、有条件的困难群众率先脱贫致富并带动周围群众增收。第四,积极增设公益性就业岗位,鼓励贫困地区人员就近就业、自主创业。

6.推进立法保障

社会救助立法,有助于明确社会组织或个人救助的对象和范围,更有助于政府、社会、市场、个人等主体在法律框架下各行其道,增加信息公开透明性,提高各方行为可预期性,减少沟通成本,提高救助效率与公平。重庆市应积极探索社会救助立法先行经验,为国家层面颁布的《社会救助法》提供实践范例。第一是通过立法明确社会救助的定位,包括社会救助宗旨、内容和基本模式。第二是立法明确社会救助的主体责任,包括政府、企业、社会组织、团体和个人等各类主体的范围、权利和义务等。第三是立法明确社会救助的客体责任,包括救助对象属性和类型,基本生活需求测定,对象劳动能力、收入、财产的认定,对象权利与义务、违规责任与处分等。第四是社会救助行政的有关规定,包括各级政府责任划分、专门社会救助机关的设置、相关部门之间的协调、救助申请和办理的程序与方式、救助对象的管理、行政权限的界定、申诉制度的内容等。第五是社会救助的资金与人员保障,包括社会救助的资金来源、分担方式、拨付程序、管理规定以及社会救助从业人员的配备、资格认定、考核等。

（四）社保融资：筹资能力和使用效率

1.增强社保筹资能力

一是要继续推进深度贫困地区的社会保险扩面工作，实施全民参保计划，强化基金稽核征缴，不断提高参保缴费率；二是鼓励居民参加各种社会保险水平提档升级，改变目前深度贫困乡镇参保档次和缴费水平较低的现状；三是进一步拓宽基金筹资渠道，启动实施养老保险基金投资运营，推动基金市场化、多元化、专业化投资，此外采用加大重庆市市级财政对深度贫困区县财政补助力度、划拨重庆市的国有资产充实社保基金等方式增强筹资能力；四是用好中央调剂金制度。2018年，中国建立了企业职工基本养老保险基金中央调剂制度，各地按比例上缴资金形成中央调剂基金，中央不留存基金，按离退休人数全部向各地定额拨付。中央调剂金的逻辑内涵是调盈补缺，强化再分配，提高上缴比例，这些政策可以减轻一些养老基金压力较大省份的财务压力。除地方政府上缴以外，中央也通过安排财政补助、划拨国有资产等方式充实中央调剂金。

2.整合社保脱贫资金

按照现行政策，社会保障各项目资金是按照行业、条线，从各个部门划拨下来的，用途有明确规定。基层有些部门对整合资金有顾虑，担心相关专项取消，也怕得罪该专项上级主管部门。为此，必须分类分批地归集整合现存的专项救助和转向补贴资金。对专项资金的进一步整合，不是单纯地削减和合并各种款项，而是基于深度贫困人口脱贫的现实需要设定明确的目标，根据现有资金分配和使用情况，分门别类，逐步优化和统筹安排社保扶贫资金使用方式。

3.创新资金使用方式

重庆市社会保障脱贫资金的使用方式创新是提高利用效率的重要前提，其关键在于对深度贫困乡镇地区的扶贫资金使用权责进一步下放，从而实现因地制宜的差异性扶贫政策。在重庆市管理深度脱贫资金使用过程中，应实行适应性管理方法，随时评估，随时调整，以此来判断权力下放的力度。根据深度贫困地区社会保障项目的经济属性和社会属性，向区县和乡镇适当地配置项目管理权限和监督权限。将市级的社会保障深度脱贫项目下放到区县级管理机构，提高项目运营的自主性和灵活性，提高资金运行主体和监管主体之间互动交流的效率，降低其沟通成本。

4.加强部门沟通协调

鉴于目前深度贫困地区各类扶贫项目管理和监督部门职能交叉重叠现象严重，利益冲突时有发生，有必要在市级层面进一步优化部门间的沟通协调机制，促进信息共享和实时更新。一方面，加强扶贫项目执行和扶贫资金使用过程中各相关职能部门的沟通，以重庆市扶贫办为主要协调机构，与财政、税收、人社、教育、住建等部门建立长效沟通机制和信息共享平台，加强部门的扶贫相关人员交流任职，为扶贫项目的沟通提供制度和人员支持。另一方面，通过重庆市扶贫项目的“身份证”制度进行资金申请、投入、使用等各环节的监督评估，依托扶贫项目库和扶贫项目在线审批监管平台实现对项目资金的全程监管，并依靠平台实现各部门项目信息实施交换，建立部门联动机制。

（五）合力保障：构建依托大扶贫格局

社会扶贫是政府、市场、社会协同推进大扶贫格局的“三极”中的“一极”，而大扶贫格局的构建是重庆市深度脱贫战略的重要组成部分。社会保障在深度脱贫战略中减贫效果的根本是发挥“资源统筹集聚、力量多方投入、风险社会分担、共享发展成果”的作用，要让社会救助、社会保险和社会福利等制度充分发挥深度脱贫效果，仅仅依靠政府主导是远远不够的，必须建立大扶贫格局，形成全社会对深度贫困人口脱贫要素需求的合力保障。

1.加大社会扶贫宣传

大扶贫格局的建立是一项社会系统工程，需要社会各方面的积极参与和重点关注。目前，重庆市18个深度贫困乡镇只有相关扶贫、社会保障等部门对“大扶贫”工作了解较深，当地乃至重庆市范围内的很多企业、公众和社会组织对大扶贫的内涵、外延则并不清晰。宣传力度不大，社会氛围不浓，整合机制力度不够，使得重庆市并没有形成真正的“大扶贫”格局。首先，在重庆市层面应强化宣传引导机制，提升大扶贫格局知晓度，形成浓厚的社会扶贫舆论氛围，促使多种扶贫主体发挥各自优势，形成深度脱贫合力。其次，在深度贫困地区，将各种扶贫方式予以明确的定义和区分，通过各种宣传手段，在舆论宣传上突出“大扶贫格局”的战略意义和社会扶贫的重要地位。最后，各级扶贫部门要充分利用媒体舆论和社会组织在宣传动员方面的优势，特别是主流媒体和网络媒体应该在扶贫开发方面加强协作，如开设大扶贫宣传专栏，将当地的社会保障、扶贫开发、慈善救济、志愿活动等内容进行有机串联，帮助大家树立深度脱贫要依靠大扶贫格局、全社会保障的思想观念。

2.整合社会组织资源

随着重庆市范围内发动或参与大扶贫活动的社会组织、团体和个人日益增多，涉及社会各个层次和领域，扶贫主体呈现多元化趋势。但在具体的扶贫项目实施中由于各主体之间缺乏协作，社会扶贫救助活动多头管理、分散工作，致使各主体的潜在优势和整个系统的综合优势难以充分发挥。建议：

(1)进一步健全大扶贫协调机制，在市级层面搭建一个“枢纽型”的社会扶贫组织，建立信息、资源共享平台，统筹各种扶贫资源和扶贫智慧，鼓励党政机关、社会团体组织、大中型企业、大专院校等在深度贫困乡镇开展对接帮扶活动，制定考核机制。建议该机构在重庆市扶贫办、民政局、人社局等部门的联合指导下成立，并接受上述部门监督管理。(2)充分发挥本土社会组织的扶贫功能，深度贫困地区土生土长的企业以及社会组织都可以在大扶贫格局中大有作为。县域社会组织是吸引企业和个人参加慈善、济贫事业的主要渠道之一，也是承接外部组织资源的重要主体。要积极培育深度贫困地区县域社会扶贫组织，吸纳和承接更多的资源，要加强各方资源的优势互补，多方联动，形成政府主导、企业带动、全社会参与的扶贫工作局面。

3.凝聚各方人才力量

在大扶贫过程中，不仅需要投入物质资源，完善制度体系，整合与开发人力资源更是深度脱贫取得成效的关键。重庆市深度贫困地区要建立健全大扶贫专业人才培养机制，满足推进大扶贫格局发展的人才储备需

求,建议上级部门在人才、技术上给以支持,实时组织培训学习活动,提高地方社会扶贫工作人员素质和业务技能。建议:

(1)发挥各类社会扶贫主体的人力资本优势,整合人力资源,拓宽社会扶贫渠道。要把政府组织扶贫的政策优势、企业的资金优势以及社会组织的管理优势,通过大扶贫格局的建立,集中整合在重点扶贫项目之中,让各类扶贫组织中的科技人才、教育人才、销售人才、管理人才在产业扶贫、教育扶贫、科技扶贫、社保扶贫等市级扶贫专项和区县扶贫项目中发挥引领、示范、带动、辐射等积极作用。(2)教育脱贫帮助地区人力资本进步。教育是深度贫困地区摆脱贫困的重要途径。实践证明,经济的发展和社会的进步首先要靠人才来推动。要在18个深度贫困乡镇全面推广职业教育和培训,缓解人才资源紧缺的状况。劳动者是生产活动的主体,只有从根本上提高贫困地区劳动者文化素质,才能有效地使地区脱贫致富,因此脱贫致富的核心是要提高劳动者素质。(3)科技扶贫培育更多乡土人才。加大力度提高深度贫困人口的劳动技能,解决深度贫困地区现有技能贫困问题。继续开展新型农民培训和农技人员培训,按照实际、实用、实效的原则,邀请农业专家和组织各个社会扶贫组织的专业技术人员对农民进行培训,采取"定单式、定位式、定向式"的培训方式,提高深度贫困人口的"打工"本领,使深度贫困村劳动力向非农产业有效转移。

4.改进扶贫管理机制

大扶贫格局要想实现长效发展,需要有一个完善的管理运行机制,这包括重庆市各级扶贫部门对各类扶贫力量的整合机制,包括大扶贫组织内部的管理机制以及各类社会扶贫组织应对风险的机制。其中,扶贫部门的协调整合机制是保证大扶贫能够发挥整体效益的关键。建议:

(1)重庆市深度贫困地区的大扶贫需要不断完善自身的组织协调机制。具体而言,要通过重庆市扶贫部门、社保部门与重庆市扶贫开发协会、慈善总会、市残联等"枢纽型"社会组织,制定并督促遵守行业共同的职业道德、行为准则、资格标准等规范,交流扶贫信息,组织扶贫会议,研究扶贫政策,以此提高社会扶贫的透明度和社会公信度,淘汰不合格的扶贫组织,以相互制约的形式推动深度脱贫健康发展。(2)各区县政府要进行制度创新，提高社会扶贫机制的协调能力，明确各部门分工，转变职能与工作方式。除此之外，社会扶贫主体也需要加快本土化和专业化，引导民间组织进行能力建设，探索与政府的合作模式。具体而言，一是要增强对民间组织、社会企业参与农村扶贫开发的培育责任。培育民众的社会责任意识，尽快形成有利于民间组织和社会企业扶贫的社会氛围。二是政府应有意识地引导支持参与扶贫的民间组织转型。在公共财政框架下建立适应民间组织健康发展的财力和政策保障体系，通过政府购买、政社合作、税收优惠、扶持创新的形式培育壮大民间组织力量。(3)加强社会组织的体制、队伍和能力建设。一是深度贫困地区社会扶贫的各行为主体要根据自身的组织特点、外部扶贫环境和目标需要划分工作部门，设计组织机构和结构，规定组织结构中的各种职务或职位，明确各自的责任，并授予相应的权力。二是各个社会扶贫组织要按目标，分类别设立相应的工作岗位，由专门人员开展实施，当地人力资源部门要建立健全扶贫公益机构、社会扶贫组织的用工制度、人才培养制度，推动社会扶贫机构人才队伍的专业化建设，培育扶贫骨干。三是各区县扶贫办应加强社会扶贫的机构建设和队伍建设，更好地发挥扶贫办在社会扶贫中的组织协调、督促检查职能。各参与社会扶贫的机关、事业、企业等单位应有专门机构或专人分管扶贫工作，对参加扶贫人员给予精神、物质激励。(4)规范对社会扶贫组织的考核监督。针对部分社会扶贫组织法制观念淡漠、盈利化倾向、行为失范、信用缺失等问题，重庆市扶贫部门、民政部门要采取积极监管措施。一是在社会扶贫组织中广泛开展法制建设、诚信建设活动，加强组织法律约束和自律管理；二是加强社会扶贫组织内部建设，提高组织管理运作效率；三是建立社会扶贫组织财务、信息等公开制度，接受社会监督，提高组织透明度和公信力。

三、小结

2020年全面建成小康社会，是我们党向人民，向历史做出的庄严承诺，是2020年工作的重中之重和必须完成的硬任务。“深度脱贫”问题复杂，实现“深度脱贫”就是要改变深度贫困人口及其所处环境的贫困本质。“深度脱贫”并非只是相关收入指标的改善，更强调贫困人口自身状况及其所处环境的根本改变，打破贫困陷阱，使其有机会走上自我发展的道路。重庆市深度脱贫已进入关键阶段，各地的贫困县、贫困村、贫困户正相继脱贫，需要及时总结脱贫经验和理论，以提升脱贫质量，为剩余深度贫困地区的脱贫提供样板。

实现“深度脱贫”需要重建政府、市场、社会以及个人的相互关系和脱贫责任优先顺序。鼓励绝大部分贫困户通过市场获得回报，进而实现脱贫，对难以通过自身和市场实现脱贫的贫困人口提供风险保障和兜底保障。同时，实现“深度脱贫”还需从微观、中观、宏观三个层次重构减贫的逻辑关系，微观层面社会个体参与减贫和扶贫资源转换，中观层面形成益贫经济增长形势，宏观层面构建包容性保障性政策体系。随着重庆市深度扶贫工作的不断推进，残疾人、老年人、儿童等群体成为剩余贫困的大军。这一群体发展能力较弱，传统的产业、就业等开发式扶贫措施难以奏效，且对社会保障制度尤其是社会救助制度的需求较强，这一现状对重庆市社会兜底政策的发展提出客观要求。目前，重庆市已形成以社会救助为核心的多元社会保障政策并举的兜底脱贫体系。兜底保障如果“一兜了之”，会导致救助依赖和居民间的恶性攀比。为此，应积极推行发展性社会救助，用以工代赈、公益性岗位等形式，将消极救助转变为有条件转移支付，或以家庭卫生改善、社区公共服务参与等适当的劳动行为，引导贫困对象做出积极的行为改变。鉴于剩余贫困人口的生理特征突出，兜底保障的给付形式应多样化，除了现金以外，还应该考虑消费券、实物、服务、精神慰藉等方式。

第七章

2020年后重庆市贫困治理战略举措

党的十九大报告明确了中国未来30年发展的“两阶段”目标,并提出“从2020年到2035年,在全面建成小康社会的基础上再奋斗15年,基本实现社会主义现代化”。这一目标为重庆市2020年后新扶贫政策的制定提供了目标指南和政策指引。2018年中央“一号文件”提出“实施乡村振兴战略”,并提出到2035年“乡村振兴取得决定性进展,农业农村现代化基本实现”,而扶贫工作仍是乡村振兴的首要任务。2020年10月29日,中国共产党第十九届中央委员会第五次全体会议通过的《中共中央关于制定国民经济和社会发展第十四个五年规划和二〇三五年远景目标的建议》提出,实现巩固拓展脱贫攻坚成果同乡村振兴有效衔接,并要着力建立农村低收入人口和欠发达地区帮扶机制,保持财政投入力度总体稳定,继续推进脱贫地区发展;健全防止返贫监测和帮扶机制,做好异地扶贫搬迁后续帮扶工作,加强扶贫项目资金资产管理和监督,推动特色产业可持续发展。

2020年,重庆市完成了农村贫困人口全部脱贫、贫困县全部摘帽的任务目标,解决了区域整体性贫困问题,但这并不意味着贫困届时将得到彻底消除。即使重庆市全面建成小康社会后,在未来相当长的一个历史阶段,扶贫开发还将是重庆市经济社会发展中的一项重要任务,只不过战略重点将从“扶贫”向“防贫”过渡,向减少相对贫困过渡。

一、指导思想

以习近平新时代中国特色社会主义思想为统领,全面贯彻党的十九大和十九届二中、三中、四中全会精神,以深度脱贫和乡村振兴战略衔接、体制对接、政策承接为主线,以巩固“精准扶贫、精准脱贫”成效为出发点,以满足人民美好生活需求为落脚点,着力增强重庆市贫困人口脱贫的内生动力和改善外部条件,健全农村社会保障和救助制度,充分发挥社会保障制度减贫的基础性作用,构建城乡一体化的贫困治理体系,建立解决相对贫困的长效机制。在脱贫区县中集中支持一批乡村振兴重点帮扶区县,增强其巩固脱贫成果及内生发展的能力。坚持和完善东西部协作和对口支援、社会力量参与帮扶等机制,助力重庆从深度脱贫胜利走向乡村振兴的更大胜利。

二、目标任务

紧紧围绕相对贫困地区贫困防治和乡村振兴中心工作，建立健全城乡一体化的贫困治理体系，广泛凝聚扶贫资源投入监管并进、扶贫队伍打造奖惩并用、扶贫效果评价防治并重、乡民致富和乡村振兴并行的扶贫新思路，着力搭建“扶贫资源共建共享、脱贫要素自由流动、公共服务优质均衡、减贫效果稳定持续”的扶贫新平台，积极打造“党委领导、政府主导、部门协调、社会参与、法治保障”五位一体的扶贫新格局，全面解决影响深度贫困地区脱贫攻坚、乡村振兴中心工作以及乡村健康、和谐、快速发展的源头性、根本性、基础性问题，切实加强贫困地区普惠性、基础性、兜底性民生建设，切实保障贫困人口物质、精神、文化、社会参与等基本权利，使重庆市改革发展成果更多更公平地惠及全体人民。

三、战略重点

（一）建立城乡一体化贫困治理体系

2020年后重庆市新的扶贫开发战略核心是加快建立城乡一体化的贫困治理体系。科学定位全面建成小康社会以后，扶贫开发在区域经济增长、社会综合治理、城乡融合发展、人民幸福生活等领域的地位、功能、作用效果明显，用城乡一体化治理体系和城市现代治理能力的思想武器统领扶贫开发实践工作。

其一，革新治理思想。扶贫工作目标应从“解决温饱问题、保障基本生活”向“释放城乡人力资本、助力经济社会发展”的思路转变，扶贫工作态度要实现从“施舍心”向“责任心”的根本转变，扶贫工作机制要从“临时性、救济性、事后性”向“常态化、综合化、预防化”的方向调整。

其二，统一治理标准。要从“加强人的社会流动性、促进人的全面发展”出发统一扶贫制度框架设计，统一扶贫要素市场建设，统一城乡公共服务发展，推进城乡合理分工和有机衔接，加快弥补农业农村发展短板，推动农村综合大型项目建设，缩小城乡居民发展能力、机会、环境、结果差距，推动城乡就业、教育、养老、医疗、居住等基本保障从制度并轨走向待遇并轨。

其三，创新治理机制。要组织专门团队深入调查2020年后重庆市相对贫困人口区域分布、城乡流动、致贫因素、脱贫需求等方面特征，尊重相对贫困的动态性、多维性、次生性、长期性规律，通过“源头治理瞄准斩断穷根、依法治理杜绝执行变通、有序治理强化责任分工、差别治理避免绝对平均、合作治理鼓励多方参与”创新城乡一体化贫困治理机制，促进重庆反贫困工作长效稳定。

（二）科学制定相对贫困标准

2020年后重庆市扶贫部门应加紧制定合理的相对贫困标准，这是对相对贫困人口采取帮扶措施的前提条件。从顶层设计角度看来，标准的制定必须准确把握重庆市未来产业结构、就业结构、人口结构和居民生活需求结构等多元信息，同时要考虑制度供给成本和各级政府财政承担能力，科学地制定既符合重庆经济社会整体实际，又能体现各地区发展差异的相对贫困标准，为准确识别相对贫困人口奠定基础。

其一，放弃统一划线，制定地方标准。市级部门应立足相对贫困的基本属性和各个区县经济社会发展实际情况，不搞整齐划一的贫困线，充分赋予各区县自主权责。市级部门可根据主城片区、渝西片区、渝东北片区和渝东南片区经济社会发展阶段水平，指导各片区划定相对统一的相对贫困人口比例标准，各区县应根据各自行政辖区内经济社会统计指标，划定居民生活状况的综合排位方式，按比例确定相对贫困人口的具体标准。

其二，采用多维识别标准。贫困是一个多维度社会现象，采用多维贫困指数方法是测量贫困的广泛共识。在相对贫困标准制定中，应从居民的教育、健康、经济收入、消费水平、社会参与、基本权益保障等多个维度确立综合评价体系和指标权重，通过多维贫困指数划定贫困标准。为体现城乡一体化的贫困治理宗旨，应加大相对贫困评价体系中民生保障、特群救助部分的指标权重。

其三，精准筛查政策对象。制度的生命力在于落实，相对贫困标准出台以后应加强各行政辖区内居民真实生活状况核查工作，实际工作中需要组织大量的工作人员通过上门入户、多方取证、跟踪巡查等方式对指标数据仔细辨识，去伪存真。因此，要加大力度强化基层经办机构组织建设、队伍建设、人才培养、经费保障，确保执行中新的相对贫困标准能够准确识别帮扶对象。

（三）预防贫困成为工作重心

目前来看，重庆市深度脱贫战略虽然有效解决了赤贫人口基本温饱，绝对贫困人口比例消失殆尽的问题，但城乡之间以及农村内部贫富分化依然严重，相对贫困人口将急剧增加。2020年后的扶贫工作应遵循关口前移、防治并举、预防为先的基本原则，减贫要求“早监测、早反馈、早介入、早解决”。

其一，防止返贫风险。2020年后重庆市扶贫开发从运动式转向常态化的过程中，要注重防止已有帮扶政策“断崖式”退出，尤其是针对深度贫困家庭和特困人群的帮扶应体现政策延续性。可将“十四五”的前三年作为过渡期，在过渡期内，继续保持对深度贫困居民的各方面帮扶措施，做到摘帽不摘帮扶、摘帽不摘监管，继续保留驻村工作队、第一书记等制度安排，通过对脱贫对象“回头看”“回头帮”的工作机制防止返贫风险。

其二，预防次生贫困。贫困往往带有次生多维性质，往往由于主体某一方面发生风险进而导致其整个生活陷入窘迫。防止次生贫困究其根源是提高区域和个体的贫困风险抵御能力。建议以重庆市统计局为牵头单位，同扶贫、民政、社保、医疗等多家部门联合建立重庆市城乡居民贫困脆弱性监测站，在全市范围内建立固定观测点，从自然资本、物质资本、金融资本、人力资本、社会资本等维度开发贫困脆弱性监测指标，及时观察预警各地区次生贫困风险，降低T+1时期贫困发生概率。

其三，推动战略衔接。重庆市政府应高度重视2020年后反贫困措施与乡村振兴战略的有机衔接，从市级层面率先逐步减少专项扶贫资源的投入，加强深度脱贫的区域规划、整体开发、综合保障，纵深推进产业、教育、文化、生态、党建扶贫工作，有效对接“五个振兴”战略目标，通过打造乡村利益洼地，促进全社会、全地域生产要素向乡村振兴战略分流汇聚，提升贫困地区的综合发展能力，从根本上解除贫困高发风险。

（四）社会保障发挥基础作用

社会保障的亲贫属性使其成为2020年后重庆市新扶贫开发体系中基础性制度安排，它也应当承担起防贫、治贫的综合减贫职能。补齐农村社会保障的制度短板，强化弱势群体社会救助、社会保险、社会福利等方面的工作弱项，这既是重庆市未来扶贫战略的核心组成部分，也是实施乡村振兴战略，实现城乡一体化的重要突破。

其一，继续加强“两无”人员兜底救助。无基本劳动能力、无独立生存能力的农村“五保户”，城乡重残、重疾人员的贫困具有特殊性，出于政府责任和社会正义的需要，对他们的兜底救助要做到标准不降、工作不松、力度不减。各级财政应加强特困供养机构建设和运营经费保障，跨乡镇建立集中供养居所，扩大集中供养的规模效益，同时对村委会在分散供养中的作用给予激励。

其二，促进贫困地区社会保险扩面升级。相对贫困人口具有一定劳动能力和收入基础条件，社会保险部门要加大政策宣传，鼓励相对贫困居民积极参加基本养老保险、合作医疗保险、大病保险等社会保险项目，适度提高贫困居民高档次参保缴费补贴，扩大贫困地区社会保险覆盖面，提高缴费档次和保障水平。

其三，推动贫困地区社会福利全面发展。各级扶贫、民政、教科文卫部门应重点关注2020年后脱贫群众的生活需求升级，正视他们在健康、教育、文化、休闲、群众体育等领域的精神需求，进一步完善弱势群体的社会参与和社会保护制度。在工作推进方面，应以贫困地区基本公共服务建设为契机，促进社会福利体系多元化、标准化、均等化发展，满足城乡居民对美好生活的需要。

其四，优先实施贫困儿童的全方位救助。首先要出台明确的儿童救助标准，充分考虑儿童成长的物质条件、教育需要、情感需求、社交需求，民政部门应参照正常家庭儿童成长发育所需，一视同仁地制定贫困儿童救助标准。其次是扩大救助对象范围，在当前已对全市重残儿童、重病儿童、孤儿及患艾滋病的儿童采取救助的基础上，继续扩大专项救助范围，逐步将农村单亲家庭的儿童、农村领养(寄养)家庭儿童、突遭重灾家庭的儿童、贫困孕产妇等纳入救助范围。

(五)加快构建大扶贫格局

2020年后重庆扶贫开发仍是一场全方位多领域的持久战，仅仅依靠政府投入显然不够，必须加快建立大扶贫格局，推动政府、市场、社会多元主体的良性互动、深度合作，促进社会扶贫力量从“替补阵容”跨入“主力阵容”。

其一，尽快出台《重庆市社会扶贫管理条例》。应加快从制度上明晰社会扶贫主体的范围、性质和法人地位，明确社会扶贫活动中各主体的利益、主张、资格、权能、责任等核心要素界定。立法应广泛征求扶贫、民政等相关部门，重庆慈善总会、相关行业协会以及社会扶贫组织、团体和个人的意见，共同商定社会扶贫的职业道德、行业准则、监管机制、考核标准、奖补方式等，促进重庆市社会扶贫法治化建设。

其二，建立健全社会扶贫的协调机制。当前，重庆市社会扶贫组织呈现多头管理、工作分散状况，未能充分发挥各扶贫主体的比较优势和社会扶贫系统的综合效应。建议在市级扶贫主管部门指导下成立社会扶贫协会、扶贫NGO联盟等枢纽组织，发挥其在各类社会主体间的领导、组织、协调、服务功能，实现社会扶贫组织的自我约束和自律管理。这有助于加强社会扶贫主体内部交流合作以及与政府职能部门、各贫困地区的外部连接沟通。

其三，加强政府对社会扶贫组织的引导培育。各级政府扶贫部门应广泛深入地开展与各类社会扶贫组织的交流合作，在合作中鼓励、引导、培育社会扶贫力量发展壮大。要及时采取立法引领、政策引导、资源引流、舆论引航等举措，建立对社会扶贫组织、团体、个人的保护和激励制度，在全社会积极营造社会扶贫良好氛围，通过政府购买、政社合作、税收优惠、人才培养、扶持创新等方式帮助社会扶贫组织健康快速发展。

四、保障措施

（一）制度转换与政策延续

2020年后重庆市既有运动式的扶贫开发应转为制度化、常态化的长期政策，并做出方向性调整，注重与乡村振兴战略的政策衔接。一是逐步缩减扶贫专项资金，将巨量扶贫资金转向投入乡村振兴战略，逐步取消扶贫发展资金、以工代赈资金、异地搬迁扶贫资金等，将这部分资金转而投入乡村振兴重点项目，加快农村基础设施建设、产业发展基础建设、营商投资环境建设、生态环境建设、公共服务建设，确保乡村振兴项目顺利实施。二是保持针对深度贫困户个体帮扶政策的延续性。重庆市可将整个“十四五”作为过渡期，在过渡期内，对于深度贫困户就业帮扶、教育帮扶、医疗救助、住房保障等，尤其是加大对贫困地区社会保障投入力度，让农村社会保障在2020年后发挥减贫、防贫的基础性作用，切勿使相关政策“断崖式”退出。

（二）重点关注贫困预防

2020年后的反贫困战略更多针对的是相对贫困人群，政府更应该宣传、深化“贫困预防”理念，动态监测城乡居民的贫困脆弱性。由于相对贫困居民自身具有一定劳动机会、技能和脱贫手段，政府尽早从贫困脆弱性视角探索、创新并大范围推行精准“防贫”方式（如扶贫小额保险）或一些事前干预举措，可以大大增强扶贫政策的前瞻性、有效性和可持续性，也能降低扶贫政策执行成本和社会成本。重庆市各级政府要高度重视并充分发挥社会保险和社会福利制度的作用、功能以预防贫困的发生。一是加快欠发达地区养老、医疗等社会保险制度和服务的发展，针对相对贫困人口具有一定劳动能力和收入能力的特点，加大社会保险制度红利宣传，鼓励他们积极参加城乡居民基本养老保险、城乡居民合作医疗保险、大病保险等制度，激励他们提高参保缴费档次。同时，鼓励商业养老、商业医疗保险制度的发展，为当地居民提供多层次保障。二是要注重欠发达地区基本公共服务建设和发展。困难群众在摆脱深度贫困之后，除了基本的物质生活需求之外，他们对于教育、文化、健康、休闲等方面的精神需求会逐步增加，政府应完善当地社会福利体系，加大福利项目投入、开发，强化基本公共服务质量建设，满足欠发达地区居民对美好生活的需要。

（三）合理制定相对标准

2020年后重庆市必须制定合理的相对贫困标准，这是政府对于相对贫困人口采取帮扶政策的基础条件。必须正确研判重庆市未来经济发展趋势，认真分析2020年后重庆市相对贫困人口特征、空间分布、新的脱贫目标和要素投入需求，必须准确把握重庆市未来产业结构、就业结构、人口结构和居民生活需求结构等动态信息，从而制定出符合实际的相对贫困标准，为准确瞄准相对贫困人口奠定基础。为体现全面小康社会和城乡一体化发展目标，扶贫部门应同发改委、农业、民政、教育、医疗、住建等部门一起商议新的扶贫标准和措施，建议采用多维贫困指标，考虑居民变化升级的生活需求，制定城乡统一的相对贫困标准。在此基础上，可考虑对“老、少、残、农”等特殊群体的帮扶门槛降低，从社会救助和社会福利方面给予照顾倾斜。

（四）发挥多元主体作用

2020年后重庆市新的扶贫开发战略必须加快建立城乡一体化的贫困治理体系；必须将扶贫开发和城乡一体化发展、现代社会治理等概念进行理论上的对接和实践中的贯通；必须将对于相对贫困人口的救助帮扶视为社会整体发展治理的重要组成部分，并通过整合运用全社会资源进行新的扶贫开发工作。新的扶贫战略需要确定未来城乡统筹的贫困治理部门以及探讨如何在全市乃至全国层面建立城乡统筹、部门协调的贫困治理体系，可能的构想包括由扶贫办和社会保障部门联合牵头组建新的扶贫开发领导统筹机构，经济、教育、卫生、住房、就业等部门协同参与。在新的城乡贫困治理体系中，着重明确政府、市场、社会组织的分工，重视发挥社会组织和基层创新的作用，加强区县政府服务能力建设，强化扶贫开发进程中政府对金融资源和社会资源的引导动员。

（五）完善社会保障制度

社会保障根本目的是保证全体社会成员公平享有生存、发展等各项基本权利，该制度公平普惠的属性使其应成为2020年后重庆市新的扶贫战略的基础性制度安排。目前，社会保障是重庆市深度脱贫工作中的一个短板，尤其是针对弱势群体的社会救助和针对外出务工人员的社会保险工作均面临困难，深度贫困地区的社会福利发展更是落后于其他地区。2020年后重庆市城乡一体化的贫困治理体系需要构建亲贫性的社会保障体系，这不仅是未来扶贫战略的核心内容，也是实现城乡一体化和乡村振兴亟待解决的重点问题。具体措施：一是继续扩大贫困地区的社会保障覆盖面，重点针对灵活就业、非正规就业的农民工的社会保障开展制度设计，实现社会保障全民覆盖共享；二是提高贫困个体和家庭的社会保障水平，尤其是着力提高已就业劳动力当前的医疗保障、子女教育保障、自身未来养老保障水平，防止他们返贫；三是针对当下丧失劳动能力、脱贫难度较大的居民，完善其医疗、养老、住房和最低生活救助，社会保障继续兜底；四是制定针对特殊人群的救助政策，尤其需要在贫困儿童营养、健康和教育，贫困老人的救助和护理，残疾人的医疗和就业以及农民工的住房和子女教育等方面制定有关救助政策。

（六）加强财政金融创新

财政改革和金融创新是2020年后重庆市新的扶贫战略可持续发展的重要支撑。重庆市持续减贫目标的实现离不开稳定的财政投入和金融支持。2020年后新的扶贫战略实施需要从国家层面、重庆市级层面推进财政体系改革和社会金融机制创新。在财政体系改革方面：首先，城乡一体化的贫困治理体系要求进行高层次统筹，在重庆市级层面打破城乡分立、部门分割的财政分配格局；其次，改革财政支出目标，使其与相对贫困人口的需求转变（由“两不愁、三保障”转向更高的社会福利需求）相适应；再次，优化财政支出结构，提高重庆市各级政府财政支出中养老、医疗、科教文卫、住房保障等基本公共服务支出比重，提高贫困地区尤其是农村贫困地区的公共服务水平，体现基本公共服务的均等化、标准化。在金融机制创新方面，中共重庆市委、市政府长期以来在鼓励全市金融机构服务于城乡弱势群体和小微企业方面制定了大量政策，政策性金融、开发性金融、商业金融和合作金融近年来在精准扶贫战略实践中发挥了各自优势，大大提高了农村、农业、农民的金融服务可及性和使用效率。但是，对于欠发达区县、城乡弱势群体和小微企业来说，打通金融服务"最后一公里"的任务仍然没有完成，特别是主要服务于中低收入群体和贫困群体创业就业的小微金融，其发展仍需要更具包容性的政策支持。

五、小结

由贫困标准线的变更导致的贫困人口数量变动，仅是表面现象。在重庆市消除深度贫困的过程中，贫困人口在结构、地区分布、社会发展机会以及代际传递等方面都在发生新变化。这些新变化突破了传统意义上以生存为基线的贫困定义，更多地凸显贫困人口生产生活多维需求和可持续发展诉求，这对重庆市2020年后减贫、防贫工作带来了新需求与新挑战。

重庆市从1994年实施"八七扶贫攻坚计划"以来，在扶贫开发路径和策略上历经多次重大调整和转换，从不含具体扶贫目标的经济增长引致减贫的战略，向目标瞄准型开发扶贫战略转变，从救济性扶贫向开发性扶贫转变。2007年，重庆市扶贫开发从单一的区域开发转向社会保障与开发扶贫相结合的战略，目标锁定贫困县和贫困村，并注重运用综合扶贫手段。2014年开始，重庆市将大水漫灌式的整体扶贫转向滴灌式的精准扶贫，并结合18个深度贫困乡镇实际情况推动了"精准脱贫+深度脱贫"的战略举措。随着内外环境发展变化和重庆市扶贫开发战略目标转换，2020年后重庆市反贫困工作的主体和主题，以及条件、环境、标准、对象、内容、范围、规模、方式、路径等都将发生重大变化。从战略层面加强反贫困顶层设计，进一步完善反贫困工作的体制机制，激发贫困主体自我发展潜力至关重要。实际工作中，决策者和执行者需要研究新形势下相对贫困居民的多元需求——不仅包括物质需求、社会保障需求，还包括文化需求、精神需求、多项权利需求、社会参与需求，基于正确的判断提出合理的贫困标准和瞄准机制。需要分析现行社会保障体系的问题和挑战，分析城乡、区域、部门间社会保障状况的差距，评估社会保障政策的有效性，测算建设以基本权利公平为基础的社会保障体系所需投入的成本，探索户籍制度和土地制度改革，给予配套支持。需要梳理地方财政瓶颈和预期增长条件，预测中央财政支持力度和金融体系支持情况，分析2020年以后重庆市财政和金融环境可能发生的变化，从而制定出符合贫困人口美好生活需要的、新的社会保障政策与扶贫行动计划。

结语

2020年2月22日，重庆市城口县、巫溪县、酉阳县、彭水县正式退出国家扶贫开发工作重点县序列。至此，重庆市14个国家扶贫开发工作重点区县和4个市级扶贫开发工作重点区县全部实现脱贫摘帽，为确保重庆市如期全面完成脱贫攻坚任务奠定了坚实基础。重庆市社会保险、社会救助、社会福利等各项社会保障制度聚焦建档立卡贫困人口中的低保对象、特困人员、农村留守儿童和困境儿童、农村留守老人、重度困难残疾人等六大群体精准施策，在脱贫攻坚中发挥着重要的兜底保障作用。本课题紧紧围绕社会保障与深度脱贫二者的理论渊源、内在联系和实践表现展开，研究的总目标是厘清社会保障深度脱贫的作用肌理，通过对重庆市农村社会保障深度脱贫的效果评价和问题诊断，提出社会保障深度脱贫的基本路径和优化策略。研究结果显示：

其一，重庆市深度贫困乡镇的居民对于农村社会救助、社会保险和最低生活保障等各项制度总体上比较满意，但在制度的充足性、便捷性、持续性和均衡性评价上存在较大差异。整体上看，深度贫困地区各项社会保障制度的充足性发展较好，贫困户和非贫困户对各种制度安排的保障水平都给予了较高评价；各项社会保障制度的便捷性、持续性和均衡性发展水平存在较大差异，一是表现在贫困户和非贫困户对制度发展水平的差异评价方面，二是表现在具体某项制度内部出现了水平分化情况。

其二，最低生活保障减贫效果最好。实证结果显示：深度贫困乡镇社会保障项目对于减少既有贫困的效果差异较大。总体看来，最低生活保障和合作医疗保险的减贫作用最大，两者标准化系数分别为0.914和0.746，而基本养老保险的减贫作用最小，标准化系数为0.077。

其三，基本养老保险预贫效果最佳。实证结果显示：深度贫困乡镇社会保障项目对于预防贫困发生的效果差异同样较大。总体看来，合作医疗保险和基本养老保险的减贫作用最大，两者标准化系数分别为0.843和

0.386，而基本养老保险的减贫作用最小，标准化系数为0.29。

其四，合作医疗保险综合效果突出。从脱贫要素上看，居民个体健康水平是影响当前和未来劳动力资本的关键内因，医疗卫生水平是巩固和发展居民身心健康的核心保障。城乡居民合作医疗保险在减少既有贫困过程中的总效应系数是0.746，而在预防贫困发生过程中的总效应系数是0.386，可以说它在深度脱贫攻防两端都起到了明显的积极作用。

其五，实证分析表明个体社会地位的调节效应显著，但在不同的保障项目中存在异质性。具体来说，个体社会地位对基本养老保险和合作医疗保险的深度脱贫作用呈现正向调节作用，而对最低生活保障深度脱贫作用呈现负向调节作用。这种分化的根本原因是养老和医疗保险都是具有缴费责任的社会保障项目，而最低生活保障则不需要个人承担缴费责任。个体社会地位对最低生活保障减贫效果呈现负向调节作用，体现出该制度亲贫性特点。

其六，重庆市社会保障深度脱贫取得的斐然成绩突出表现在：保障制度不断均衡、保障内容全面发展、保障措施调整灵活、保障能力逐步增强。归根结底，成绩的取得与重庆市深度脱贫攻坚战役中坚持党的领导、强化政府主导、更新保障理念、重视制度建设和创新资金使用等工作方式和经验密不可分，但是在深度贫困地区社会保障发展过程中，也遗留或暴露出一些突出问题，制约了制度减贫效果，包括：地方财政实力薄、养老保险困难多、医疗保障水平低、救助瞄准存偏差、农民脱贫能力弱等。

针对深度贫困地区社会保障减贫效果评价和暴露出的突出问题，本书在深刻领会习近平新时代中国特色社会主义思想、精准扶贫精准脱贫基本方略精神的基础上，结合重庆深度脱贫实际提出社会保障深度脱贫目标体系和措施建议。笔者认为，2020年后重庆市完成了农村贫困人口全部脱贫、贫困县全部摘帽的任务目标，解决了区域整体性贫困问题，但这并不意味着贫困届时将得到彻底消除。即使重庆市全面建成小康社会后，在未来相当长的一个历史阶段，扶贫开发还将是重庆市经济社会发展中的一项重要任务，只不过战略重点将从“扶贫”向“防贫”过渡，向减少相对贫困过渡。因此，要加强政策延续与制度转换，制定合理的相对贫困标准，重点关注贫困预防，并加快建立贫困治理体系，充分发挥社会保障制度的防贫、减贫功能，根据重庆市扶贫开发新形势、新目标、新任务、新战略制定符合贫困人口美好生活需要的社会保障政策与扶贫行动计划。

“十四五”时期，重庆市各级党委政府以及反贫困理论和实践各条战线都应充分认识党中央对扶贫工作的新部署新要求，增强“四个意识”，坚定“四个自信”，做到“两个维护”，结合实际切实抓好贯彻落实。

2020 年以后，中共重庆市委、市政府应该在现有制度和政策框架的基础上通过优化配置，建立起一个针对相对贫困人口，更加符合重庆市情的新型“三支柱”减贫战略，可考虑由包容性增长、基本公共服务均等化、社会保护构成。同时，要稳妥推动扶贫工作体制转型。相对贫困属性决定其不再适用超常规治理，而是需要实现国家治理现代化进程中的“相对贫困治理”常态化和现代化。重庆市应编制“十四五”巩固拓展脱贫攻坚成果规划，做好与乡村振兴有效衔接。精准扶贫格局的优点应该保留，但是要加强地方政府、社会力量的作用，最重要的是要增强基层社会服务能力，培育对相对贫困的发现和干预的响应性与集成性能力。未来重庆市的贫困治理必须追求制度化、常态化、法制化、社会化。

参考文献

英文参考文献：

[1]Alkire S., Foster J., "Counting and multidimensional poverty measurement," *Journal of Public Economics* 95(2011):476–487.

[2]Beck T., Demirguc–Kunt A., Levine R., "SMEs, growth, and poverty: Cross–country evidence," *Journal of economic growth* 3(2005):199–229.

[3]Dercon S., "Rural poverty: Old challenges in new contexts," *The World Bank Research Observer* 1(2009):1–28.

[4]Heikki A., "Cost efficiency of finnish municipalities in basic service provision," *Urban Public Economics Review* 4(2005):39–63.

[5]Jain S C., Vachani S., *Multinational corporations and global poverty reduction*(Morocco: Edward Elgar Publishing, 2006).

[6]Jalan J., Ravallion M., "Transient poverty in postreform rural China," *Journal of Comparative Economics* 2(1998):338–357.

[7]Piven F. Cloward R., *Regulating the poor: The functions of public welfare*(New York: Vintage Books, 2012).

[8]Ramke J., Zwi A.B., Lee A.C., "Inequality in cataract blindness and services: Moving beyond unidimensional analyses of social position," *British Journal of Ophthalmology* 4(2017):395–400.

[9]Ravallion M., "Evaluating anti-poverty programs," *Handbook of development economics* 4(2007):3787–3846.

[10]Rowntree B S., *Poverty: a study of town life*(New York: The Macmillan Company, 1901).

[11]Sen A., "Conceptualizing and measuring poverty," *Poverty and inequality*(2006):30–46.

[12]Sen A., *Issues in the Measurement of Poverty*(New York: Palgrave Macmillan, 1981).

[13]Sepúlveda Carmona M., "Report of the independent expert on the question of human rights and extreme poverty,"(Available at SSRN 2441170, 2010).

[14]Steele L.G., Lynch S.M., "The pursuit of happiness in China: Individualism, collectivism, and subjective well-being during China's economic and social transformation," *Social Indicators Research* 2(2013):441-451.

[15]Stutzer A., Frey B.S., "Political participation and procedural utility: An empirical study," *European Journal of Political Research* 3(2010):391-418.

[16]Taylor M., "Freedom from poverty is not for free: Rural development and the microfinance crisis in Andhra Pradesh, India," *Journal of Agrarian Change* 4(2011): 484-504.

[17]Terzi S., "How to integrate macro and micro perspectives: An example on human development and multidimensional poverty," *Social Indicators Research* 3(2013): 935-945.

[18]United Nation, *Report of the World Summit for Social Development* (Copenhagen, 1995).

[19]Veenhoven R., *Happiness in nations: Subjective appreciation of life in 56 nations* 1946-1992(Rotterdam: Erasmus University Press, 1993).

[20]Wagstaff A., "Poverty and health sector inequalities," *Bulletin of the World Health Organization* 80(2002):97-105.

[21]Wang Y., Qian L."A PPI-MVM model for identifying poverty-stricken villages: A case study from Qianjiang district in Chongqing, China," *Social Indicators Research* 2(2017):497-522.

中文参考文献:

[1][印度]阿马蒂亚·森.以自由看待发展[M].任赜,于真译.北京:中国人民大学出版社,2002.

[2]安雅.基本医疗保险制度满意度影响因素与优化路径探讨——基于Logistic模型[J].劳动保障世界,2020(09).

[3]陈成文，陈建平，陶纪坤．产业扶贫：国外经验及其政策启示[J].经济地理，2018(01).

[4]陈仙歌．以自助为导向的青年残疾人社会救助体系研究——基于生活满意度实证研究[J].社会福利（理论版），2014(01).

[5]陈烨烽，王艳慧，赵文吉，胡卓玮，段福州．中国贫困村致贫因素分析及贫困类型划分[J].地理学报，2017(10).

[6]丁少群，苏瑞珍．我国农村医疗保险体系减贫效应的实现路径及政策效果研究——基于收入再分配实现机制视角[J].保险研究，2019(10).

[7]宫习飞，于保荣，孟庆跃，严非．新型农村合作医疗对灾难性卫生支出的影响研究[J].卫生经济研究，2009(09).

[8]韩华为．农村低保会引致负向就业激励吗？——基于CFPS面板数据的实证检验[J].人口学刊，2019(06).

[9]贺雪峰．中国农村反贫困战略中的扶贫政策与社会保障政策[J].武汉大学学报（哲学社会科学版），2018(03).

[10]胡萍，李丹．城乡社会养老保险一体化评价体系的构建及实证研究——以广东省河源市为例[J].社会保障研究，2016(03).

[11]胡鑫．精准扶贫中社会保障制度的合理利用[J].人民论坛，2019(03).

[12]黄瑞芹．贫困地区新型农村社会养老保险可持续发展研究——基于两个贫困民族自治县的调查[J].社会保障研究，2013(01).

[13]李婷婷，黄宵．参保居民对城乡居民基本养老保险制度满意度评价研究[J].农村经济与科技，2017,28(07).

[14]林毅夫．关于我国扶贫政策的几点建议[J].发展，2005(07).

[15]刘小珉．多维贫困视角下的民族地区精准扶贫——基于CHES2011数据的分析[J].民族研究，2017(01).

[16]龙玉其．老年相对贫困与养老保险制度的公平发展——以北京市为例[J].兰州学刊，2018(11).

[17]彭浩然，申曙光．改革前后我国养老保险制度的收入再分配效应比较研究[J].统计研究，2007,24(02).

[18]荣燕.社会保障与收入公平分配的相关性分析[J].学术论坛,2007,193(02).

[19]沈茂英,杨萍.生态扶贫内涵及其运行模式研究[J].农村经济,2016(07).

[20]孙静,薛清元,范艳存.内蒙古自治区城乡居民基本医疗保险满意度评价[J].中国农村卫生事业管理,2019(11).

[21]汪晨,万广华,吴万宗.中国减贫战略转型及其面临的挑战[J].中国工业经济,2020(01).

[22]王宝林,朱田青.阻断贫困代际传递的意义与对策[J].哈尔滨职业技术学院学报,2018(06).

[23]王延中.推进社会保障管理体制与治理体系改革[J].社会发展研究,2018(02).

[24]叶慧.农村最低生活保障制度满意度调查——以西南民族扶贫县596户农户为例[J].中南民族大学学报(人文社会科学版),2014(01).

[25]于本海.城乡居民基本医疗保险满意度及影响因素研究——以上海市为例[J].价格理论与实践,2019(07).

[26]詹长春,郑珊珊.农村居民医疗保障"逆向"收入再分配效应形成机制及克服——以江苏省为例[J].农业经济问题,2018(10).

[27]张昊.农村低保评审乱象的成因及治理——基于定性定量混合研究方法的分析[J].中国农村观察,2017(01).

[28]张兆安.加快推进精准扶贫——我的几点建议[J].中国人大,2017(04).

[29]郑秉文,于环.拉丁美洲"增长性贫困"检验及其应对措施与绩效[J].经济社会体制比较,2018(04).

[30]郑功成.论收入分配与社会保障[J].黑龙江社会科学,2010(05).

[31]左停,赵梦媛,金菁.路径、机理与创新:社会保障促进精准扶贫的政策分析[J].华中农业大学学报(社会科学版),2018(01).

附　录

问卷编号:______　调查地:______区县______乡镇________村社

重庆市社会保障深度脱贫调查问卷

受访朋友:

您好!

为了解重庆市深度贫困地区社会保障发展质量及其深度脱贫效果,特开展此次调研。本问卷根据《中共中央　国务院关于打赢脱贫攻坚战三年行动的指导意见》和《中共重庆市委　重庆市人民政府关于精准扶贫精准脱贫的实施意见》制定,本调查不用填写单位和姓名,大约耽误您25分钟时间。请根据自己的实际情况填写。感谢您的配合!

"重庆市社会保障深度脱贫路径与策略研究"课题组

A部分:村居情况

A1.请访员记录现在所在的是居委会还是村委会:______

1.居委会　2.村委会

A2.您村/居是否有以下基础设施:______________________【可多选】

1.通电　2.通有线广播　3.通有线/卫星电视　4.通邮

5.通有线电话　6.有手机信号　7.通公路　8.通铁路　9.通自来水

10.通管道燃气　11.创建自办企业　12.实施村/居直接选举

13.实施村改居　14.通公交车　15.通地铁　16.以上都没有

【说明】

(1)"通邮"指有邮递员到达或有邮筒可以寄信。

(2)"通铁路"指村居附近有车站,可以运货或运人。

(3)"通管道燃气"指家里的燃气灶直接接通天然气管道,而不是用液化气瓶。

(4)"自办企业"包括村居集体所有的企业和私营企业。只要是村里人自己办的就算,外人来投资的不算。

A3.您所在的村(居)委会距最近的集镇有多远？ ________千米

A4.您所在的村(居)委会距本县县城有多远？ ________千米

A5.从您村(居)委会到本县县城要花多少时间？ ________小时

A6.您所在的村(居)委会距本省省城有多远？ ________千米

A7.从您村(居)委会到本省省城要花多少时间？ ________小时

A8.大多数村(居)民出行采用日常交通方式

1.步行2.骑自行车3.骑摩托车4.乘坐公交车5.其他________

A9.您村(居)是否属于矿产资源区？

1.是 2.否

【说明】“矿产资源区”是指出产矿产资源如煤、铁、铜等矿产的村。

A10. 2012年1月1日至2016年12月31日期，您村(居)是否遭受过以下自然灾害?【可多选】

1. 旱灾 2. 洪涝 3. 森林火灾 4. 冻害、雹灾 5. 台风、风暴潮

6. 滑坡、泥石流 7. 农林病虫害 8. 地震 9. 传染病

10. 其他【请注明】________11. 以上都没有

A11. 您村(居)陆地类型属于哪种？

1. 山地 2. 高原 3. 平原 4. 丘陵 5. 盆地 6. 草原 7. 渔村 8. 其他________

B部分:个人情况

B1.个人信息

B1-1.您的性别:________

1.男 2.女

B1-2.您的年龄:________岁

B1-3.您的户口状况:________

1.农业户口 2.非农户口

B1-4.您的婚姻状况:________

1.未婚 2.已婚 3.丧偶 4.离异

B1-5.您的政治面貌:________

1.中国共产党党员 2.民主党派成员 3.共青团员 4.无党派人士

5.群众

B1-6. 您的民族:________

1. 汉族　2. 少数民族 ________族

B1-7. 您目前的学历:________

1. 文盲　2. 小学　3. 初中　4. 高中　5. 大学及以上

B1-8. 您是否属于以下群体中的一类或几类:________【可多选】

1. 老年人　2. 儿童　3. 留守儿童　4. 留守妇女　5. 流动妇女

6. 残疾人　7. 建档立卡贫困户　8. 低保对象　9. 以上均不是

B2. 家庭信息

B2-1. 除您以为,您的家庭成员共____人,B2-2. 其中包括____【可多选】

1. 父亲　2. 母亲　3. 配偶　4. 子女

B2-3. 如果您有子女,那么您的子女数量是________人,B2-4. 其中未成年人数量是________人

B2-5. 除您以外,家中是否有以下特殊群体成员,请填写人数:

B2-5-1. 老年人(60岁以上)________人(0表示没有)

B2-5-2. 留守儿童(0~14岁)________人(0表示没有)

B2-5-3. 留守妇女________人(0表示没有)

B2-5-4. 残疾人________人(0表示没有)

B2-5-5. 扶贫对象________人(0表示没有)

B2-5-6. 低保对象________人(0表示没有)

B2-5-7. 以上均没有

B3. 工作与收入

B3-1. 您现在有工作吗:________

1. 有　2. 没有

B3-2. 您目前主要从事什么类型的工作:________

1. 国家公职人员　2. 农村基层组织干部　3. 非农经营

4. 家庭务农　5. 外出务工　6. 其他________(请注明)

【说明】农村基层组织干部主要包括在村党组织、村民委员会、村团支部、村妇代会、村民兵连工作的人员。

B3-3. 去年您的个人年收入是______元，B3-4. 其中工资收入是______元

B3-5. 去年您个人收入主要来源是：________【可多选，限选3项】

1. 工资收入　2. 农业经营收入　3. 政府扶贫、低保等转移性收入

4. 资产（股票、房屋等）的红利和租金等

B3-6. 去年您全家收入是________元，B3-7. 其中扶贫款收入________元，B3-8. 低保收入________元

B4. 家庭务农情况

B4-1. 您从事农业工作的主要内容________【可多选】

1. 谷物及其他作物种植　2. 林业　3. 畜牧业　4. 渔业

5. 农林牧渔服务业

B4-2. 去年您家务农总收入________元

B5. 外出务工情况

B5-1. 您过去三年是否有外出务工经历：________

1. 是　2. 否

B5-2. 过去三年您平均每年在外务工的时间：______个月（1-12个月）

B5-3. 您外出务工的地点：________

1. 本县　2. 本市　3. 本省　4. 外省

B5-4. 您外出务工的工作内容：________【可多选】

1. 建筑　2. 环卫　3. 餐饮服务　4. 工厂做工　5. 保安

6. 其他________（请注明）

B5-5. 您务工的月平均工资：________

1.1000元以下　2.1000~1999元　3.2000~2999元　4.3000~4999元

5.5000元以上

B5-6. 去年您是否外出务工：________

1. 是　2. 否

B5-7. 去年您务工的年收入：________元

B5-8. 去年您家还有哪些成员外出务工________【可多选】

1. 配偶

2. 父亲

3. 母亲

4. 子女

B5-9. 去年您全家人打工的总收入:________元

C部分:社会保险参保情况

C1. 您是否参加了以下保险________【可多选】

1. 城乡居民基本养老保险

2. 城乡居民合作医疗保险

3. 重庆城乡居民大病保险

4. 商业养老保险

5. 商业医疗保险

6. 其他________

C2. 您参加城乡居民基本养老保险的缴费档次是第________档【未参加不填】

C3. 您参加城乡居民合作医疗保险的缴费档次是第________档【未参加不填】

C4. 您参加城乡居民基本养老保险的缴费年限是________【未参加不填】

1. 不足5年

2. 5到10年

3. 11到15年

4. 15年以上

C5. 您参加城乡居民基本养老保险缴费是否对您的生活构成支出压力________【未参加不填】

1. 压力很小

2. 压力一般

3. 压力很大

C6. 您参加城乡居民合作医疗保险缴费是否对您的生活构成支出压力________【未参加不填】

1. 压力很小

2. 压力一般

3. 压力很大

C7. 明年您是否会继续（或开始）缴费参加城乡居民合作医疗保险________

1. 是　2. 否

C8. 明年您是否会继续（或开始）缴费参加城乡居民合作医疗保险________

1. 是　2. 否

C9. 您是否享受了最低生活保障________

1. 是　2. 否

C10. 您或者您的家人是否享受了以下专项救助________【可多选】

1. 特困人员救助
2. 残疾人救助
3. 重大疾病救助
4. 困难老年人救助
5. 困难家庭学生救助

D 部分：深度脱贫情况

D1. 您对于自己当前生存状态的总体评价

1. 非常贫困
2. 比较贫困
3. 一般
4. 比较富足
5. 非常富足

D2. 您认为致贫原因有哪些________【可多选，按重要程度排序】

1. 个人没有脱贫欲望
2. 个人缺乏劳动技能
3. 个人缺少发展资金
4. 个人缺少市场信息
5. 当地缺少就业岗位
6. 当地缺少社会保障
7. 当地缺少扶贫政策

8. 当地自然灾害频发

D3. 希望政府提供的扶贫帮助有哪些________【可多选,按重要程度排序】

1. 提供就业帮扶

2. 提供发展资金

3. 提供市场信息

4. 提供医疗保障

5. 提供养老保障

6. 提供低保救助

7. 提供教育救助

8. 无须政府帮扶

D4. 您对于自己个人或家庭生活"两不愁、三保障"的实现程度评价如何,请在下表空白处用1–5中的数字填写。1表示非常不满意,2表示比较不满意,3表示一般,4表示比较满意,5表示非常满意。

深度脱贫指标	当前的状态	三年前状态
不愁吃		
不愁穿		
义务教育保障		
基本医疗保障		
住房安全保障		

D5. 您对城乡居民基本养老保险满意度如何,请填写下表。1表示非常不满意,2表示比较不满意,3表示一般,4表示比较满意,5表示非常满意。

城乡居民基本养老保险满意度		态度
充足性	已经发放或将要发放的养老金数量能够支撑您的基本生活开销	
	您对已经发放或将要发放的养老金替代率非常满意	

城乡居民基本养老保险满意度		态度
	您认为本镇的公共养老服务(如养老院、敬老院等)的数量充足	
	养老金增长幅度比物价上涨速度更高	
便捷性	您清楚地知道城乡居民基本养老保险参保程序	
	参加城乡居民基本养老保险流程方便快捷	
	政府能够及时发放足额的养老金	
	领取养老金的方式简单快捷	
	变更养老金缴费档次简单快捷	
	养老金接续手续办理简单快捷	
持续性	自己或家人能坚持缴纳基本养老保险费用	
	参加城乡居民基本养老保险的人数会不断增加	
	每年发放的养老金数量能够持续增长	
	政府发放的养老金替代率水平能保持增长	
均衡性	同意履行城乡居民养老保险的缴费义务	
	同意减免贫困户养老保险缴费义务	
	与缴费数量相比,您领取的养老金数量合理	
	与缴费数量相比,重庆市城乡居民养老保险待遇差距合理	

D6. 您对城乡居民基本养老保险满意度如何,请填写下表。1表示非常不满意,2表示比较不满意,3表示一般,4表示比较满意,5表示非常满意。

城乡居民合作医疗保险满意度		态度
充足性	您对本镇的医疗机构服务质量满意	
	您对本区县的医疗机构服务质量满意	
	您对重庆市主城区医疗机构服务质量满意	
充足性	您对到本乡镇医疗机构住院报销比例满意	
	您对到本区县医疗机构住院报销比例满意	

续表

城乡居民合作医疗保险满意度		态度
	您对到重庆市主城区医疗机构住院报销比例满意	
便捷性	您清楚地知道参加医疗保险的程序和手续	
	您认为办理医疗保险的手续简单便捷	
	您认为更改医疗保险参保档次的手续简单便捷	
	您到本乡镇医疗机构住院报销手续简单便捷	
	您到本区县医疗机构住院报销手续简单便捷	
	您到异地就医住院报销手续简单便捷	
持续性	自己或家人能坚持缴纳城乡合作医疗保险费用	
	参加城乡居民合作医疗保险的人数会不断增加	
	到本乡镇医疗机构医疗费用报销比例能够持续增长	
	到本区县医疗机构医疗费用报销比例能够持续增长	
	异地就医费用报销比例能够持续增长	
均衡性	同意履行合作医疗保险的缴费义务	
	同意减免贫困户合作医疗保险缴费义务	
	与缴费数量相比,您的就医费用报销比例合理	
	您与重庆市城市居民享受合作医疗保险待遇一致	

D7.您对农村最低生活保障满意度如何,请填写下表。1表示非常不满意,2表示比较不满意,3表示一般,4表示比较满意,5表示非常满意。

最低生活保障满意度		态度
充足性	您满意当前农村最低生活保障标准	
	您满意当前农村特困人员的救助供养标准	
	您满意当前农村残疾人的救助标准	
充足性	您满意患有重大疾病人员的救助标准	
	您满意农村低收入家庭老人的救助标准	

续表

最低生活保障满意度		态度
	您满意农村低收入家庭学龄前儿童和在校学生的救助标准	
便捷性	您清楚地知道享受农村最低生活保障资格	
	您认为申请农村最低生活保障手续简便	
	您认为农村低保金发放及时	
	您认为农村低保金领取简单便捷	
持续性	您认为农村最低生活保障标准会持续提高	
	您认为农村最低生活保障覆盖对象范围会不断扩宽	
	您认为低保金能够持续满足您未来的基本生活需求	
均衡性	您所在的村(社)低保瞄准不存在错保现象	
	您所在的村(社)低保瞄准不存在漏保现象	
	您认为低保政策应该向贫困户倾斜	
	您认为农村低保待遇与城市低保待遇的差距合理	

D8.您对当地养老保险制度发展有什么意见或建议________________

____

D9.您对当地医疗保险制度发展有什么意见或建议________________

____

D10.您对当地社会救助制度发展有什么意见或建议________________

____

D11.您对当地深度脱贫政策有什么意见或建议________________

____